Nikolaus Huhn

THÜRINGEN
IN KLEINEN SCHRITTEN

Notizen vom Hörenden Fußmarsch

mitteldeutscher verlag

Umschlagfoto: Der Ohrenwagen im Thüringer Wald

2015
© mdv Mitteldeutscher Verlag GmbH, Halle (Saale)
www.mitteldeutscherverlag.de

Gesamtherstellung: Mitteldeutscher Verlag, Halle (Saale)
Druckerei: Beltz Bad Langensalza GmbH
Gedruckt auf FSC-zertifiziertem Papier.

ISBN 978-3-95462-407-2

Printed in Germany

„Gibt es eine Partei der Leute, die nicht sicher sind, recht zu haben? Bei der bin ich Mitglied."

Albert Camus

Inhalt

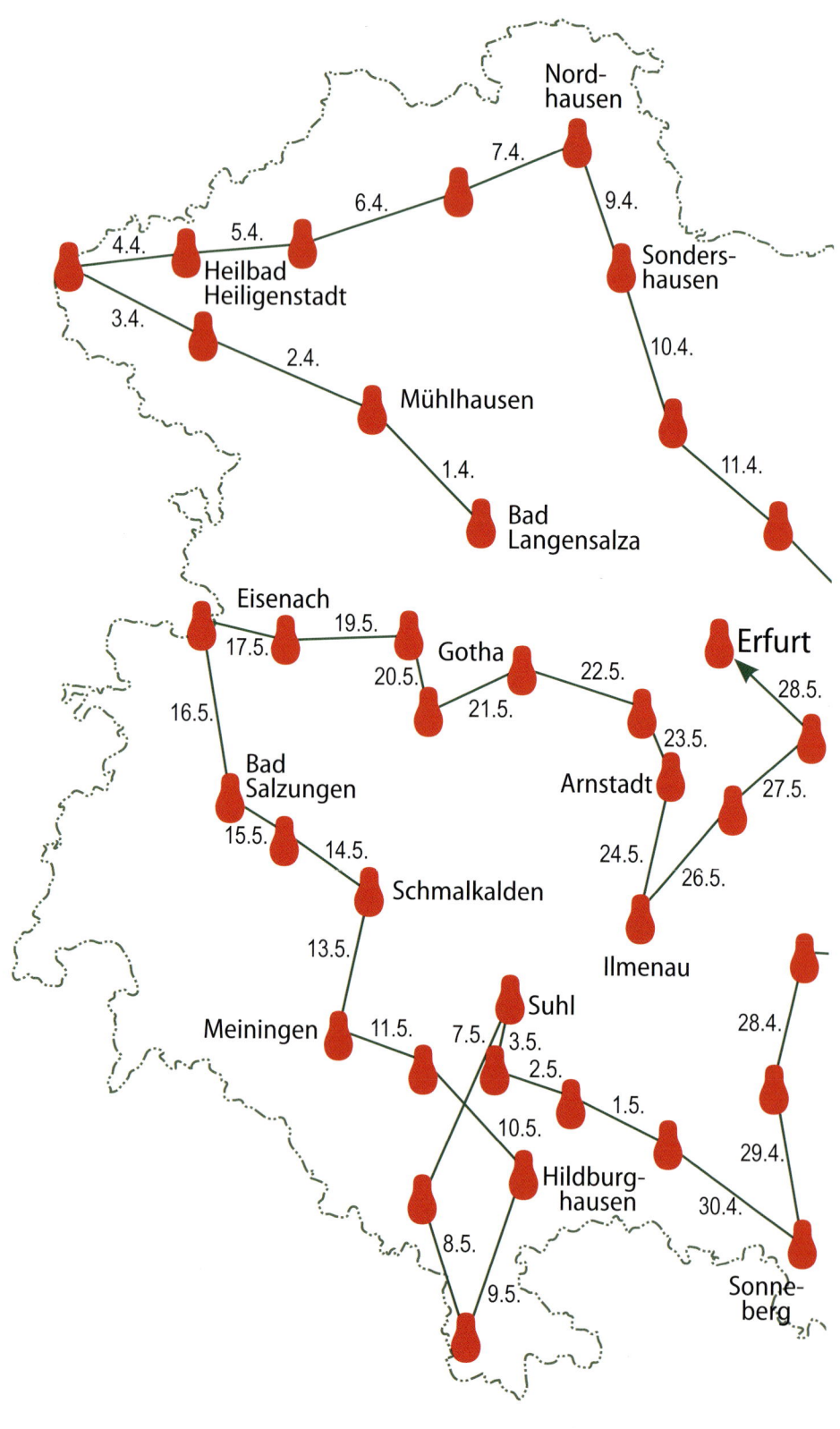

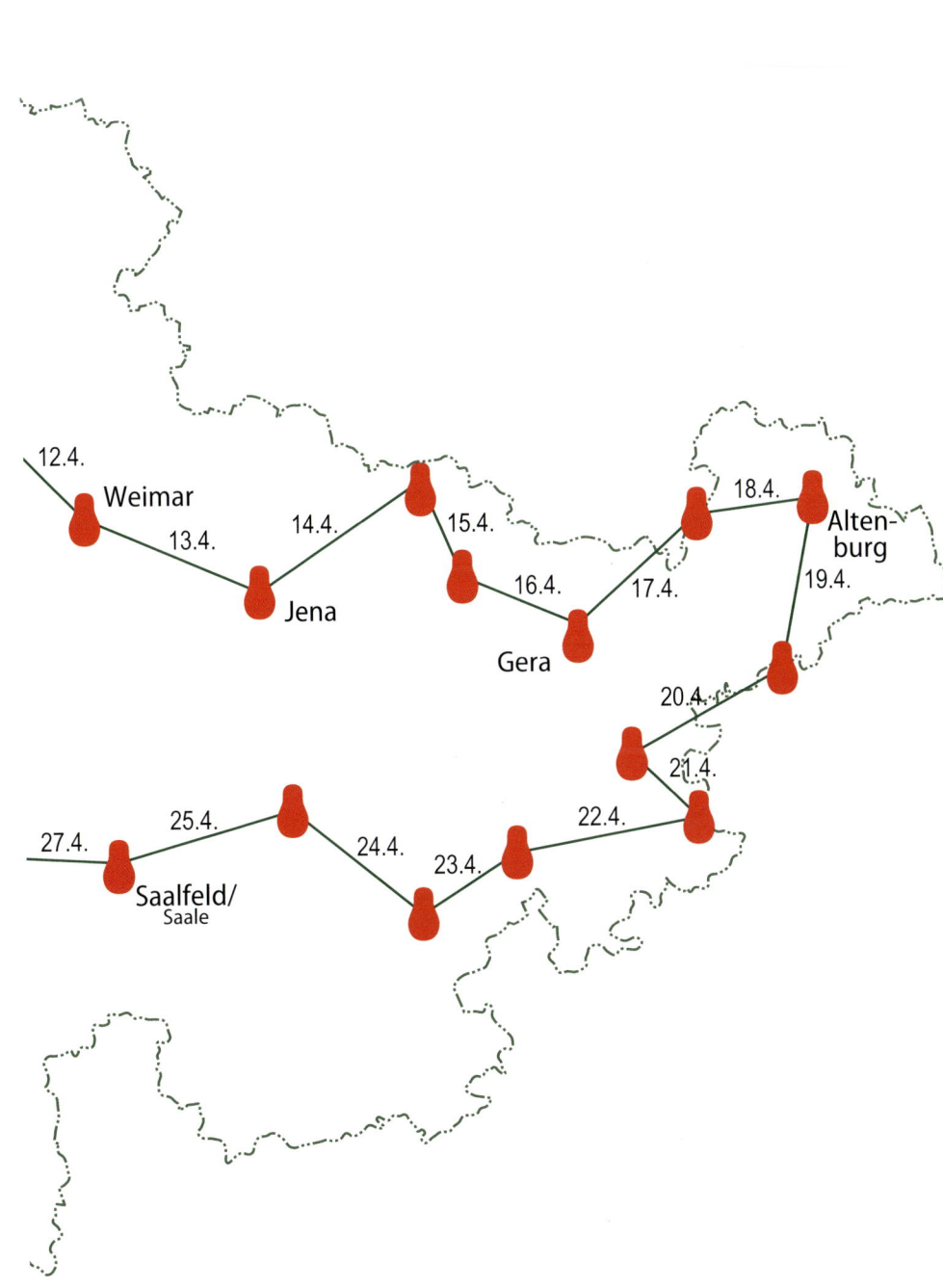

12.4.
Weimar
13.4.
14.4.
Jena
15.4.
16.4.
17.4.
18.4.
Alten-
burg
19.4.
Gera
20.4.
21.4.
22.4.
25.4.
24.4.
23.4.
27.4.
Saalfeld/
Saale

Vorlauf

Auf die Stunde genau einen Monat bevor ich den *Hörenden Fuß-marsch* durch Thüringen antreten möchte, habe ich eine Baustelle in Pößneck. Baustelle heißt in diesem Fall, dass Zellulosedämmstoff aus Altpapier in ungedämmte Hohlräume der Dachflächen eingeblasen wird. Mit dieser etwas staubigen Arbeit verdiene ich einen Teil des Lebensunterhaltes für meine Familie. Heute hilft mir Dieter mit, der Haushandwerker meines Kunden. Zur Frühstückspause, in der wir ein paar Sonnenstrahlen einfangen, stellt er Gurkengläser auf das Mäuerchen, das uns als Tisch dient. Die Etiketten sind nicht ganz fabrikfrisch und sie bilden auch nicht das ab, was in den Gläsern eingelegt ist. Ich merke, das ist nicht die Erstbefüllung.

Wie denn, alles selbst eingemacht?

Na klar, willste mal kosten? Bauen wir alles selber an, meine Frau und ich. Das allermeiste, was wir essen, machen wir selbst. Gärtnern, Einkochen, Schlachten.

Macht dir das nix aus, wenn Edeka, Aldi oder das Kaufland mal ein halbes Jahr dichtmachen?

Nö, nicht wirklich.

Und er grinst mich breit über beide vollen Backen an. Stell dir vor, es kommt zu einem Versorgungsengpass und keiner geht hin. Das schmeckt alles ziemlich gut. Davon kann sich der Spreewald noch ein paar Gurkenscheiben abschneiden.

Das schmeckt mir auch im weiteren Sinne. Denn genau solchen Fragen möchte ich beim *Hörenden Fußmarsch* nachgehen: *Was machen wir eigentlich in Thüringen, wenn Selbstverständlichkeiten einmal nicht selbstverständlich sind?* Also, wenn mal keine Lebensmittel oder anderen Güter von weither kommen können, um unsere Regale im Supermarkt durchzubiegen. Oder wenn die Finanzwirtschaft und das Geldsystem einmal aus den Höhen der Zirkuskuppel heruntersteigen, in der sie uns zurzeit eine atemberaubende Akrobatik vorführen.

Oder was machen wir, wenn die Stromversorgung mal für eine Woche ausfällt? Oder gar das Internet. Schwer vorstellbar nach 20 Jahren Eingewöhnungszeit. Es scheint noch so eine Art Leben diesseits des Internets zu geben, aber man erinnert sich nur schemenhaft, wie das geht oder wie das einmal funktionierte.

Oder wenn Sozialsysteme schwächeln. Wenn das Gemeinwesen einmal nicht mehr Sozialfirmen bezahlen kann, die sich mit Inkontinenzfragen befassen. Wenn unser Futternapf im Alter einmal nicht mithilfe einer zwölfstelligen Rentenversicherungsnummer gefüllt werden kann, sondern … ja womit eigentlich? Kinder, ihr wollt euren Papa doch nicht verhungern lassen – oder wie?

Oder wenn der Preis für die tiefer liegenden Energiequellen wie Erdöl, Erdgas, Kohle oder gar Methan vielleicht aus Gründen der Verknappung einmal zu hoch wird. Zu teuer. Sei es im ökonomischen oder im ökologischen Sinn.

Allein schon, wenn aus leicht vorstellbaren Gründen das deutsche Exportvolumen nennenswert schrumpft und wir daher nicht mehr ganz so zwanglos die Güter des täglichen Bedarfs in aller Welt zusammenkaufen können. Vom chinesischen Schnuller bis zum indischen Grabstein. Was eigentlich dann?

Meine Frage ist also: Was machen wir, wenn Faktoren, die unser Leben auf hohem Niveau stützen, einmal einknicken oder wegbrechen und sei es auch nur zeitweise? Dabei geht es mir überhaupt nicht darum, Schwarzmalerei zu betreiben oder den vielen gescheiterten Weltuntergangsszenarien ein weiteres hinzuzufügen. Im Gegenteil, mich interessiert der nüchterne Blick auf die Abhängigkeiten und Verletzbarkeiten unserer Gesellschaft und die Frage, wie wir uns in Thüringen robuster aufstellen können. So, dass uns ein Börsen-Infarkt in Tokyo – mit unabsehbaren Folgen für den Welthandel – zwar betrifft und vielleicht auch erschüttert, aber nicht völlig umhaut oder ganz und gar ratlos zurücklässt.

Ich will, dass die Regionen Thüringens fähig werden, im Bedarfsfall die Grundbedürfnisse der Bevölkerung weitestgehend aus sich selbst heraus zu decken. Dabei denke ich allerdings weniger an Flachbildschirme und Flugreisen, sondern eher an Nahrung, Kleidung, Heizung, Mobilität. Die Abhängigkeiten und Verletzbarkeiten, die wir zurzeit in Kauf nehmen, um unseren Lebensstandard zu halten, scheinen mir sehr hoch zu sein. Dem gegenüber wünsche ich mir Thüringen robuster und – Achtung, jetzt kommt mein Lieblingsfremdwort! – *resilienter*.

Resilienz könnte man am besten mit *Unumstoßbarkeit* übersetzen. Und damit ich nicht so viel mit Fremdworten herumfuchteln muss, zeige ich lieber ein Stehaufmännchen vor, wenn man mich nach dem Anliegen des *Hörenden Fußmarsches* fragt. Entweder ein großes rotes, das zwischen den zwei großen Ohren auf dem Schubwagen steht, oder eine der vierhundert kleinen *Resilienzbirnen* aus Buchenholz, die ich im Thüringer Wald habe anfertigen lassen.

Ein Stehaufmännchen ist nicht fest einbetoniert oder festgeschraubt, damit es stehen kann, sondern es ist in sich so gebaut, dass es nach allen Störungen oder Beeinträchtigungen immer wieder aufstehen will und kann. Eine dynamische Stabilität also. Eine starre Befestigung kann brechen, sich lockern oder knicken. Das Stehaufmännchen hat den eingebauten Wunsch, sich wieder aufzurichten, selbst wenn man es lange – zum Beispiel für Jahrzehnte – gebeugt hielt.

Das Wort *Resilienz* wird vorwiegend in der Psychologie verwendet. Es bezeichnet die Fähigkeit, konstruktiv und selbsterhaltend mit Störungen umzugehen. Hier interessiert mich diese *Resilienz* jedoch weniger in Bezug auf das Seelenleben des Einzelnen, sondern eher im Zusammenhang mit Kreisen, Städten, Dörfern, Familien; den kleinen Einheiten unseres Gemeinwesens also.

Ich wünsche, dass Thüringen weniger abhängig, weniger verletzbar und auch weniger erpressbar wird. Wieso erpressbar, will uns hier irgendwer erpressen? Nein, das ist nicht in Sicht.[1] Andererseits sind wir zumindest bei Erdöl und Erdgas ja nicht gerade Selbstversorger.

Was aber tun, wenn man meint, dass die Verknappung der Ressourcen und die Abhängigkeiten und Verletzbarkeiten unserer Gesellschaft Herausforderungen sind, denen wir uns gemeinsam stellen sollten? Und zwar vorausschauend und mit Souveränität, damit die Situation gestaltbar bleibt und wir nicht von überraschenden Entwicklungen zu chaotischen Reaktionen genötigt werden.

Also habe ich mich entschlossen, diesen Fragen von Anfang April bis Ende Mai 2013 bei einem Fußmarsch durch alle Städte und Kreise Thüringens *nachzugehen*. Und allen, die mir begegnen, zuzuhören. Wirklich zuzuhören, zunächst ohne zu werten und ohne den Gesprächspartner nur als Stichwortgeber für die eigene Meinungsäußerung anzusehen. Mit dem festen Vorsatz, die *Stärken der Region zu entdecken* und Ansätze aufzustöbern, die Thüringen stabiler und weniger verletzbar machen.

Warum aber laufen, warum zu Fuß? Viel einfacher wäre es doch, eine Internetumfrage zum Thema zu machen, einen Zeitungsartikel zu schreiben oder gar in eine Partei oder Bürgerbewegung einzutreten, um eine Herausforderung anzugehen, von der man meint, sie sei jetzt an der Tagesordnung. Zugegeben, die ganze hyperventilierende Echtzeit-Meinungsäußerung im Internet erreicht enorm schnell enorm viele Adressaten. Sie mag ihre Berechtigung haben, gerade durch ihre Sperrigkeit gegenüber totalitären Machtansprüchen. Andererseits scheint mir die schnelle Meinungswelt des Netzes über die Halbwertszeit eines Haufens brennender Papiertaschentücher kaum hinauszukommen. Der Aufwand für eine solche

---

1 Inzwischen ist etwas Zeit verstrichen: Putin nestelt demonstrativ am Gashahn herum, um sich in der Ukraine-Krise Gehör zu verschaffen,

Meinungsäußerung ist gering und folglich auch ihr Gewicht. Oder? Und in politischen Parteien bin ich noch nie so richtig angewachsen, obwohl ich sie aus prinzipiellen demokratischen Erwägungen für sinnvoll halte.

Ohne auch nur den geringsten Beweis für die politische Wirksamkeit von Märschen zu haben, gehe ich davon aus, dass man einem gesellschaftlichen Anliegen Gewicht und auch etwas mehr an Tiefe verleihen kann, wenn man sich zu dessen Gunsten einer körperlichen Mühe unterzieht. Wenn man es sich etwas kosten lässt. Und auch ein Verlangsamen der Fortbewegung kann meiner Meinung nach zu einer Vertiefung und zu gelassenem Nachdenken beitragen. In Ruhe kommen, gehen, sehen und hören können. Das waren die Gründe für das Laufen.

Aber das Hören? Warum ein *Hörender* Fußmarsch? Zuallererst interessiert mich, was Menschen in Thüringen zu den Fragen nach der Selbsterhaltungsfähigkeit und der Robustheit der Region zu sagen haben. Und zwar interessiert mich genauso die Sichtweise der Oma am Gartenzaun wie die des Landrates, der Künstlerin oder des Unternehmers. Dieses seltene Geschenk des Zuhörens wollte ich meinen Landsleuten anbieten. Sie haben es gut und gerne angenommen. Und selbst bin ich auch nicht dümmer dabei geworden.

Insgesamt haben sich etwa hundert Sympathisanten etappenweise an dem Marsch beteiligt. Sei es für ein paar Stunden oder für ein paar Tage. Die Laufstrecke ist mit etwa 1.200 Kilometern weder rekordverdächtig, noch war möglichst schnelles oder weites Laufen das Anliegen der Unternehmung. Mir ging es um das Hören, das Sehen, das Wahrnehmen.

Was Sie hier vor sich haben, ist weder ein politisches noch ein kulinarisches Kochbuch mit Thüringer Rezepten. Eher ein Gang über den – weltanschaulichen – Wochenmarkt Thüringens. Ich sage nicht, dass Thüringen genau so und nur so ist. Aber so ist es mir begegnet und so bin ich ihm begegnet.

Dieser Bericht folgt keiner künstlichen Dramaturgie, sondern er geht ganz brav am Kalender entlang. Und ich kann nur raten, ihn nicht in einem Rutsch durchzulesen, sondern tageweise oder wochenweise. Kartoffelchips schmecken einzeln gut und eine Handvoll ist auch noch ein Gewinn. Wer aber je ein Kilo Chips hintereinander weggegessen hat, weiß, was ich meine.

Na denn! Auf geht's.

Nikolaus Huhn, Oktober 2014

Rabenkrähe – 1. April

Bei der Messe im Caritasheim Bad Langensalza geht's schon gut los. Die Alten singen in neun verschiedenen Halbtonabständen, man sieht, läuft, hört und versteht nicht mehr so richtig. Man redet so laut, dass man es selbst noch hören kann. In der Stille während der Kommunion setzt ein unentdecktes Handy mit einer Streicherversion eines Themas des *Gran Valse* von Francisco Tárrega ein. Besser bekannt als Nokia Fuge. Gar nicht so schrecklich eigentlich. Hat was Vertiefendes in seiner ständigen Wiederholung, besonders als Streichquartett. Insgesamt aber ist die Situation etwas drunter und drüber bei den Senioren. Viel Bekanntes aus dem Randbereich menschlicher Existenz. Und ein nahezu idealer Einstieg in die Frage, *was wir denn eigentlich so machen, wenn Selbstverständlichkeiten einmal nicht selbstverständlich sind.*

Wolfgang Franz, ein älterer Priester, verabreicht uns den Reisesegen. Er spricht von Pilgerweg. So würde ich das gar nicht nennen. Die wenigsten, die mitlaufen, bezeichnen sich wohl als Pilger. In der Kirche kommen auch Georg, Ludger und Franz, Gerhart und die kleinen Schwestern aus Gräfentonna mit dazu. Georg war vor seinem Ruhestand im Umweltbundesamt für das Thema *Umweltverträgliche Technik und Produkte* zuständig. Ludger sitzt im Erfurter Stadtrat. Sein Sohn Franz studiert in Leipzig, während Gerhart ein entlaufener Priester ist und jetzt mit seiner Frau eine Beratungspraxis betreibt. Die kleinen Schwestern leben im Sinne der Arbeiterpriester ein einfaches Leben der Freundschaft mit den Ärmeren.

Zum Start am Marktplatz kommen wir kurz vor zehn gerade noch rechtzeitig, um die Bedenken des Landrates und des zweiten Beigeordneten der Stadt auszuräumen, sie seien nun doch einem drittklassigen Aprilscherz zum Opfer gefallen. Die Polizisten, die sie vermutlich begleiten oder den *Hörenden Fußmarsch* beobachten sollen, verziehen sich zeitnah, als sich abzeichnet, *wie* harmlos wir sind. Inzwischen hat Eckhard uns gefunden. Er unterrichtet Psychologie in Erfurt und vermeidet, als Abkömmling eines Emsländer Autohändlers, das Autofahren wo nur irgend möglich. Später kommt Brunhilde noch dazu, eine Pastorin aus dem Raum Gotha, die in den kommenden Wochen immer wieder zu dem Fußmarsch stoßen wird.

Bevor wir losgehen, bekommt der zweite Beigeordnete von Bad Langensalza noch seine Abreibung. Mit *Abreibung* könnte man die Technik der Frottage übersetzen, mit der wir in den kommenden zwei Monaten immer wieder Abzüge der beiden Seiten der hölzernen *Fertschwäre* machen. Der Beigeordnete erhält das Startbild des Marsches, den Umriss eines Stehaufmännchens mit entsprechender Beschriftung. Als *Fertschwäre* bezeichnet man bei uns im Holzland die großen hölzernen Kuchenbretter, auf denen der traditionelle Thüringer Blechkuchen nach dem Backen abkühlen – also *fertig werden* – kann, bevor er auf Volks- oder Familienfesten angeboten wird. Auf die Vorder- und Rückseite einer solchen Platte hatte ich verschiedene grafische Elemente eingekerbt, an denen entlang sich die Gesprächsrunden des Fußmarsches bewegten. Mehr dazu später.

Ich hatte es geahnt. Die Leute vom Fernsehen konnten der Versuchung nicht widerstehen, ein kleines Filmchen über den Marsch mit Ohren zu drehen. Also begleiten sie uns ein Stückchen und stellen ihre Fragen. Und sie bekommen auch einen schönen, so wohlwollenden wie kleinen Beitrag für die Abendnachrichten hin. Da freut man sich natürlich als Veranstalter. Aber die Medienaufmerksamkeit ist ein flüchtiger Freund und steht auch nicht im Mittelpunkt meiner Bemühungen. Im Vorfeld hatte ich aufgrund einschlägiger Erfahrungen schon angedeutet, dass der *Hörende Fußmarsch* für ausufernde Regieanweisungen im Rahmen von Dreharbeiten nicht zur Verfügung steht.

Harald Zanker, der Landrat des Unstrut-Hainich-Kreises, schlägt sich wacker. Welche Partei noch mal? Er will unbedingt den Ohrenwagen schieben – an einer Stelle die Karre auch mal aus den Dreck ziehen – und hat interessante Antworten zu den Fragen, die diese

Fernsehfrau und ich ihm stellen. Ein flächendeckender Stromausfall im Landkreis sei unwahrscheinlich und für Teilausfälle gebe es Einsatzpläne. Je größer die betroffene Fläche, desto höher die Hierarchieebene, die dafür den Hut aufhat. Bürgermeister, Landrat, Landesregierung, Bundesregierung – *Vereinte Nationen, Intergalaktischer Krisenstab?* Die Pläne greifen jedoch wohl eher für kurzfristige punktuelle Ausfälle, die mithilfe der umgebenden intakten Infrastruktur behoben werden. Wohl weniger für generelle Verknappungsszenarien.

Ein interessantes Beispiel führt Zanker zur Frage der Landflucht und der Überalterung der Landbevölkerung an. Die *Stiftung Landleben* in Kirchheilingen.[2] Die Idee ist bestechend: Ältere Menschen, die allein oder zu zweit ihr großes Gehöft nicht mehr bewirtschaften können, bekommen einen Kleinbungalow in zentraler Lage angeboten. Ebenerdig und mit einfachem Zugang zur nötigen Infrastruktur und medizinischer Versorgung. Im Gegenzug werden jungen Familien mit mehr Platzbedarf die Höfe angeboten. Später erfahre ich, dass in und um Kirchheilingen acht Kleinbungalows für Senioren gebaut wurden, von denen inzwischen fünf belegt sind. Die Nachfrage junger Familien nach alten Bauerngehöften ist dort bislang noch verhalten. Mag sein, dass dieses Projekt noch nicht ganz da ist, wo es hin möchte. Aber der Ansatz beeindruckt mich.

Eng arbeitet der Landrat mit der Initiative *Kein Fracking* zusammen. *Fracking* hat nichts mit der Kleiderordnung bei festlichen Anlässen zu tun.[3] Es ist eine Methode, mit der man der Erdkruste unter Anwendung von mehr oder weniger roher mechanischer und chemischer Gewalt letzte Reste von Erdgas oder Erdöl abpresst. Im Vergleich zur konventionellen Erdöl- und Erdgasförderung ziemlich aufwendig, mit unklaren Folgen für das Grundwasser und unsere Scholle. Letztlich vertagen wir damit die Frage, was wir machen,

---

2 www.stiftung-landleben.de
3 Nicht zu verwechseln mit *No Smoking*.

wenn Öl und Gas einmal knapp und teuer werden, nur um ein paar Jahre. Ohne den Preis dieser Vertagung zu kennen.

Der Unstrut-Hainich-Kreis unterliegt einem straffen Sparzwang. Die finanziellen Handlungsspielräume eines Landrates sind eng. Landkreise sollen zusammengelegt werden. Die personelle Ausstattung des öffentlichen Dienstes in Thüringen ist im bundesweiten Vergleich sehr komfortabel. Nach Sachsen-Anhalt und Berlin liegt Thüringen auf Platz drei bei der Anzahl öffentlicher Diener auf 1.000 Einwohner.[4] Aber Stop, das hier ist kein politisches Fachbuch und außerdem ist heute Feiertag. Da gehen wir doch lieber in der legendären Eisdiele Thamsbrück einen Kaffee trinken.

Weiter geht's Richtung Mühlhausen. Aprilsonne, kalte klare Luft, flaches Land und ein Ohrenwagen. Was will man mehr. Die folgende Szene sollte man sich in einer ausgedachten Geschichte lieber für den Schluss aufheben. Passiert ist sie aber gleich zum Anfang. Auf dem Radweg an der Unstrut mitten im platten Feld, weit und breit keine Siedlung in Sicht. Gedankenverloren wirft Eckhard einer Rabenkrähe, die uns vom Baum aus beobachtet, ein Stück seines Schokoladenosterhasen auf den Weg. Schauen wir mal, ob sie so was mag. Sie wartet nicht lange, lässt sich zu der Schokolade herabgleiten und hat sie auch schon aufgefressen. Offenbar hat ihr die Schokolade eine Art Glücksschock verpasst. Sie hüpft auf uns zu: War das jetzt alles? Gerührt geben wir ihr noch eine gute Ration Nüsse und Rosinen. Das ist zu viel. Sie hat ihre Bestimmung gefunden. Bei diesen Jungs bleibe ich.

Um klare Verhältnisse zu schaffen, sucht sie sich den aus, der ihr am ähnlichsten sieht. Gerhart, ganz in Schwarz mit einem runden böhmischen Hirtenhut auf dem Kopf. Und weicht ihm nicht von der Mütze, egal, was er unternimmt. Selbst als Gerhart auf sein Fahrrad steigt, verlässt sie seinen Hut nicht. Später lässt sie sich überreden, auf seine Schulter herunterzusteigen und beknabbert

---

4 Quelle: INSM; WirtschaftsWoche.

von dort aus zärtlich Ger-
harts Hutkrempe. Ein paar
Felder weiter verlässt sie uns
wieder, um – etwas wehmü-
tig – auf ihren Baum zu-
rückzukehren.

Von wegen Selbstver-
sorgung und Robustheit
in Städten: Franz weiß
von Mietern, die mitten in
Leipzig im Hinterhof ein
Schwein halten. Und der
Vermieter akzeptiert es,

Schräger Vogel

weil er froh ist, überhaupt
einen Mieter für seine Wohnung zu haben. Klingt ein bisschen skurril, ist aber offenbar alles eine Sache von Angebot und Nachfrage.

Und hier in der Gegend: Höngeda, Bollstedt, Großengottern?
Traditionell werden hier Ziegel aus Ton gebrannt. An Steinen
wird's uns nicht fehlen. Später, kurz vor Mühlhausen, eine auffällige
Allee aus Kopfweiden. Ein Passant erklärt uns, dass diese früher
weniger für Weidenkörbe, sondern zur Uferbefestigung an der Unstrut verwendet wurden. Ein Ehepaar erzählt uns bereitwillig, was
sie alles im Garten für ihren Lebensunterhalt anbauen.

Georg – selbst kein Jugendlicher mehr – spricht mit einem älteren
Herrn am Wegesrand. Irgendwie kommen sie drauf: Man könne ja
reich sein, indem man sehr viel hat oder indem man wenig braucht.
Darauf dieser nach längerem Nachdenken: *Ich bin reich!*

Hier, kurz vor Mühlhausen sollte ich einen Vorläufer des *Hörenden
Fußmarsches* kurz erwähnen, den *Thüringer Energiemarsch 2009*. Einen
Monat vor den damaligen Landtagswahlen haben sich fünfundzwanzig Bürgerinnen und Bürger an einem fünftägigen Fußmarsch
von Mühlhausen nach Jena beteiligt, um auf den *Peak Oil* hinzuweisen. *Peak Oil* – im Deutschen vielleicht *Weltweites Ölfördermaxi-*

mum – ist der englische Fachbegriff für die Vermutung, dass die Erdölförderung in den kommenden Jahren und Jahrzehnten weltweit voraussichtlich zurückgehen wird. Mit der Folge der Verknappung des Öls und einer Verteuerung der Energiepreise und der Mobilität. Über diese Herausforderung machten sich damals nicht nur diese fünfundzwanzig Thüringer Wandersleute Gedanken.

Das Zentrum für Transformation der Bundeswehr – Dezernat Zukunftsanalyse – in Straußberg hat mit der Studie *Peak Oil – Sicherheitspolitische Implikationen knapper Ressourcen*[5] eine Klar- und Weitsicht gezeigt, die sich nur wenige Politiker in der Öffentlichkeit leisten. Natürlich hat so eine Denkfabrik den Vorteil, sich nicht alle vier Jahre zur Wiederwahl stellen zu müssen.[6]

In den Dreißigerjahren wurde nämlich in Thüringen etwas Erdöl gefördert und noch heute strömt aus einer letzten Thüringer Erdgasquelle in Mühlhausen-Grabe ein wenig Gas und betreibt eine kleine Turbine zur Stromerzeugung. Diese sogenannten *fossilen* Energiequellen wollten wir bei dem *Thüringer Energiemarsch 2009* hinter uns lassen und Orte aufsuchen, an denen sich Alternativen abzeichnen. Nicht umsonst lautete das inoffizielle Motto des Marsches: *Von Thüringer Ölquellen lernen, heißt versiegen lernen …*

Damals schoben wir eine vier Meter hohe *quietschende Ölpumpe* durch Thüringen. Ein Soldat, mit einer Zapfpistole von der Tankstelle bewaffnet, bewachte diese Pumpe.

Schon klar, da sollte die Verknappung des Erdöls als mögliche Ursache für militärische Konflikte zum Thema gemacht werden. Und in der Tat haben sich die größeren Thüringer Parteien wie auch die Staatskanzlei alle artig mit unseren Anfragen befasst, als wir sie in Erfurt mit der *quietschenden Ölpumpe* besuchten. Allerdings

---

5 Peak Oil – Sicherheitspolitische Implikationen knapper Ressourcen, Zentrum für Transformation der Bundeswehr – Dezernat Zukunftsanalyse, Prötzeler Chaussee 25, 15344 Strausberg, Juli 2010.
6 Nebenbei: Das ist eines der ganz wenigen Dinge, die ich mit dem Militär gemeinsam habe. Außerdem höchstens noch eine Vorliebe für robuste Kleidung.

mit sehr unterschiedlichem Tiefgang und Einblick in die Thematik.[7]

Ein Passant, den ich für sehr wohlwollend hielt, wies mich jedoch auf Folgendes hin: Man versteht, wenn man will, welches Anliegen ihr in den politischen Raum stellen wollt. Was aber willst du mit diesem düsteren Bild vom Soldaten mit großer schwarzer Pumpe errei-chen? Willst du den Leuten,

Die quietschende Ölpumpe unterwegs

die euch begegnen, Angst machen? Möchtest du sie erschrecken? Meinst du im Ernst, dass du Menschen durch so einen halb karne-valistischen Schocker dazu bringen kannst, sich mit Gedanken zu befassen, die sie vielleicht auch manchmal haben, aber sorgfältig beiseitelegen?

Nicht schön, wenn man eine so gern und wie mühevoll vorberei-tete Aktion derart demontiert bekommt. Nach einiger Zeit der Ver-ärgerung verstand ich jedoch, dass dieser Passant vermutlich recht hat. Die wenigsten Menschen sind scharf darauf, sich von jeman-dem, der in der Fußgängerzone auf einer Obstkiste steht, erklären zu lassen, was sie alles falsch machen und was sie bitteschön besser und richtiger machen sollen. So kam es zu dem eher neugierig fra-genden als belehrenden *Hörenden Fußmarsch*.

Am Bahnhof Mühlhausen treten einige den Heimweg an. Üb-rig bleiben Georg, Brunhilde und ich. Vor dem Hauptquartier der Mühlhäuser Kirmesgemeinde *Feld-/Sondershäuser Straße* brennt schon

---

7 Wen es wirklich interessiert, dem schicke ich die zum Teil beklemmend schlich-ten Antworten der Parteizentralen gern zu.

der Rost. Da warten Fleischmengen auf uns, die einen Thüringer erwartungsfroh lächeln lassen, einen Vegetarier hingegen verzweifeln. Gibt es eigentlich vegetarische Thüringer? Oder Thüringer Vegetarier? Oder ist das ein Widerspruch in sich? Haben Vegetarier in Thüringen Wahlrecht?

Wer jetzt meint, die berühmten Mühlhäuser Kirmesgemeinden feierten alljährlich mit frommem Räucherwerk den Jahrestag der Weihe ihrer geliebten Kirche, der unterschätzt die weltanschauliche Erosionskraft der Jahrhunderte. Detlef, der Schatzmeister am Grill, erklärt uns, dass der christliche Anlass irgendwann verloren gegangen ist. Die bewährte Tradition des Feierns habe sich jedoch erhalten. Danke, Herr Wirt, sehr freundlich, aber bitte vor der Gesprächsrunde möchte ich lieber kein Bier.

Hier fällt der thematische Einstieg in das Gespräch leicht. Der Frühjahrsabend ist noch empfindlich kalt. Die Vereinsräume sind für den Sommerbetrieb gebaut und eigentlich nicht beheizbar. Selbst die kleinen Heizlüfterchen, die hilfsweise ihr Bestes geben, erwärmen bestenfalls das Klima. Den Raum eher nicht. *Was also machen wir, wenn Selbstverständlichkeiten …* Sie wissen schon. Wir sitzen, bibbern und führen ein überraschend angeregtes Gespräch über die Verwundbarkeit und Zerbrechlichkeit unserer Gesellschaft. Schließlich kommen wir auf die Idee, mit den Heizgebläsen nur den Luftraum unter der Tischdecke zu beheizen. Das bringt's. Wie im richtigen Leben. Die billigste Art, Heizkosten zu sparen, ist, das beheizte Raumvolumen zu verkleinern.

Im Anschluss sind wir eingeladen, im *Antoniq*[8] zu übernachten. Dieses *Dorf in der Stadt* sollte man besuchen, wenn man Mühlhausen kennen will. Auch wenn wir nicht als Touristen unterwegs waren, besteht kein Zweifel: Mühlhausen sollte man kennen wollen.

---

8 www.antoniq.de

Strickwaren – 2. April

Zu dritt starten wir heute, vorbei an einer Pizzeria, die ihren Steinofen mit Holz beheizt. Das hat vermutlich eher geschmackliche Gründe. Schätzungsweise funktioniert dieser Ofen jedoch auch bei Stromausfall. Etwas weiter werben die Stadtwerke großformatig mit dem Slogan *Gas Wärme und Strom von hier*. Wer genauer nachschaut, wird vermutlich entdecken, dass nur ein sehr kleiner Teil der Wärme, des Gases und des Stroms aus dem Unstrut-Hainich-Kreis kommt. Aber *von hier* ist positiv besetzt und das ist doch auch schön so.

Kurz hinter dem nordwestlichen Ortsrand von Mühlhausen erwartet uns auch schon der erste Fang. Am Straßenrand weist ein Schild auf einen Hofladen hin. Den kleinen Umweg nach Sambach machen wir gern. Dort sitzt Vitus Feind, der Juniorchef, gerade mit seinen Mitarbeitern bei der Frühstückspause. Hier sind wir nicht irgendwo. Das *Gut Sambach* ist einer von bundesweit zweihundert Demonstrationsbetrieben, die vom Bundeslandwirtschaftsministerium als Vorzeigemodelle für biologischen Anbau gekürt wurden.

Vitus Feind verlängert bereitwillig seine Pause und lädt uns ein, mit zu frühstücken. Über vierzig Mitarbeiter stehen hier in Lohn und Brot. Davon über die Hälfte Behinderte, die je nach ihren Fähigkeiten in die Arbeiten einbezogen werden. Gut neunhundert Hektar werden bewirtschaftet. Feldwirtschaft, Garten-

Vitus Feind vom Gut Sambach

bau, Weideland, 150 Milchkühe, 230 Schweine, Ferkelaufzucht, Bäckerei, Fleischerei, Direktvermarktung. Das volle Programm. Kann dieser Hof in schlechten Zeiten überleben? Ohne Energiezufuhr von außen, ohne Gelder aus Brüssel …? Vitus Feind sagt: Ja, ohne staatliche Zuschüsse könnte unser Hof weiter existieren. Wir könnten vermutlich nicht so viele Behinderte einbinden und keine heute üblichen Löhne zahlen, aber wir hätten Arbeit und Brot für unsere Leute. Und energetisch, wie sieht's da aus, wenn man sich Öl und Gas wegdenkt? Unseren Treibstoff stellen wir nicht selbst her, da sind wir auf Erdöl angewiesen. *Bio*-Treibstoff ist mit Mitteln der biologischen Landwirtschaft nicht so einfach zu gewinnen. Dafür erzeugen wir unsere Wärme und den Strom mit einer Biogasanlage.

Mit gefällt, dass sie eine Milchtankstelle planen, an der sich Selbstabholer mit einer Kasse des Vertrauens bedienen können. Zuhause in unserem Nachbarort werden über 400 Milchkühe gehalten. Aber mit der Milchkanne brauche ich dort nicht aufzutauchen.

Insgesamt scheint mir Vitus Feind mit dem Gut Sambach einen ziemlich runden und robusten Ansatz zur landwirtschaftlichen Versorgung der Bevölkerung mit dem Nötigsten zu bieten. In knappen Zeiten kann man sich einen schlimmeren Feind vorstellen als diesen Vitus.

Unterwegs erzählt Georg von der *Foodsharing* Initiative, die vorwiegend in Städten versucht, punktuelles Überangebot von Essen mit interessierten oder bedürftigen Verbrauchern zusammenzubringen.[9] Häufig bleiben nach Banketten oder anderen Festen große Mengen vom Buffet übrig. Lebensmittel, die ihren Daseinszweck knapp verfehlen, indem sie einen menschlichen Magen nicht mehr erreichen, und – eben noch Delikatesse – die direkte Abkürzung in die Tonne nehmen müssen. Dort gären sie dann einer glanzlosen Kompostierung entgegen. Also werden sie über eine Internetplattform kurzfristig zur kostenlosen Abholung angeboten. Wäre ich

---

9 www.foodsharing.de

ein liegen gebliebenes Kaviarhäppchen oder ein versehentlich gekaufter und im Kühlschrank missachteter Ingwerjoghurt, ich setzte einiges dran, um schnellstmöglich noch eine kleine Karriere bei Foodsharing zu machen; anstelle der thermischen Verwertung und Edelkompostierung über Essensreste-Abholfirmen. Das klingt zwar gut, aber eigentlich fühlt man sich als Lachsschnittchen oder *Hühnchen an Curry-Mandel-Parfait* für eine Biogasanlage noch zu jung und irgendwie überqualifiziert. Ganz zu schweigen von einem bitteren Ende in einer stinkenden Restmülltonne.

Gegenstände, die wir gehalten sind, möglichst häufig zu erwerben und zügig wegzuwerfen, können von Glück reden, dass sie sich keine Gedanken über den Sinn ihrer Existenz zu machen brauchen. Dieses Sortiment hier am Straßenrand durfte sich noch vor wenigen Monaten im Glanz der Scheinwerfer eines

Elektronikschrott am Wegesrand

Elektronikmarktes sonnen. Und schon dämmern die einstigen Objekte der Begierde bei trüber Aprilsonne in der Gosse einer ungewissen Abholung entgegen.

Ganz in Gedanken versunken, versuche ich gerade das Werbeschild von *Thomas Bombergs Kfz-Meisterwerkstatt* zu fotografieren. Dort platziert gerade ein Ölkännchen einen Tropfen ins Schriftbild. Allerdings tropft das Apostroph nicht ganz an die richtige Stelle. Jeder sieht die Welt durch seine Brille.

Mir fällt zum tropfenden Ölkännchen ein, dass ich zwar nicht glaube, das Ende des Erdöls noch zu erleben, aber mir durchaus

Tropfendes Ölkännchen

vorstellen kann, dass Benzin in absehbarer Zeit wieder in Literflaschen in der Apotheke verkauft wird. Wie zu Daimlers Zeiten. Da hält auch schon Thomas Bomberg persönlich seinen Wagen auf meiner Höhe an: Na, gefällt dir das Schild? Ja, sehr! Noch bevor wir in ein vertiefendes Gespräch darüber kommen können, warum ihm das Schild gefällt und warum mir, ist er auch schon wieder davongebraust. Wie beginnt Andreas Eschbach seinen Roman *Ausgebrannt: Selbst mit dem letzten Tropfen Benzin kann man noch beschleunigen.*[10]

Picknick gegen Mittag in der Bushaltestelle Bickenriede. Zum Sitzen ist es eigentlich noch zu kalt, das Wartehäuschen unbeheizt. Berge von kaltem, talgigem Fleisch, die beim gestrigen Brandopfer der Kirmesgemeinde auf dem Altar verblieben waren, fordern unsere ganze Zuwendung. Was gäben wir jetzt für eine kleine Feuerstelle, an der wir das ganze Tierfett und Fleisch etwas aufwärmen könnten. Kaum haben wir unsere kulinarische Heldentat vollbracht, fällt uns ein größeres Gebäude schräg gegenüber auf. Kein Wohnhaus, kein öffentliches Gebäude, kein Gewerbe, kein Schild, kein Garnichts. Gelegentlich gehen Menschen ein und aus. Schwer einzuordnen. Die dezente Beschriftung eines *VW/Barkas* klärt uns auf: *Bickenrieder Landküche.* Wir pirschen uns an, in der Hoffnung, hier eine Tasse Kaffee und einen warmen Hintern zu bekommen.

---

10 Andreas Eschbach: Ausgebrannt, Gustav Lübbe Verlag, Bergisch Gladbach 2007.

Dusan Adamciak, slowakischer Chefkoch der Landküche, versteht sofort, was Wanderer brauchen und spendiert einen Kaffee. Der Mittagsbetrieb ist gegen 14 Uhr schon längst vorbei. Ja, woher bekommt ihr eigentlich die Lebensmittel für die täglichen achthundert Mahlzeiten für Schulen, Kitas, Firmen und Senioren? Das Fleisch vom Schlachthof Mühlhausen. Schön zu wissen, aber keiner von uns macht Anstalten, deswegen jetzt nach Mühlhausen zurückzulaufen. Fleisch steht uns gerade Oberkante Unterlippe. Die Kartoffeln von der Thüringer Landkost GmbH aus Seebach, mehr oder weniger gleich nebenan. Das Gemüse und sonstige Zubehör kommt von einem Großhändler. Genauere Herkunft unbekannt. Immerhin, zwei Drittel der Fragen regional beantwortet. Ist ja schon mal was.

Auffällig hier im beginnenden Eichsfeld, dass die Friedhöfe häufig mitten im Ort liegen und nicht als verschämte Deponie am Ortsrand ihr stilles Dasein fristen. Der Tod ist mitten im Alltag präsent – wie im richtigen Leben. Von jedem Wohnzimmer aus zu sehen.

Eine der großen Fragen, die ich mir vor dem Start gestellt habe, war: Finde ich in Thüringen jemanden, der mir was zum Anziehen macht? Nicht verkauft, sondern herstellt. Und siehe da, schon am zweiten Tag kommen zwei Antworten in Sicht. Zwischen zunehmend verschneiten Feldern erreichen wir die Höhe von Küllstedt. Aha, hier in der Trift finden wir die Firma *Schuh- und Lederwaren Heinrich Bachmann*, mit angeschlossener Orthopädieschuhmacherei. Der Sohn gipse gerade, beschei-

Bickenrieder Landküche

det uns die Seniorchefin, und sei daher im Moment nicht zu sprechen. Wir möchten es doch bitte in punkto regionale Anziehsachen erst mal gegenüber in der Trikotagenmanufaktur versuchen und später noch mal bei ihnen vorbeikommen.

Das erweist sich als der Tipp des Tages. Jaqueline Kerner, die junge Chefin, die man zunächst für die Sekretärin halten mag, begrüßt uns, als hätten wir einen Termin. Dabei platzen wir unangemeldet ins Chefzimmer. Natürlich bekommen Sie hier Thüringer Kleidung. Unsere Garne beziehen wir von der Zwickauer Kammgarnspinnerei. Alles so regional wie möglich. Die Wolle allerdings kommt aus Australien. Deutsche Wolle gilt bei der Kundschaft als zu kratzig. Unaufgefordert führt sie uns durch die Betriebsräume, die im ersten Moment etwas museal anmuten.

Übernommen hat sie diesen Betrieb von ihrem Opa, der nicht weniger war, als der beurkundete Erfinder der Kinderstrumpfhose. Das und die Korrespondenz, die dieser Erfindung vorausging, entnehmen wir der kleinen Ausstellung zur Firmengeschichte. Die Urmutter aller Kinderstrumpfhosen hängt an einer Schautafel, aufgespannt wie ein Fell zum Gerben.

Die Firma Trift Strickwaren

Eine Manufaktur reinsten Wassers. Fünfundzwanzig Frauen sind hier beschäftigt, die ihre wöchentliche Arbeitszeit selbst festlegen können. Hier wird gestrickt – von Maschinen –, zugeschnitten, genäht, konfektioniert, versandt. Hochwertige Strickwaren entstehen hier, die an anspruchsvolle Kunden zu moderaten Preisen geliefert werden. Gerade erhielt sie den Anruf einer Kundin, die vor zwanzig Jahren einen Pullover gekauft hatte. Gern hätte sie mal einen neuen bestellt, aber der alte gehe einfach nicht kaputt. Eine Horrorvorstellung für Freunde und Freundinnen schnell wechselnder Moden. Aber eine Oase für wertkonservative Trikotagenkundschaft wie den Edelversand *manufactum* oder die Polizei diverser Bundesländer. Allein der hier angebotene Troyer für faire fünfzig Euro – ein vorwiegend an der Küste getragener Rollkragenpulli mit kurzem Reißverschluss – weckt meine Begierde nach heimischer Kleidung. Und nur die Vorstellung, dass ich ihn zusätzlich zum vorhandenen Pullover noch sieben Wochen durch Thüringen schieben muss, hält mich vom Kauf ab.

Sagen Sie mal, kaufen denn die Leute aus Küllstedt und Umgebung bei Ihnen ein, weil sie wissen, dass ihr Geld dann in der Region bleibt? Jaqueline Kerner – eher Betriebswirtin als Schneiderin – wiegt nachdenklich den Kopf: Manche schon, aber wenn das Stück bei KIK die Hälfte kostet, dann stoßen Freundschaft und regionale Kreislaufwirtschaft an ihre Grenzen. Die Chefin wirkt derart frisch, aufgeschlossen und interessiert, dass man fast meint, sie möchte sich dem Fußmarsch spontan anschließen. Also, ich hätte nichts dagegen. Nach anderthalb Stunden verlassen wir beseelt und beglückt diesen Ort der Fertigung, der es erfolgreich wagt, dem Angebot des asiatischen Null-Lohn-Marktes die Stirn zu bieten.

So, jetzt ist der Juniorchef der Orthopädieschuhmacherei gegenüber mit dem Gipsen fertig und bittet zur Audienz in ein sehr helles und sehr modernes Lauflabor. Ein paar individuell auf Maß angefertigte Schuhe, kein Problem. Kostet so um die sechshundert Euro, je nach Ausführung. Das ist allerdings schon eine andere Liga als der Pulloverpreis. Da fallen auch mir die deutlich günstigeren Preise solider Markenschuhe von der Stange ein. Aber preiswerter als ich befürchtet hatte, ist es schon. Haben Sie in den letzten zwanzig Jahren schon mal Schuhe für einen Privatkunden auf Maß gemacht? Nein, eher nicht. Das können sich nur die Krankenkassen leisten, wenn orthopädische Spezialanfertigungen gefragt sind.

Und was ist das Besondere an Ihrer Region? Das Eichsfeld ist sehr handwerksorientiert. Wir haben hier die größte Tischlerdichte Deutschlands. Und wenn wir ein Problem lösen wollen oder eine Dienstleistung suchen, blättern wir hier im Eichsfeld nicht im Branchenbuch oder gehen in ein Geschäft, sondern wir gehen zu einem Kumpel und der sagt: Ich versteh' dein Problem. Warte mal, gib mir zwei Tage Zeit, ich lasse mir was einfallen.

Der junge Orthopädieschuhmacher ist nebenbei auch noch als Jünger bei den Küllstedter Passionsspielen im Einsatz, die wir knapp verpasst haben. Eckehard Mock, der Wirt des *Hotels zur Blume*, erzählt uns später, dass diese Spiele hier oben das Ereignis schlechthin sind. Die 5.000 Eintrittskarten waren innerhalb von sechs Stunden ausverkauft. Und er berichtet, dass dieses fromme Spiel um die Folterqualen unseres Religionsgründers nicht etwa auf ein Gelübde aus Zeiten der Pest oder Ähnliches zurückgeht, sondern vor ein paar Jahren aus einer Initiative des Karnevalsvereins entstand.

In der Diele des *Hotels zur Blume* wird Otto von Bismarck in einer derben Schnitzarbeit des Deckenbalkens zitiert: *Ein Volk, das seine Wirte nicht ernähren kann, ist es nicht wert, eine Nation genannt zu werden.* Verschreckt von dieser Drohung kehren wir sofort ein, um den Wirt mit zwei Kännchen Kaffee zu ernähren. Noch bevor wir abschließend geklärt haben, ob wir eine Nation genannt werden wollen, oder ob es uns nicht reicht, ein Volk oder gar *das Volk* zu sein. Schadlos für diesen Zwiespalt halten wir uns, indem wir in der *Blume*, in der es keinen Kuchen gibt, mitgebrachte Plunderstücke vom Bäcker verzehren, bei dem es wiederum keinen Kaffee gab.

Brunhilde verlässt uns in Küllstädt. Sie muss morgen wieder arbeiten.

Eisiger Wind schneidet an großen wie kleinen Ohren. Auf dem zugigen verschneiten Plateau nördlich von Küllstedt denkt der Winter nicht im Traum ans Gehen. Wir schon. Wachstedt überrascht uns mit dem *Pferdefuhrbetrieb Schill*. Im ersten Moment zucke ich freudig zusammen: ein Transportunternehmen, das nicht mit Diesel, sondern mit Hafer betrieben wird! Ein zweiter Blick macht klar, dass es hier eher um Kutschfahrten und Freizeitgestaltung geht.

Jetzt drängt die Zeit etwas bis zu unserem Termin am Abend. Die Landkarte[11] lässt eine steile Schussfahrt von hier oben bis runter nach Martinfeld erwarten. Wir einigen uns, dass es wider die Natur ist, einen über hundert Kilogramm schweren Wagen mehrere Kilometer steil bergab *zu schieben* und die wertvolle Energie in den Verschleiß von Bremsgummi zu vergeuden. Also tritt an dieser Stelle Plan B in Kraft. Die Kiste zwischen den Ohren enthält ein *Brompton*, ein sehr kompaktes Faltrad, das Unwissende gern als Klapprad belächeln. Dieses wird vorgespannt und ab geht die Schussfahrt vorbei am Klüschen und an der Burgfalknerei Gleichenstein in das ziemlich liebliche Martinfelder Tal. Mit Blick auf die Berge, bei denen man angeblich bei besonderen Lichtverhältnissen ein *Blaues Wunder* erleben kann. Dass mir während der Talfahrt bei vierzehn Prozent Gefälle, mit einem Geschoss, das eine Abgassonderuntersuchung zwar locker, vermutlich aber keine TÜV-Kontrolle bestehen würde, ein blaues Wunder erspart blieb, verdanke ich dem frommen Fahrradmechaniker Titus Welker, bei dem die geistigen Eigentumsrechte der Bremsvorrichtung liegen.

In Martinfeld sind wir im Schloss eingeladen. Eine freie bündische Jugendherberge. Praktische Einrichtung, Zimmer mit vielen Betten und Gemeinschaftswaschräumen. Wandervogelstandard eben. Die Herbergseltern sind an diesem Wochenende ausgeflogen und haben das Schloss für uns offen gelassen. Wir sind die einzigen Gäste und tasten uns langsam durch das leere gastfreundliche Haus. Betten, Küche Dusche – alles da. Dieses Blanko-Vertrauen des Hausherren ist entwaffnend und wir beschließen, nichts zu klauen. Schließlich treiben wir im Ort die Reinemachefrau der Herberge

---

11   Eine der Spielregeln des Fußmarsches bittet darum, zur Orientierung keine GPS-Geräte oder Smartphones zu verwenden. Wir fragen gern auch mal jemanden nach dem Weg.

auf, die uns alles zeigt: Das Haus ist eures. Hier die Marmelade, die Butter, der Kaffee, die Milch. Im Ort hat der Hausherr plakatiert, dass der *Hörende Fußmarsch* zu einer Gesprächsrunde ins Schloss einlädt. Diese Rechnung haben wir allerdings ohne den UEFA-Cup gemacht. Wir treten mit unserer Einladung gegen das Spiel *Bayern München – Juventus Turin* an.

Na gut, wenn der Martinfelder Stammtisch nicht zum *Hörenden Fußmarsch* kommt, kommen wir eben zum Stammtisch. Wir erfahren, dass das Dorf eher in die *Sonne* als in die *Krone* geht. Ein Passant, den wir nach der *Sonne* fragen, blickt daraufhin etwas enttäuscht in den grauen Abendhimmel: Tut mir leid, schon weg. Gern morgen wieder. Schließlich zeigt er uns doch den Weg zur Schankstube. Dort erwarten uns acht bis zehn Männer. Nein, sie erwarten eher das Viertelfinale als uns. Das Spiel startet in etwa einer Stunde und so geben wir mit unserer Frage nach den *Stärken der Region* die Vorgruppe. Ein Installateur, der gerade mit seinen Arbeiten am Schloss fertig ist, erklärt uns, was die Gegend um Martinfeld aus eigener Kraft zur Daseinsvorsorge beitragen kann. Brennholz, kein Problem. Wald satt. Viele haben Ölheizung, heizen aber zusätzlich mit Holz. Die große Agrargenossenschaft, bei der man allerdings mit einer Milchkanne auch nicht mehr aufzukreuzen braucht. Einige wenige bauen etwas für den Speiseplan im Garten an. Schlachten kommt aus der Mode. Wenn früher fünfhundert zum Dorftanz kamen, kommen heute noch fünfzig. Die Männer am Tisch beginnen Freude an unserer Frage zu finden und kauen sichtlich mit Interesse daran herum. Wir hatten auf ein Abendessen gehofft. Nein, zu Essen gibt's hier gar nichts, weder warm noch kalt. Daraufhin bekommen wir ersatzweise ein kleines, sehr gutes Bier. Großzügig erklärt mir mein Tischnachbar, dass sieben Bier locker eine Mahlzeit ersetzen. Und da habe man ja schließlich noch nichts getrunken. Wir belassen es bei drei kleinen Bier, was hier vermutlich gerade mal einem Vorspeiseteller entspricht. Pünktlich mit dem Anpfiff endet jedoch unsere Gesprächsrunde. Unser Stehaufmännchen weicht einem Ball, der – zugegeben – auch nicht umfallen kann. Hungrig und müde verziehen wir uns nach den ersten Spielminuten, um vor dem Einschlafen noch letzte Proviantreste aus unserem Gepäck zu kramen.

Rollender Supermarkt – 3. April

Die Gastfreundschaft der Hauseltern in Abwesenheit ist auch am Morgen noch umwerfend. Die Mitarbeiter würden sich gegenüber uns vermutlich kaum so offenherzig verhalten, wenn der Chef sie nicht ausdrücklich dazu ermutigt hätte. Schade, dass wir Schraders, die Hauseltern, nicht kennenlernen. Sie bereiten sich gerade mit einem kleinen Urlaub auf die Geburt ihres vierten Kindes vor.

Nach dem Frühstück hinterlassen wir zum Abschied einen Abzug vom Kuchenbrett, ein hölzernes Stehaufmännchen und einen Beitrag in dem *Fass ohne Boden*, der hiesigen Kasse des Vertrauens.

Am Ortsrand sprechen uns drei Zimmerer an. Ach, ihr seid die Leute vom *Hörenden Fußmarsch*, die gestern ins Schloss eingeladen haben?! Man erfährt hier offenbar alles, muss deswegen aber noch nicht gleich hingehen.

Der Blick auf die Höhenlinien der Karte verrät uns, dass heute ein dickes Brett zu bohren ist. Und so kommt es dann auch. Bis Bernterode geht's noch moderat bergauf. Am Ortseingang begrüßt uns ein älterer Herr mit Hund. Nein, gärtnern tut er eher wenig. Ihn beschäftigen gesundheitliche Probleme. Ein älteres Ehepaar in der Ortsmitte berichtet gern und ausführlich, was sie alles selbst anbauen und einlagern. Und die jungen Leute? Machen die da mit? Eher nicht. Und schon sieht man es förmlich vor sich: Oma und Opa rödeln im Garten, während der Enkel im Haus am Rechner *Siedler von Catan* oder ein anderes der zahlreiche Besiedlungs- und Urbarmachungsspiele daddelt.

Der Küllstedter Schuhmacher hat recht. Das Eichsfeld hat eine enorme Tischlerdichte. Kaum ein Dorf, in dem nicht zwei meiner Tischlerkollegen eine Werkstatt betreiben. Ein Zimmerer, an dessen Werkstatt wir in Bernterode kurz anklopfen, verrät uns, dass er vorwiegend in den westlichen Ballungszentren arbeitet. Dort sitzt die Kaufkraft. Ein Eichsfelder Zimmerer, der im Rhein-Main-Gebiet weder die Miete noch die Löhne zahlen muss, hat vermutlich gute Chancen, sich dort auf dem Markt zu behaupten.

Jetzt aber, nach der Zimmerei, kommt das dicke Brett. Den Ohrenwagen über endlose Serpentinen stramm bergauf zu schieben, bis wir ziemlich kaputt oben an der Kalteneberschen Klus wieder mitten im Winter ankommen. Eine Wallfahrtskapelle auf der Hochebene. Nach einer Rast mit Nüssen und Trockenobst lassen wir uns in Richtung Lutter bergab rollen. Zurück in den Frühling.

Einen Supermarkt zu überholen, kann ja wohl kein Problem sein. Schon gar nicht, wenn es *Lemke's rollender Supermarkt* ist, mit dessen Apostroph im Genitiv wir uns jetzt nicht weiter belasten wollen. Eben noch zog er an uns vorbei, aber jetzt muss er in Lutter zum zehnminütigen Boxenstopp stehen bleiben. Wir setzen den Ohrenwagen vor ihn, damit er uns nicht entwischt.

Kurze Inhaltskontrolle in dem Tante-Emma-Laden auf Rädern. Heidesand aus Gotha, Vita Cola aus Schmalkalden, frisches Gebäck aus der Region und eventuell ein Teil des Obstes und Gemüses von hier. Na, ist ja schon mal was. Er darf weiterfahren. Gerade als wir fertig sind, schlurft ein Opa in Hausschuhen herbei

Rollender Supermarkt

und entert den Wagen. Es braucht eben ein Weilchen vom Aufjaulen von Lemke's Signalhorn bis zum Eintreffen der meist reiferen Kundschaft. Können die Rentner in Ermangelung eines Autos oder ausreichenden Sehvermögens nicht zu den Lebensmitteln kommen, dann müssen die Lebensmittel eben zu den Rentnern kommen. Könnte direkt sein, dass dieses Verfahren billiger und spritsparender ist, als wenn alle Senioren mit einem Autochen zu einem stationären Supermarkt rattern. Heute ist wenig los. Wahrscheinlich mümmeln alle noch an den übrig gebliebenen Ostereiern der vergangenen Feiertage herum, vermutet der rollende Supermarktleiter.

In Uder trennen sich unsere Wege gegen Mittag. Georg muss für ein paar Tage nach Hause und ich weiter nach Hohengandern. Ich hoffe sehr, in zwanzig Jahren noch so fit in Kopf und Körper zu sein wie er. Beim Frühstück zogen wir beide ein Schweizer Messer aus der Tasche, um unsere Brötchen zu schneiden. Ein ziemlich zuverlässiges Erkennungszeichen von Nachkommen der Wandervogelgeneration.

Heute lohnt sich die Lektüre der *Thüringer Allgemeinen*: Die Eichsfelder Bienen kommen gut über den Winter. Die Jaqueline Kerner von der Strickwarenmanufaktur aus Küllstedt wird im Wirtschaftsteil als eines der wenigen guten Beispiele genannt, bei denen in Thüringen die Übergabe eines Betriebes an die folgende Generation gelingt. Auch unser morgiger Gesprächsabend in Heiligenstadt ist angekündigt. Gleichzeitig muss der Marsch als Aufhänger für ein paar Passanteninterviews herhalten, zur Frage, ob man seine Probleme lieber allein oder gemeinsam mit anderen löst. Sogar die Klus auf dem Höhenzug, den wir heute bezwungen haben, ist abgebildet, als Illustration für einen Artikel übers Pilgern.

Im Internet stand wohl, dass für übermorgen die Quartierfrage in Worbis noch ungeklärt ist. Und prompt ruft heute Familie Mai an und bietet uns eine Schlafgelegenheit.

Maritta Schneider, Chefin der *Bäckerei Schneider* und im Moment am Verkaufstresen der Filiale in Arenshausen, hat mit einem Familienbetrieb angefangen. Inzwischen schmeißen die drei Söhne den Laden und die Tochter mischt als Betriebswirtin mit. Demnächst werden zu den dreißig eigenen Filialen noch dreißig weitere dazu genommen, da ein Mitbewerber dichtmacht. Na, hier mausert sich ja ein Heiligenstädter Bäcker zu einem kleinen Konzern, oder? Aber nein, gefrorenes und vorgebackenes Gut wird hier nicht verwendet. Und der Schmand-Stachelbeerkuchen, den sie mir zum Kaffee spendiert, schmeckt wirklich sehr gut. So gar nicht nach Backfabrik.

Noch immer in Arenshausen bleibe ich an Klaus Rinkes Imkerei hängen. Sein Geschäft läuft, obwohl ihm die Leute den Honig jetzt auch nicht gerade aus den Händen reißen. Ein Glas bitte für dreifünfzig. Als Mitbringsel für meine Gastgeber heute Abend.

Wer die Route des *Hörenden Fußmarsches* auf der Karte vor sich hat, dem fällt eine ziemlich schlanke Spitze ganz im Nordwesten auf. Nachdem ich mir vorgenommen hatte, die Thüringer Städte und Landkreise zu besuchen, habe ich alle Thüringer Kommunen, also knapp tausend Adressen, angeschrieben. Eine einzige Kommune hat sich gemeldet und den *Hörenden Fußmarsch* eingeladen: die Verwaltungsgemeinschaft Hanstein-Rusteberg in Hohengandern. Aus Jenaer Sicht ein bisschen ab vom Schuss, eher bei Göttingen als bei Heiligenstadt, aber gerade so noch in Thüringen. Also führt die Route am dritten Tag dorthin. Ein Imbiss ist vorbereitet und ich darf im Sitzungssaal der Verwaltungsgemeinschaft am Abend dann meinen Schlafsack ausrollen. Das nenne ich Vertrauensvorschuss!

Vorher aber versammeln sich in diesem Saal noch Herr Heinemann und eine Handvoll Bürgermeister der Verwaltungsgemeinschaft zu einer Gesprächsrunde, wie sie für alle Abende des Fußmarsches in den kommenden zwei Monaten vorgesehen ist. Nach einer kurzen Einführung in das Anliegen des Marsches kommt eine Übung, bei der zunächst handwerkliches und feinmotorisches Geschick gefragt ist. Ein Fahrradhelm – der hilfsweise als Stellvertreter für unsere Zivilisation herhalten muss – soll mithilfe von Fahrradspeichen in 20 Zentimeter Höhe aufgeständert werden. Das dauert eine Weile, hat aber bei allen Gesprächsabenden früher oder später geklappt. Zu technologischen Feinheiten erzähle ich Näheres, wenn wir nach Ostthüringen kommen.

Ursprung für die Übung mit dem Fahrradhelm ist das Bild *Der Schlaf* von Salvador Dalí.

Als ich es das erste Mal sah, dachte ich mir: Weiß der Hund, was Dalí sich bei diesem Bild gedacht hat, aber so kommt mir der Zustand unserer Zivilisation vor.

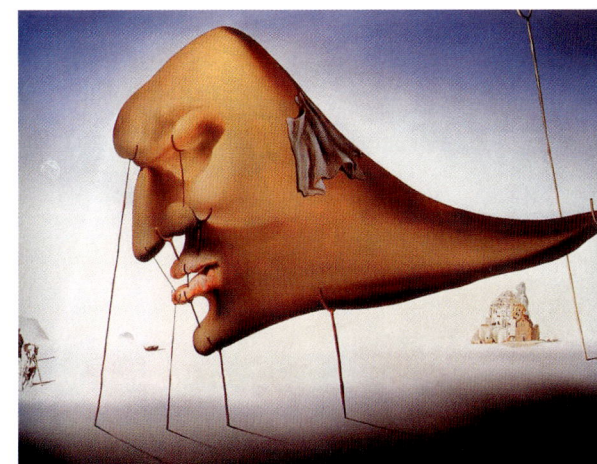

Salvador Dalí, Der Schlaf, 1937

Wenn dann nach einer Weile zur Erleichterung der Aktiven und der Zuschauer der Helm mehr recht als schlecht in der Höhe schwebt, wackelt lieber keiner mehr am Tisch, um diese labile Konstruktion nicht zu gefährden. Wie würden Sie den Zustand, den Sie vor sich sehen, bezeichnen? Jetzt wird beschrieben und geraten: wackelig, instabil, labil, kippelig und so weiter. Bis dann in fast allen Gegenden Thüringens endlich das Wort *lavede* fällt.

Nicht aber hier im äußersten Nord-Nord-West-Westen Thüringens, wo die Hügel schon zum Niedersächsischen Sprachraum abfallen. Hier nennt man diesen laveden Zustand *weimelig*. Zumindest nach mündlichem Beteuern der versammelten Bürgermeister. Sie nennen mir ein Beispiel: Der Oma geht's so richtig schlecht. Alles tut weh und sie kann kaum noch laufen. Aber weimelig, nein weimelig bin ich noch nicht, zerstreut Oma den Gedanken, dass es jetzt aufs Ende zugehe. Also weimelig im Sinne von hinfällig, zum Umfallen neigend. Auch später ist mir nicht gelungen, dieses Wort in der Schriftsprache ausfindig zu machen.

Mit *weimelig* ist der lavede Zustand des auf Drahtspeichen balancierenden Fahrradhelms, der hier ja für unsere Zivilisation auf hohem Niveau herhalten soll, treffend beschrieben. Was aber sind die Stelzen, die unser Leben in dieser Höhe halten? Auch hier überraschen mich die Nord-West-Thüringer wieder. Selbst sehe ich als Stützen unseres Lebensstandards eher Erdöl, Erdgas, die Finanzwelt, die hohen Exportüberschüsse, die Sozialsysteme, Zuschüsse aus Brüssel und Ähnliches. Hier in Hohengandern fallen Begriffe wie *Familie, Arbeit, Gesundheit, Friede, Gemeinwohl, Ethik*.

Im nächsten Schritt dieser Gesprächsrunden wird ein Bogen guten Papiers auf das Kuchenbrett – die *Fertschwäre* – gespannt. Die darunterliegenden Einkerbungen werden dann gemeinsam mit hochwertigen Farbstiften durchschraffiert. Links ein Fahrradhelm auf Stelzen, mittig eine Gauß'sche Glockenkurve, die sich aus der unteren Begrenzungslinie erhebt als Symbol für den Rückgang der weltweiten Ölförderung. Und rechts der Umriss eines Stehaufmännchens als Bild für eine robuste Struktur der Regionen, eben für *Resilienz*. Die so entstandene *Frottage* wird dann im Laufe des Abends mit den Kernbegriffen des Gesprächs beschriftet. So entsteht an fast jedem Ort der Marschroute ein Bild mit vorgegebenen gemeinsamen Elementen, ergänzt durch die individuellen Gesprächsergebnisse. Das Bild verbleibt beim Gastgeber. Und von der Gesamtheit der während des Marsches ent-

Eine Frottage von der Fertschwäre

standenen und über ganz Thüringen verteilten Frottagen behaupte ich, dass sie ein Kunstwerk ist. Wer will, mag diesen Marsch Aktionskunst nennen. Wer den *Hörenden Fußmarsch* jedoch für eine *Soziale Plastik* hält, stellt damit ein Kerzchen auf dem Altar eines meiner künstlerischen Hausgötter auf: *Joseph Beuys*. Das könnte mir gefallen – und vielleicht auch ihm.

Saftladen, 4. April

Frühstück in der Küche der Verwaltungsgemeinschaft. Am Ortsrand von Hohengandern darf ich im Gästebereich der Firma *bke media* meine Mails abrufen. Später sehe ich, dass diese freundlichen Büromenschen Ballerspiele und Schießübungszubehör für die Polizei und Bundespolizei basteln. Ist das jetzt die Banalität des Guten? Ist es ein Zufall, dass diese Firma ziemlich genau auf dem Gelände der ehemaligen deutsch-deutschen Grenze, also im *morphogenetischen Feld* des Schießbefehls sitzt?

Heute geht es den gleichen Weg von Hohengandern nach Uder, den ich gestern aus Zeitgründen geradelt bin, wieder zurück. Und zu Fuß nehme ich dreimal mehr wahr, als das, was ich gestern radelnd sah. Wer schnell woanders hinfährt, kommt nicht nur dort sehr schnell an, sondern er verlässt seinen vorigen Aufenthaltsort auch sehr schnell. Das schmeckt immer ein bisschen nach Flucht. Oder zumindest nach Oberflächlichkeit und nach *Nicht dort bleiben wollen, wo man gerade ist*. Das riecht nach Lebenskomprimierung. Nach quantitativer Verdichtung anstelle von qualitativer Vertiefung. Der Radfahrer dagegen tauscht Geschwindigkeit gegen Wahrnehmung.

Was rede ich da? Ich nehme mir vor, wenn irgend möglich, beim Laufen zu bleiben und das Fahrrad nur auszupacken, wenn die Zeit zu einem Termin knapp wird.

Die Verkäuferin des Kaufladens in Arenshausen erzählte mir ges-tern, welche Produkte sie aus der Region einkaufen und wie viele Leute nicht zuletzt wegen eines Schwätzchens in den Laden kom-men. Heute erst fällt mir die durchweg harmlose Beschriftung und Gestaltung der Schaufenster auf. Man hat so gar nicht den Ein-druck, in den Fängen der Marketingstrategen eines großen Lebens-mittelkonzerns gelandet zu sein. Hier wird nicht Glück verkauft, sondern Essen.

Der Konsum in Arenshausen

Die Pilotin eines flotten Elek-trofahrrades legt eine Vollbrem-sung hin, als sie auf dem Rad-weg den Ohrenwagen sieht. Sie ahnt, dass hier zugehört wird. Und ohne zu wissen, worum es beim Fußmarsch geht, berichtet sie fröhlich drauflos. Sie hat kein Auto, macht ihre Einkäufe re-gelmäßig mit dem E-Bike. Klar, muss der Akku geladen werden. Aber wenn er leer sei, könne sie immer noch nach Hause stram-peln. Plan B eben.

Picknick in der Windstille am Torso der *Neuen Brücke*. Rechts und links der *Leine* steht noch der entsprechende Stumpf der Brücke mit dem ehemaligen zentralen Schlussstein des Brückenbogens als Denkmal. Von 1779 bis 2002 hieß dieses Bauwerk *Neue Brücke*. Und daran nagte zweihundert Jahre lang kein Zahn der Zeit, weder an dieser Bezeichnung noch an der Brücke selbst. Bis nach der Wende das *erhöhte Verkehrsaufkommen* modern wurde. Davon war die Brücke derart erschüttert, dass sie binnen Kurzem alterte, ein Stahlkorsett tragen musste und schließlich 2002 notgeschlachtet wurde. Ob sie sonst noch ein paar Jahrhunderte *Die Neue* geblieben wäre?

Wer alleine an der Leine entlangläuft, ist seinen Tagträumen etwas ausgeliefert. *Ich sehe, wie der Verband der Thüringer Hörgeräteakustiker mich nach dem Marsch bedrängt, ihm doch bitteschön die beiden großen Ohren zu Werbezwecken zu überlassen. Ich aber zeige mich etwas spröde. Die Hörgeräteakustiker sind sehr verärgert. Immerhin hat mein Schulfreund Tobias behauptet, diese Ohren seien so eine Art Kunst und gehörten später mal in ein Museum. Plötzlich aber wird mir von hinten ein Ätherschwamm vor Mund und Nase gedrückt. Im Augenwinkel erkenne ich gerade noch, dass dies ein Überfallkommando mit Hörgeräten ist. Wenig später erwache ich unversehrt im Straßengraben. Der blaugrüne Schubwagen mit dem roten Stehaufmännchen ist noch da. Die großen Ohren aber – sind weg …*

Später am Tag erfahre ich, dass mir hier im westlichen Eichsfeld die *Kuhmuhne*[12] in Schönhagen entgangen ist. Milchviehhaltung, Käserei, Schaugarten und Saatgutzucht. In Sachen Milchprodukte und Garten sind sie nahezu Selbstversorger. Ähnliches höre ich vom *Kastanienhof Marth*[13], auf der anderen Seite der Leine. Hier bemüht man sich um schonende Landwirtschaft und um die Erhaltung der Pflanzenvielfalt. Das klingt schon sehr nach Stärke der Region.

Stützpunkt der Hörgeräteakustiker – wirkt ganz harmlos

In Uder begrüßt mich rechts der Hauptstraße ein Reisebüro mit dem prallen Versprechen, das Glück in der Ferne oder auf einer Kreuzfahrt zu suchen. Immerhin ist das schwimmende Hotel mit

---

12 www.kuhmuhne.de
13 www.kastanienhof-marth.de

Plan B: Der Luxusliner verfügt über Rettungsboote

Rettungsbooten ausgestattet. Auch ein Plan B.

Exakt gegenüber bietet der *Heimatverein Martin Weinrich* das Glück der Nähe an: Traditionspflege, Trachten, Volkstanz. Leider gerade geschlossen. Noch versuche ich unter der angegebenen Telefonnummer einen Ansprechpartner zu finden, als auch schon Gerhard Klinge, der graubärtige Vereinsvorstand, vor mir steht. Er hatte mich im Vorbeifahren vor dem Haus der Vereine stehen sehen. Es folgt ein ausführlicher Rundgang mit Erläuterungen. Hier wird die Tradition und das Gedächtnis des Mundartdichters *Martin Weinrich* gepflegt. Für den *Hörenden Fußmarsch* ist interessant, dass hier – museal aufbereitet – das nahezu komplette Gerätearsenal gezeigt wird, mit dem man in der Region und aus der Region zurechtkommen kann, falls Öl, Gas und Strom mal ausfallen. Angefangen von dem Herdeinsatz zum Kaffeerösten bis hin zur Bürstenbinderkiepe, mit der die hiesigen Heimarbeiter ihre Produkte im Umland vermarkteten.

Ossenritter heißen die Uderer übrigens, weil im 12. Jahrhundert der Schulze Hansfranz Hase von Kaiser Barbarossa zum Ritter geschlagen werden sollte. In Ermangelung eines standesgemäßen Reittieres ritt Hase hilfsweise auf einem Ochsen zu der Zeremonie in Heiligenstadt ein. Scheinbar verfügen alle Orte des Eichsfeldes über solche anekdotenbesetzten Spitznamen.

Schon gestern kam ich hier im Leinetal mit dem Rad an einer Obstkelterei vorbei. Heute nehme ich mir die Zeit, mal anzuklopfen, zumal der Vorsitzende des Heimatvereins mir ausdrücklich erlaubt hat, in der Mosterei einen Gruß vom Gerhard zu bestellen. Das Obst wird in der Reihenfolge der Ernte gepresst, beginnend mit Rhabarber. Die Säfte und Weine, die mir der Seniorchef zur Verkostung vorsetzt, schmecken allesamt ausgezeichnet. Mehrere Flaschen kaufe ich als Mitbringsel für die Begegnungen der kommenden Tage. Ein Blick in die Mosterei – in Betrieb seit 1920, unverändert mit Transmissionsriemen und unverwüstlicher Technik – lässt erahnen, dass hier in den Fünfzigern mal eine Grundreinigung stattfand. Ansonsten hat hier jemand seine Putzsucht erfolgreich überwunden und für die Stärkung der Abwehrkräfte der Bevölkerung vermutlich mehr getan, als mancher Immunologe an einer Uniklinik. Mir aber gefällt's hier.

Die Antwort auf Ihre Fragen verspricht Steuerberater Helmut Kaufhold auf seinem Firmenschild in Uder. Meine Frage heute ist, wo ich denn bitte das Büro der Landtagsabgeordneten Scheringer-Wright finde. Vierhundert Meter weiter, gleich auf der linken Seite.

Dort empfängt und bewirtet mich nicht die Abgeordnete, sondern die persönliche Mitarbeiterin Alice mehr als herzlich. Nicht aus Versehen besuche ich mitten im katholischen Eichsfeld auch die LINKE, um die weltanschauliche Unabhängigkeit des Fußmarsches zu bekräftigen. Johanna Scheringer-Wright äußert sich in ihren Schriften ziemlich grün für eine Rote, wenn ich das mal farblich zusammenfassen darf. Zumindest ist für sie die industrielle Landwirtschaft im Stil einer LPG nicht das Allheilmittel zur Gewährleistung der Versorgungssicherheit.

Dann entschließt sich Alice, noch ein paar Kilometer Richtung Heiligenstadt mitzulaufen, da sie ohnehin am Nachmittag dort mithilft, eine breite bürgerliche Koalition zu schmieden, gegen braunes völkisches Blubbern, das sich offenbar neuerdings im Eichsfeld zeigt. Und mit ihrer unbefangenen Art halbiert Alice mein Alter so auf gefühlte siebenundzwanzig Jahre.

Kurz vor Heiligenstadt, das übrigens großen Wert darauf legt, mit Vornamen Heilbad genannt zu werden, begegnen mir zwei Frauen, die mit Nordic-Walking-Säbeln zügig und kraftvoll auf den Boden einstechen. Ich frage, was das da hinten denn sei? Eine Getreidetrocknungsanlage, sagt Bea. Überhaupt sei sie sehr froh, dass es in Heiligenstadt noch eine eigene Mühle gebe. Das Mehl schmeckt völlig anders als das aus dem Supermarkt und liegt ganz anders in der Hand. Na also, das ist doch mal ein Wort. Diese Mühle will ich morgen früh als Erstes sehen. Wieder bin ich froh, kein Smartphone oder GPS-Gerät dabeizuhaben, sondern Menschen nach dem Weg und nach anderem fragen zu können und zu müssen.

Meine Gastgeber empfangen mich so kurz wie herzlich, rücken dann jedoch ebenfalls zu der Besprechung aus, die einer für Mai anberaumten braunen Großveranstaltung Paroli bieten will. Ich bleibe mit Eichsfelder Zimtröllchen, einem Tee und einem Blick in den tief hängenden Wursthimmel zurück. Das ist eine von der Decke der Speisekammer herabhängende Kohorte von Eichsfelder *Stracken, Feldgiekern* und anderem Selbstgeschlachtetem. Die dünnere Stracke muss nicht so lange trocknen, der bauchige Feldgiecker darf bis zum Mai abhängen. Zumindest darf er nicht vor dem ersten Kuckucksruf angeschnitten werden. Weiß der Kuckuck, wann das ist.

Wursthimmel

Aus Rücksicht auf die Feinde des Schlachtens fasse ich mich kurz: Das Warmschlachten, also das sofortige Verarbeiten und Würzen des Fleisches noch vor dem Abkühlen ist eine Spezialität des Eichfeldes, bei dem ein regional typischer Wurstgeschmack erzielt wird. Dieses Verfahren sollte vor Jahren durch die EU verboten werden. Das Eichsfeld hat sich jedoch mit einer Sonderregelung gegenüber Brüssel durchgesetzt. Der Geschmack spricht für sich. Interessant auch: Mancher Feldgiecker hat fast die Form eines Stehaufmännchens.

Clara, angehende Skandinavistin und die Tochter meiner abwesenden Gastgeber, bittet mich von der kalten Küche in das mit einem Kaminofen aus Speckstein gemütlich beheizte Wohnzimmer. Immer wieder kommen Anrufe für ihre politisch engagierten Eltern, die sie mit Engelsgeduld entgegennimmt und beantwortet. Unwillkürlich muss ich an die Kabarettistin *Elisabeth Aumeier* denken. Als Tochter des weithin einzigen SPD-Gemeinderates in der doch stark konservativ geprägten Oberpfalz hatte sie keine leichte Kindheit. Das Telefon klingelt in der elterlichen Wohnung. Als wohlerzogenes zehnjähriges Mädchen nimmt sie den Hörer, flötet: *Elisabeth Aumeier!* Daraufhin explodiert aus dem Hörer ein halsloser Oberpfälzer Bass aus dem politischen Widerlager in ihr zartes Kinderohr: *Aumeier, du rode Sau i bring di um!* Sie – ganz Geduld – reicht den Hörer ungerührt weiter: *Du, Paa-pi, es ist für di-hich …*

Häufig beobachte ich, dass Gas- und Ölheizungen ein Kaminofen im Wohnzimmer oder ein Holzherd in der Küche zur Seite gestellt wird. Zum einen wohl, um die Heizkosten zu senken, zum anderen, um einen Plan B zu haben, wenn die Heizung oder auch nur die Heizungspumpe mal ausfällt.

Für die Gesprächsrunde am Abend im Rathaus hat Norbert gute Vorarbeit geleistet. Wie ich später erfahre, ist ein erheblicher Teil der politischen Prominenz der Stadt mit dabei. Der amtierende Bürgermeister, sein unterlegener Gegenkandidat, ein Elektrikermeister, und andere Honoratioren und Interessenten. Der Elektriker sagt einen Satz, den ich später häufig zitiere: *Verknappungssituation? Da legen wir uns doch nicht hin zum Sterben. Da lassen wir uns doch was einfallen.* Das klingt robust und im guten Sinn selbstbewusst. Auch ich bin überzeugt, dass Verknappungen oder gesellschaftliche Verwerfungen einen enormen Kreativitätsschub beim Menschen auslösen können. In manchen Bereichen mag es jedoch sinnvoll sein, sich nicht ausschließlich auf das Improvisationstalent der Bevölkerung zu verlassen, gerade, wenn längere Zeiträume ins Spiel kommen. Jetzt taucht im Ratssaal das Thema Wasser auf. Ob das Wasser aus den eigenen Quellen trinkbar ist oder nicht, entscheidet man nicht von heute auf morgen. Quellen brauchen je nach Verschmutzungsgrad und geologischen Gegebenheiten Jahre bis Jahrzehnte, bis sie *sauber laufen,* also wieder trinkbar werden.

Ich erfahre, dass Heiligenstadt aus Göttingen und aus dem Thüringer Wald Fernwasser angeboten bekam. Das hätte der Stadt die Möglichkeit gegeben, eigene Wasserschutzgebiete aufzulösen und dort Gewerbe anzusiedeln. Arbeitsplätze. Trotzdem hat man sich gegen das Fernwasser, gegen weiteren wirtschaftlichen Aufstieg und für die Unabhängigkeit durch regionale Wasserversorgung entschieden. Das beeindruckt nicht nur mich. Wie aber würde man als Landrat oder Bürgermeister im Kyffhäuserkreis, in dem Arbeitsplätze mit Gold aufgewogen werden, in so einer Frage entscheiden?

Wiederum der konservative Elektriker hält ein flammendes Plädoyer gegen das Internet, als ich die bange Frage stelle, was wir denn machen, wenn das mal ausfällt. Er wickelt seinen gesamten Geschäftsbetrieb über Fax, Telefon und Post ab.

Kapsmühle & Fißlingslatscher – 5. April

Am Bahnhof schließen sich heute Stefan und Ludger mit seiner achtjährigen Tochter Maria an. Ludger ist Stadtrat in Erfurt und Stefan Ingenieur hier in der Gegend. Ludger ist in dieser Gegend aufgewachsen. Für ihn ein Heimspiel und ich bin froh, einen Ortskundigen dabeizuhaben. Das bewahrt uns jedoch nicht davor, am Ortsrand von Heiligenstadt eine längere Sackgasse kennenzulernen. An deren Ende eine Treppe, die freundlich auf Fußgänger wartet, aber nicht für Ohrenwagen gebaut ist.

Der Titel *Ritterin der Bratwurst* lässt uns neugierig die Feinkostflei-
scherei *Klöppner* betreten. Sandra Schmidt, die Trägerin dieses Eh-
rentitels, steht selbst an der Theke und gebietet über ein stattliches
Sortiment an toten Tierteilen. Sollten Tiere je im Gegessen-Werden
den Sinn ihres Lebens erkennen können, dann scheint mir diese
Form der Aufbereitung eine der ganz hohen Karrierestufen zu sein,
die eine Sau erreichen kann.

Als Nächstes aber suchen wir am Rand der Innenstadt die *Kapsmühle* auf, von deren Mehl mir gestern Bea auf dem Radweg vor-
schwärmte. Bereitwillig zeigt uns die Müllerin Frau Kellner ihren
Betrieb und den Laden. Wenig später kommt ihr Mann dazu, erst
etwas skeptisch wegen unseres Ohrenwagens, dann aber sehr aus-
kunftsbereit. Mir geht die Mühlenromantik durch: Eine Mühle mit
Wasserkraft betrieben, mitten in einer Thüringer Stadt oder zumindest mit Turbine und eigener Stromerzeugung. Gern erzähle ich
auf der weiteren Tour davon, dass Heiligenstadt auch noch Mehl
mahlen kann, wenn der Strom mal ausfällt. Ein späterer Anruf er-
nüchtert: Die Mühle wird komplett mit Strom aus dem Netz betrieben. Das Wasser wurde ihnen schon zu DDR-Zeiten abgegra-
ben – im wahren Wortsinn. Hier höre ich zum ersten Mal, dass eine
Mühle von ihrer Höhe lebt. Das heißt, dass die komplexen verschiedenen Mahl- und Reinigungs- und Sichtungsvorgänge am besten
ablaufen, wenn das Mehl immer wieder in die Höhe gefördert wird
und herunterrieseln kann. Zum Geleit drückt uns der Müller noch
ein Kilo seines Mehls in die Hand, das ich dankbar annehme, später aber meinen Gastgebern in Worbis schenke. Beim Picknick am
Wegesrand sitzt man doch etwas ratlos vor einer Tüte Mehl. Stock-
brot backen. Das wäre noch eine Möglichkeit.

Nächste Station ist die Bäckerei *Schade* nebenan, einer der guten Kunden des Müllers. Dort gehen mir als nebenamtlichem Bä-
ckereisachverständigen[14] Augen und Geschmacksnerven über: Ein

---

14   Bäckereien sind mein Laster, dafür rauche ich fast nicht.

altdeutscher Ofen, beheizt mit Braunkohlebriketts, in Betrieb seit 1920. Sie verarbeiten nur Mehl aus der Kapsmühle, das wiederum aus hiesigem Getreide gemahlen wird. Wir dürfen die Backstube sehen, bekommen den Ofen gezeigt, der ohne Strom zwar schlecht beleuchtet wäre, aber trotzdem funktionieren würde. Und wir bekommen frisch frittierte Krapfen zum Kosten. Es riecht und schmeckt zum Hierbleiben. Selten erlebe ich Menschen, die so mit ihrem Beruf eins zu sein scheinen.

Bäckerei Schade

Unterwegs erzählt Stefan von einem Projekt namens *Weda Elysia*, das im Ostharz eine sogenannte Familien-Landsitz-Stiftung gründen will. Die Ankündigung, dass ich dort Antworten auf alle meine Fragen finden werde, lässt mich eher zögern. Dieser esoterischen Strömung, die sich auf die Bücher von Wladimir Negre bezieht, werde ich auch in anderen Gegenden Thüringen wieder begegnen.

Leinefelde verdankte seinen Wohlstand im 19. Jahrhundert wohl vorwiegend dem Fellhandel. Daher tragen die Leinefelder, mehr oder weniger stolz, den Spitznamen *Lämmerschwänze*. Im *Naturkostladen Sommer* empfängt man uns freundlich. Das Biosiegel scheint hier jedoch klare Vorfahrt vor der Regionalität der Waren zu haben.

Zwischen Leinefelde und Breitenbach, wie auch anderen Ortes, hat man seit dem Siegeszug des Automobils ein eher durchwachsenes Verhältnis zu den öffentlichen Verkehrsmitteln.

Zwischenstopp in Breitenbach bei Ludgers Tante Maria, alleinstehend, aber in die Familie im Ort integriert. Kaffee, Kuchen und Fißlinge. Vor Jahren hat Tante Maria die Kunst des Fißlingsmachens einer alten Breitenbacherin abgeschaut und hält dieses ortstypische

Handwerk im Rahmen eines Heimatvereins am Leben. Fißlinge sind
Hausschuhe aus gerissenem Wollstoff
in verschiedenen Farben. Maria zeigt
uns die ersten Handgriffe an den
Holzleisten in verschiedenen Größen.
An der Spitze des Leistens wird ein
erster Stoffstreifen über einen Dorn
gezogen und waagerecht um den
Leisten gespannt. Dann beginnt eine
verzwickte Arbeit aus Annähen weiterer Fetzen, Spannen, Flechten und
Strammziehen, die ich nur in groben
Zügen verstanden habe. Das Geflecht
wirkt derb, aber straff gewebt und
weckt begründete Hoffnung, dass die
Füße auch im Winter warm bleiben.

Durchwachsenes Gleisbett

Man läuft auf dem Gewebe, ohne separate Sohle. Es verwundert
nicht, dass der Spitzname der Breitenbacher *Leisetreter* oder *Fißlings-
latscher* ist.

Das Fißlingsmachen war das traditionelle Wintergewerk der Breitenbacher und sie zogen dann mit der Kiepe und Stöcken, an denen
die Fißlinge hingen, los, um sie in anderen Gegenden an den Mann,
die Frau und das Kind zu bringen. Mir schenkt Maria ein Paar de-
korative Mini-Fißlinge, die unseren sehr früh geborenen Drillingen
damals vermutlich gepasst hätten.

Ludger greift zur Gitarre seiner Jugend (aus dem benachbarten
Elternhaus) und singt uns Gerhard Schönes „Sieben Gaben" vor, in
dem sehr Brauchbares gewünscht wird und auch ein Stehaufmännchen seinen schwankenden Auftritt hat.

… Wenn ich dir was wünschen dürfte, mein liebes Kind,
wünscht' ich dir die sieben Gaben, die nicht leicht zu haben sind.

Die Balance des Stehaufmännchens. Es schwankt etwas hin und her wenn man es zu Boden drückte und steht dann wie vorher …

Bei der Überquerung des Höhenzuges in Richtung Worbis geraten wir – zum Glück auf der abschüssigen Strecke – mit dem Ohrenwagen in eine Schneewehe. Auf etwa 200 Meter ist die Straße etwa 30 Zentimeter hoch überweht. Einige Autos vor uns kehren um. Für uns würde Umkehren drei Stunden Verspätung bedeuten, weshalb wir die Ohren wie ein Dach nach oben über den Schubwagen klappen und die Rutschpartie antreten. Das kostet Kraft und gemeinsame Anstrengung, aber schließlich haben wir die Karre vom Eis und das Gefühl, die vermutlich winterlichste Herausforderung dieses späten Frühjahrs bestanden zu haben. Ludger, Maria und Stefan ziehen von Worbis aus wieder heimwärts.

Abends ist der Fußmarsch zu Brotzeit und Gesprächsrunde in die Kolpingfamilie Worbis eingeladen. Dreißig Teilnehmer beteiligen sich an dem Gespräch um den Fahrradhelm und das große rote Stehaufmännchen als Symbol für Resilienz. Danach lasse ich mir gern ein *9-Springe-Bier* spendieren. Von der lokalen Worbiser Brauerei, die mit heimischem Quellwasser nicht nur das Bier braut, sondern auch Limonade und eine eigene Cola herstellt. Im Eichsfeld ein Muss für Lokalpatrioten.

Die gastgebende Familie Mai engagiert sich mit Haut und Haar für die Ökologisch-Demokratische Partei (ödp). Die Tochter Susanne ist Thü-

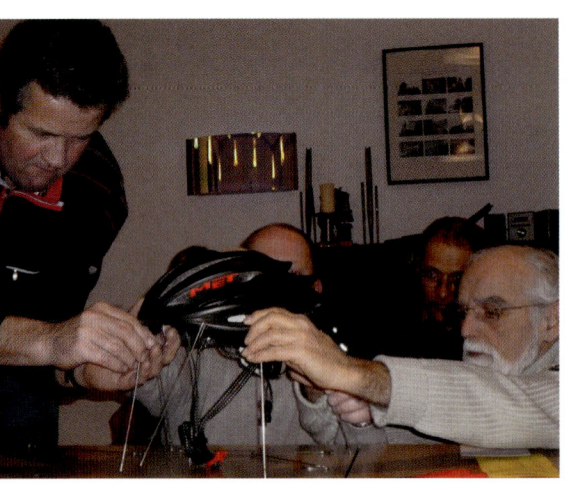

Auch in Worbis balanciert der Helm auf Fahrradspeichen

ringer Landesvorsitzende und ihr Vater hält ihr als Stellvertreter den Rücken frei. Vorwiegend ist die ödp in Süddeutschland vertreten – man könnte sagen als wertkonservatives Gegenstück zu den Grünen. Ich darf in der Ferienwohnung der Mais übernachten.

Enkelzubehör – 6. April

Frühstück bei Familie Mai. Susanne, die auch stellvertretende Bundesvorsitzende ist, hat sich überlegt, dass sie diesen Tag mitlaufen möchte und hat auch schon recht klare Vorstellungen davon, wo der Fußmarsch langführen soll und wo nicht. Wir gehen durch den Ort und sie klebt Plakate zu dem Film „Water makes money" *Wasser bringt Geld* – über die Privatisierung des Wassers.

Der Herr von der Agrar-GmbH am Ortsrand von Worbis ist etwas zugeknöpft, als wir ihn zur Lebensmittelversorgung in der Region befragen. Trotzdem lässt er sich breitschlagen, unseren Ohrenwagen auf seiner Fahrzeugwaage – funktioniert ohne Strom! – zu wiegen. Hundertfünfunddreißig Kilo! Ohnmacht. Dafür schiebt er sich aber noch ziemlich gut.

Schräg gegenüber treffen wir einen Mitarbeiter der Wärmeversorgung Worbis. Er berichtet, dass etwa die Hälfte der Worbiser Haushalte am Fernwärmenetz anliegen und dass sie die Wärmeversorgung sowohl mit Öl oder Gas als auch mit Holzhackschnitzeln betreiben können. Je nach Rohstoffpreis oder Verfügbarkeit. Das klingt doch mal ziemlich robust. Hier gibt es einen Plan B und einen Plan C.

Krengeljäger heißen die Worbiser, weil früher die Bäcker ihre frischen Teigkringel zum Abkühlen an lange Stangen vors Haus hängten. Die Jungs des Ortes hatten keine Lust, für den kleinen Imbiss zu bezahlen, mussten sich dann allerdings auf ein Wettrennen mit dem Bäcker einlassen. Warum aber die Kirchworbiser *Gerstenbärter* heißen, scheint eines der schlecht gelüfteten Geheimnisse des Eichsfelds zu sein.

Samstags werden im Eichsfeld flächendeckend die Bürgersteige gekehrt und danach wird gebadet, erfahre ich von Susanne. Ersteres kann ich heute bestätigen, Zweites konnte ich nicht im Detail beobachten. Das emsige Fegen aber bestätigt den Eindruck, dass wir hier im Schwabenland Thüringens sind.

Herr Pohl betreibt in Breitenworbis einen Ausleihservice für Enkelzubehör: Zielgruppe Großeltern. Nein, er lebt weder davon noch dafür. Er hat lediglich im Erdgeschoss einen ungenutzten Laden und stellt dort allerlei Spielgeräte und Kinderzubehör aus. Nachdem seine Enkel groß waren, stellte er fest, dass viele Ältere, deren Kinder und Enkel ihrer Arbeit hinterher gezogen sind, nicht ausreichend für einen Besuch der ganzen Bagage eingerichtet sind. So bietet er Laufställchen, Kindersitze fürs Auto, Holzeisenbahn, Schaukelpferd, Babybadewannen, Kinderfahrräder mit Helm und allerlei anderes Gerät zum Ausleihen an. Keine Maßnahme zur Behebung von globalen Wirtschaftskrisen, aber eine sehr schöne Idee.

Wegkreuze weichen Grubenlampen. Wir verlassen das Eichsfeld.

Am Ortseingang von Bleicherode stelle ich fest, dass Geschäfte, in denen ich etwas Regionales besorgen kann, vermutlich am Samstag seit zwölf Uhr geschlossen sind. Auf der Suche nach einem Stück Kernseife aus hiesiger Produktion gehe ich also etwas widerwillig in einen Supermarkt am Ortsrand. Mit etwas Saft und Handcreme – allerdings ohne Kernseife – verlasse ich den Laden kurz drauf und wir laufen in Bleicherode ein.

Meine heutige Begleiterin kandidiert für den Bundestag im Herbst, allerdings für eine Partei, die bundesweit, ohne sich bücken zu müssen, locker unter der Fünf-Prozent-Hürde durchpasst. Wobei Minderheiten nicht zwangsläufig falsch liegen müssen. Schon setzt bei ihr leichtes Wahlkampffieber ein und sie ist ganz begeistert, welches Aufsehen man mit solchen großen Ohren erregen kann. Nein, ich fürchte, zu Wahlkampfzwecken werde ich diese Ohren nicht verleihen. Parteipolitik ist nicht so mein Ding.

Heute bin ich das erste Mal etwas ermüdet vom Zuhören, als wir in Bleicherode ankommen. Wir verabschieden uns. Herr Schmidt von der katholischen Gemeinde weist mich in das leer stehende Pfarrhaus als Nachtlager ein, und ich sinke am frühen Nachmittag auf einem Sessel – dem einzigen Möbelstück – erschöpft in einen einstündigen Dämmerzustand.

Am Abend dann eine abwechslungsreiche Gesprächsrunde zu dritt mit dem Pfarrgemeinderat und einer Kunstlehrerin, die der Frottage am Kuchenbrett mit ganz eigener Professionalität zu Leibe rückt. Hier taucht zum ersten Mal der *Wille* als Stütze des Fahrradhelms bzw. unseres hohen Lebensniveaus auf. Nach der Runde fehlt mir das Abendessen. Die Lehrerin empfiehlt mir ein grell erleuchtetes Lokal für Leute mittleren Alters. Ich aber setze mich lieber noch auf ein Bier und ein Schwätzchen ins *Lindeneck*, die nachhaltig zugequarzte In-Kneipe für Outsider. Zu essen bekomme ich hier nichts mehr. Dafür finde ich in meiner blauen Schatzkiste vor dem Einschlafen noch ein paar Kalorien.

Tankstellen zu Eisdielen – 7. April

Frühstück im Pfarrhaus. Schon nach einer Nacht in der leeren Pfarrwohnung empfinde ich die Einsamkeit, in die wir unsere allein lebenden Priester stellen. Alles da, aber keine Menschen. Dieser

Isolation widersetzt sich ja der neue Papst bisher erfolgreich mit der Weigerung, sich im päpstlichen Palast internieren zu lassen. Gefällt mir. Das Andachtsblättchen zum neuen Bischof von Rom, das heute in der Messe verteilt wird, vermerkt gleich auf drei von vier Seiten, dass *Franziskus* am 13. März 2013 gewählt wurde. Wir sind eben etwas begriffsstutzig. Und aus den paar Sätzen, mit denen *Franziskus* da zitiert wird, höre ich wenig Pomp und so gut wie kein Machtinteresse. Was der Pfarrer sagte, weiß ich nicht mehr, aber ich erinnere, dass es von innen kam und nicht angelesen wirkte.

Heute lugt das Frühjahr deutlich aus der Winterkälte heraus. Jacke und Pullover verschwinden in der großen blauen Kiste. Die Sonne zeigt sich bei leichtem Westwind. Lockere Bewölkung vor türkisem Himmel. Seit Beginn der Tour scheine ich immer Rückenwind zu haben. Schon sehr auffällig. Sollte sich das während des gesamten Marsches so fortsetzen, werde ich mich im Anschluss zu einem Kurs *Esoterik für Anfänger* anmelden.

Gerhart – der mit der Rabenkrähe vom ersten Tag – schickt mir eine SMS, ob mir das Wort *munterwegs* schon mal begegnet sei. Nein noch nicht, aber es klingt nicht schlecht. Wie wär's denn mit *Muntergang der Titanic?*

Unterhalb der Kalihalde schließen sich mir ein Vater, Mitte siebzig, und ein Sohn, Mitte vierzig, an, da sie in die gleiche Richtung müssen. Auch sie bestreiten einen großen Teil ihres Essens aus dem eigenen Garten. Lange noch begleitet und beschattet uns die riesige Kali-Ab-

Abraumhalde Bleicherode – vergangene Selbstverständlichkeiten

raumhalde. Herr Schmidt von der gestrigen Gesprächsrunde war in seiner aktiven Zeit nach der Wende für sie verantwortlich, dann hat er den Betrieb abgewickelt und die Halde später rekultiviert. Dort nisten wieder Rebhühner und Fuchs und Reh sagen einander auf diesem salzigen Berg Guten Morgen. Auch am Sonntag dampfen am Fuß der Halde riesige Wannen. Hier wird, nach dem Schild zu urteilen, Magnesiumchlorid gewonnen. Wozu braucht man das doch gleich?

Hin und wieder stoßen die seitlich am Wagen hängenden Ohren an einen Bordstein, ein Mäuerchen oder einen Poller. Und ohne dass das so geplant war, taugen sie dabei zu einem Bild für *Resilienz*. Sie heben sich bei stärkerer Belastung oder weichen Widerständen drehend aus, ohne gleich kaputtzugehen. Sind aber so stramm und fest, dass sie bei normaler Belastung ihre Position halten.

So neugierig wie freundlich lugt in Wipperdorf eine alte Frau hinter der Gardine hervor nach dem Ohrenwagen. Wir kommen ins Gespräch. Wer hätte das gedacht, auch hier gärtnern die Alten und die Jungen tun es eher nicht. Das scheint sich zu einem durchgängigen Begleitmotiv des Marsches zu entwickeln. Doch bin ich ganz zuversichtlich, dass auch die Jungen bei Bedarf fähig und willens sind, den Joystick beiseitezulegen und im Garten mit anzupacken.

Zwei Tonbändern mit Liedern von Franz-Josef Degenhardt habe ich in meiner Jugend erlaubt, zwölf Monate mein Hirn zu waschen und von diesem Waschgang hat es sich noch immer nicht ganz erholt. In dem Lied *Rumpelstilzchen* skizziert er, was ich hier am Ortsrand von Bleicherode wiedererkenne.

Am Bahndamm wo der Zug verkehrt
Der von Schilda nach Schlaraffia fährt
Wo Kinder ihre Höhlen baun
weil sie sich nicht nach Hause traun
Da zünde ich am Abend dann

Mein Feuer an.
Ich beiß auf Glas und knirsche laut
Und so entsteht die Gänsehaut. [15]

Weiter hinten in Wipperdorf treffe ich Jürgen Credo. Er stellt sich als Vollerwerbslandwirt und Fuhrunternehmer vor. Das scheint

ein klassischer Familienbetrieb zu sein. Bereitwillig berichtet er mir von 200 Hektar Land, Mutterkuhhaltung und Fleischwirtschaft. Das Futter baut er auf eigenem Land selbst an. Die Milchwirtschaft hat er aufgegeben. Lohnte sich nicht mehr. Nein, Milch direkt ab Hof verkaufen, das dürfe er gar nicht. Die Auflagen dafür seien zu hoch. Der Aufwand nicht gerechtfertigt. Seine Söhne arbeiten voll bei ihm mit. Eine Kuh behalten sie für die Hausschlachtung, die anderen wandern alle zum zentralen Schlachthof. Der Fleischer im Ort bräuchte die Rinderhälften regelmäßig über's Jahr verteilt. Seine Kühe aber werden alle mehr oder weniger gleichzeitig schlachtreif.

Am Bahndamm, wo Kinder ihre Höhlen baun

Hier, zwischen Bleicherode und Nordhausen, häufen sich die Anzeichen für eine Ermattung der automobilen Kultur. Mehrere funktionstüchtige Pferdekutschen stehen am Wegrand.

---

15   Franz-Josef Degenhardt, Rumpelstilzchen.

Kaiser Wilhelm II. zumindest hielt das Automobil für eine vorübergehende Erscheinung. Die Zukunft gehöre dem Pferd. Gut, das mag prophetisch gewesen sein, aber dass das Automobil so lange braucht, um vorüberzugehen, hat er vermutlich auch nicht geahnt.

Das Sonntagmittag eigentlich geschlossene Billard-Café hat gerade für die Mitgliederversammlung eines Vereins

Ist das hier die Götterdämmerung des Automobils?

geöffnet. So komme ich dort zu einem Nudelteller mit Käsesauce. Nicht schlecht nach diesen Fleischmengen im Eichsfeld.

Es wäre doch gelacht, wenn wir unsere Abhängigkeit vom Strom nicht noch etwas ausweiten können: In dieser Bar steht ein elektrisches *Mensch-ärgere-Dich-nicht*-Spiel in blinkender Flipper-Anmutung. In diesem Fall heißt das *Mann-oh-Mann-mach-keinen-Ärger*. Was aber, wenn hier, kurz bevor man das vierte virtuelle Männchen im Ziel eingeliefert hat, der Strom ausfällt. Nicht auszudenken. Ein konventionelles stromloses *Mensch-ärgere-Dich-nicht* kann nicht halb so ärgerlich sein.

Die Kellnerin erzählt mir von ihrer Oma, die auch noch das meiste selbst anbaut und

Mann oh Mann, mach keinen Ärger

einkocht. Stürben die Alten nicht in der Regel aus Altersgründen, hätten sie in dieser Gegend hier ziemlich gute Überlebenschancen.

An der Kreuzung zur Bundesstraße von Wipperdorf erwartet mich eine Eisdiele mit selbst gemachtem Kugeleis. Offenbar haben die Besitzer schon zeitig die Zeichen der Zeit erkannt, und die Tankstelle komplett zu einer Eisdiele umgebaut.

Ab Wipperdorf bleibt mir nur die B 80, um nach Nordhausen zu kommen. Hierin stimmen alle Auskünfte überein. Und nein, einen Fahrradweg gebe es dort nicht. Na denn, jetzt tritt Plan C in Kraft. Ich behänge den Ohrenwagen und mich mit orangen Leuchtwesten und rufe den Verkehrsfunk an. Der MDR hatte mir ausdrücklich angeboten, dass sie, wenn eine sehr befahrene Wegstrecke ansteht, im Verkehrsfunk darauf hinweisen, dass man dort doch wegen des *Hörenden Fußmarsches* langsam und vorsichtig fahren möge. Ausdrücklich erlaube ich der Radiofrau, dass sie sagen können, auf der B 80 sei wieder der *Marsch mit Ohren* unterwegs.

Netterweise hat man hier zwar keinen Radweg, aber immerhin bergauf eine zweite Fahrspur für Lkws und Schleicher wie mich gebaut. Das erleichtert mir und den Eiligen die Kilometer auf dem Anstieg der B 80.

Am Ortseingang von Nordhausen letzte Spuren Thüringer Fahrradproduktion. Noch 2007 hatte die Belegschaft versucht, die Firma durch eine Übernahme in Eigenregie zu retten. Letztlich fehlten dann die Aufträge.

Am späten Nachmittag Ankunft im Nordhäuser *Weltladen*. Mit Peter Kube begrüßt mich wohl einer der prägenden Akteure der Wende in Nordhau-

Das Thüringer Zweiradwerk hat das Wettrennen mit Taiwan verloren

sen. Er hat noch zu tun. Daher ergreife ich gierig ein herumliegendes Internetkabel und stürze anschließend zur Waschmaschine im Keller. Eine Woche Wandern kann dem Kleidungsvorrat schon ganz schön zusetzen.

Am Abend dann geht's mit Peter zum Taizé-Gebet. In frommer Hinsicht bekomme ich heute wirklich das volle Programm. Im Anschluss sind wir bei Nader Mahboubkhah aus dem Iran zum Abendessen eingeladen. Dieser Besuch gerät zu einem Intensivkurs in Sachen *Resilienz*: Als Sozialist aus dem aserbaidschanischen Teil des Iran war er weder unter dem Schah noch unter den Mullahs besonders beliebt. Seine Familie wurde verfolgt, die Geschwister erschossen und erhängt. Selbst wurde er als junger Kerl so lange an den Füßen kopfunter aufgehängt, dass er ein Jahr lang nur auf allen vieren im Gefängnis kriechen konnte. Inzwischen hat er Asyl bekommen und engagiert sich für andere Asylsuchende.

Äh, Pardon, haben wir eigentlich hier in Deutschland ein Problem? Auch nur ein kleines?? Das den Vergleich damit aufnehmen könnte?

Heute öffentliches Schlafen im Schaufenster des *Weltladens*.

Blasenpflegetag – 8. April

Mein erster Pausentag. Die Wäsche trocknet in den Hinterzimmern des *Weltladens* still vor sich hin. Meine Füße danken mir die Laufpause. In den vergangenen Tagen habe ich sie mit allerlei Blasenpflastern beklebt. Noch sind sie nicht im Laufmodus angekommen. Im Alltag laufe ich wenig. Das meiste geht per Rad.

Mails erledigen, Kernseife kaufen. In der Sonne sitzen.

Am späten Vormittag Gesprächsrunde mit Landrätin Keller und Frau Haase, der zweiten Beigeordneten der Stadt, sowie verschiedenen Mitarbeitern der Stadtverwaltung im Rathaus. Nachdenkliche

Blicke, als wir gemeinsam die Stützen unseres Lebensstandards und auch deren Fragilität unter die Lupe nehmen, den Helm aufständern und die Frottage schraffieren.

Zu einer zweiten Gesprächsrunde hat Peter für den frühen Abend eingeladen. Was bedeutet der Verlust von Selbstverständlichkeiten für politische Flüchtlinge? Häufig den Verlust der Heimat. Und wer verlässt die schon gern freiwillig? Am Abend dann kommen Nader Mahboubkhah und seine Frau noch mal zu Besuch und wir improvisieren in der Küche ein nettes Abendessen.

Enkel ohne Strom – 9. April

Pünktlich zum Start bekomme ich die Mitteilung, dass eine Mitwanderin für die nächsten vier Tage nun doch nicht mitkommen kann. Um mich bei Peter in unvergesslicher Erinnerung zu halten, verschütte ich beim Abräumen des Frühstücks noch schnell ein komplettes Glas mit Olivenöl auf dem Steinfußboden des *Weltla*

dens. Und verbringe locker ein Stündchen damit, den Boden wieder so zu entfetten, dass er aussieht, als kenne er kein Olivenöl.

Heute geht's, die Füße frisch gepflastert, weiter nach Sondershausen.

Das Pferd scheint mir einer der großen Gewinner der Industrialisierung zu sein. Hätte vor hundertfünfzig Jahren ein Pferd dem anderen erzählt, dass es in Zu-

Fortschritt in der Welt der Pferde

kunft einmal solche Fahrzeuge geben wird und wozu sie gut sind, keiner auf der Koppel hätte ihm geglaubt. Visionäre gelten unter Pferden als etwas gaga.

Aus Nordhausen heraus begleitet mich eine Passantin ein Stück, da sie in eine ähnliche Richtung unterwegs ist. Später frage ich einen älteren Radfahrer nach dem Weg. Er fragt nach den Ohren. Versorgungsengpass?, grinst er, kein Problem. Er hat den Keller voll mit selbst Angebautem und Eingekochtem für ein halbes Jahr.

An einer Kreuzung von Feldwegen weisen mir zwei Kollegen von der Wasserwirtschaft den Weg. Ja, sie haben eigenes Wasser hier. Kommt allerdings aus dem Harz.

Mir wird von Tag zu Tag, von Etappe zu Etappe klarer: Ich suche die kleinen Einheiten, die weiter funktionieren können, falls die großen bunten Versprechen verblassen sollten.

Anruf der *Reichsregierung*, die den Fußmarsch für Ende April nach Sonneberg zu einem Treffen einlädt. Das klingt skurril in meinen Ohren. Welches Reich denn? Das erste, zweite oder dritte? Oder gar ein viertes? Ich möchte allerdings auch nicht immer so genau wissen, wie skurril meine Ansichten in den Ohren anderer klingen. Außerdem kommt heute eine Quartierzusage von der Stadt Eisenach. Wir können dort Mitte Mai in einer Turnhalle übernachten. Manches organisiert sich eben von selbst.

Ein ambulanter Kleintierhandel macht mit einem Aushang an einem Telegrafenmasten auf sich aufmerksam. Ein deutliches Anzeichen von Selbstversorgung mit Eiern und Geflügelfleisch. Häufig verlagert sich der Schwerpunkt jedoch von der Notwendigkeit der Fleischgewinnung zum Hobby der Rassezucht.

In Werther tritt der Waffenhandel nicht ganz so verschämt und verbrämt auf wie auf dem internationalen Markt. Vermutlich geht's hier auch eher um die Jagd als um das Abknallen seiner Nachbarn. Der Blick in die drei Gewehrläufe im Emblem des Verbandes Deutscher Büchsenmacher lässt mich erst mal schlucken.

Waffenhandel

An einem kleinen Bahnhof sind unzählige Autos geparkt. Hier zeichnet sich deutlich eine Bereitschaft ab, zumindest für einen Teil des Arbeitsweges die Bahn zu nehmen und das Auto stehen zu lassen. Sei es, weil die Parkplätze am Arbeitsort knapp sind oder weil man die Zeitungslektüre dem Rennsport im morgendlichen Stau vorzieht.

In Stockhausen klopfe ich bei Joachim Siebert, einem der ganz wenigen Stellmacher an, die in Thüringen noch aktiv sind. Er gibt mir diverse kollegiale Tipps, mit denen ich den Leser jetzt nicht belasten will. So viel nur: Die Nabe dieses Rades wird nach dem Drechseln und Bohren der Zapfenlöcher zwei Stunden in Wasser gekocht, damit die Zapfen der Speichen in die – eigentlich zu klein gestemmten – Löcher passen und nach dem Abkühlen und Eintrocknen stramm sitzen, wie angewachsen. Das mag ein bisschen nach handwerklicher Mittelalterromantik klingen. Aber versuchen Sie doch mal ohne Strom, Erdöl und Aluminiumschmelze heute ein Rad herzustellen, für einen Wagen, mit dem Sie Ihr Brennholz aus dem Wald holen können. Ein Rad bauen, sagt mir der Meister, lernst du nicht in drei Jahren. Immerhin gibt er sein

Joachim Siebert weiß noch, wie man ein Holzrad baut

Wissen an den Sohn weiter, der aber, bei der verhaltenen Nachfrage nach Holzrädern, seinen Lebensunterhalt als Bautischler bestreitet.

Abends Gesprächsrunde im Rathaus Sondershausen. Landrätin Hochwind lässt sich kurzfristig durch ihren Büroleiter vertreten, der die regionale Wirtschaftsförderung auf dem Tisch hat. Etwa fünfundzwanzig Teilnehmer im Trausaal des Rathauses. Der Bürgermeister gibt in seiner Einführung eine schöne Steilvorlage für das Gespräch. Einmal im Jahr lädt er seine Enkel zu einem Tag ohne Strom in die Datsche ein. Am Morgen wird die Hauptsicherung rausgedreht und dann laborieren sie mehrere Stunden an der Herstellung eines Süppchens auf einem Holzfeuer. Unter diesen erschwerten Bedingungen schmeckt die Suppe zum Mittag irgendwie besser als sonst.

Im Vorfeld des Marsches hatte ich angekündigt, die Gesprächsabende zwar gestalten und moderieren zu können, aber auch offen zu sein für andere Formen des Gesprächs. Hier wird mein Angebot gern angenommen. Herr Huhn, lassen Sie mal, wir machen das heute schon. Hören Sie einfach nur zu. Wunderbar, dazu bin ich ja unterwegs.

Ein Vertreter der Stadtwerke meint, dass der *Hörende Fußmarsch* die Sondershäuser miteinander ins Gespräch bringt. Er erläutert die Energieversorgung der Stadt, bei der die Fernwärme eine große Rolle spielt. Etwa zwanzig Prozent der Wärme wird durch Verbrennen von Holzhackschnitzeln erzeugt. Meine Frage, ob es einen Plan B für die Wärmeversorgung gebe, wenn zum Beispiel nur vierzig Prozent der Energie zu Verfügung stehen, beantwortet er skeptisch. Nein, dass man in Plattenbauten etwa nur die Wohnzimmer beheizt und den Heizstrang für Kinder- und Schlafzimmer abriegelt, kann er sich nur schwer vorstellen. Dazu fehlen die technischen und baulichen Voraussetzungen.

Der *Eine-Welt-Laden* will jetzt auch *regionale* Produkte in den Verkauf nehmen. Da kann ich doch gleich den Honig von der Imkerei von heute Nachmittag empfehlen. Der Imker aus dem Wipper-grund hat noch genug Vorräte und sucht Absatzwege.

René Most vom Kreisjugendring, der den Hut für diesen Abend aufhat, stellt das *Netzwerk Region 2050* vor, das der strukturschwa-chen Region neue Impulse durch Kooperation geben soll.

Im Anschluss hat Angela Böhme von der *Wirtschaftsförderung* der Stadtverwaltung noch einen netten Imbiss vorbereitet, dessen Reste ich dann als Proviant noch eingepackt bekomme. Bin von Wohlwol-len umfangen. Da fällt auch kaum noch ins Gewicht, dass die Sala-mi nicht aus Greußen kommt, der benachbarten Salamimetropole.

Abends bringt mich René Most dann zu meinem Quartier im Jugendzentrum am Stadtrand. Ich bin ausreichend müde, aber die Jugendlichen dort wollen noch wissen, was es mit dem Fußmarsch auf sich hat. Also kommt doch noch eine Sitzung zum Kuchen-brettbild zustande. Alle, die ein solches Bild mitgestaltet haben, sind eingeladen, diese Grafik Ende Mai nach Erfurt zur Abschlussveran-staltung zu bringen.

Als die Jugendlichen genug über den Fußmarsch wissen, darf ich mich dann zwischen Billardtisch und Theke in den Schlaf verab-schieden.

Sterile Salami – 10. April

Beim Frühstück finde ich im Proviantpaket eine Schale *Weight Watchers* Margarine, bei der Kalorien durch Volumen bildende Stof-fe ersetzt werden. Eine magere Margarine, na super, da kann ich mir doch glatt das Doppelte aufs Brot schmieren. Ein klassisches Beispiel für den *Rebound Effekt*, der viele unserer modernen Bemü-hungen wieder zunichtemacht: Die Energiesparlampe verbraucht so wenig Strom, dass man sie eigentlich nicht mehr ausschalten muss, der neue Wagen kommt mit fünf Litern aus, da machen wir doch glatt ein paar Ausflüge mehr. Also wenn der A^{+++}-Kühlschrank *so* wenig verbraucht, können wir eigentlich noch einen zweiten anschaffen.

Am Busbahnhof in Sondershausen treffe ich um neun Uhr Tischlermeister Peter Georgi aus Greußen. Er ist für heute mein ortskundiger Scout. Außerdem ist er halbprofessionell Fotograf für die Presse der Region. Auf ihn traf ich bei der Suche nach einem Ansprechpartner und einem Quartier in Greußen und Umgebung. Da ich weder Greußen kannte, noch jemanden dort, rief ich im Februar halt mal einen Tischlerkollegen an. Vom ersten Moment an war er begeistert von der Frage des Marsches nach der Robustheit der Region. *Glauben Sie es oder nicht, mit genau solchen Fragen bin ich im vergangenen Jahr bei den Bürgermeisterwahlen durchgefallen …*

Er hat vor Jahren versucht, eine Produktionsstätte für Wärmedämmstoff aus Chinagras in Greußen zu etablieren. Wachsender Dämmstoff aus der Region für die Region.

Außerdem ist Peter ein ausgewiesener Kenner und Sammler von Superlativen aus dieser Gegend. Man möchte nirgendwo anders mehr wohnen, wenn man hört, dass Greußen direkt an Europas größtem zusammenhängendem *Buchenwald* liegt. (Eine an sich harmlose Vegetationsbezeichnung, die historisch allerdings etwas lädiert ist.) Weiter im Takt der Superlative: Der Kyffhäuser, das *kleinste* Mittelgebirge Deutschlands, und ebendort der *tiefste* Burgbrunnen der Welt, Bad Frankenhausen mit dem *größten* Rundgemälde der Welt und nebenan die *größte zusammenhängende* Binnensalzwiese Deutschlands, die Barbarossahöhle als *größte* Gips-Anhydrit-Höhle der Welt, Sondershausen mit dem *ältesten* befahrbaren Kalisalzbergwerk der Welt, in Possen der *höchste* ausgefachte Fachwerkturm der Welt, in Westgreußen die *einzige* rekonstruierte Germanensiedlung Europas, in Weißensee der *größte* Chinesische Garten Deutschlands … Und anderes mehr. Mir wird etwas schwindelig und ich halte mich mühsam an der Hoffnung fest, wenigstens im *mittelmäßigsten* Dorf Ostthüringens zu wohnen.

Uns ist etwas kalt und wir wollen eine Rast. Peter quartiert uns kurzerhand in einem Autohaus *in Abwicklung* ein, das mitten in der Landschaft seinem Ende entgegenglänzt. Der stumme Mechaniker weist uns den Weg zur sprechenden Bürokraft, die uns nicht nur die Wasserflaschen auffüllt, sondern auch ungefragt einen Kaffee anbietet. Wir sitzen etwas verloren an einem leeren Schreibtisch in einer fast leeren großen Ausstellungshalle und nagen an unserem Proviant. Ein letztes Auto, kerniger Vierradantrieb, wartet einsam auf seinen Käufer.

Was Peter dann unterwegs von den zweiundzwanzig Greußener Jungs erzählt, ist mehr als beklemmend. Kurz nach dem Krieg versuchte ein Polizist sich bei der sowjetischen Kommandantur beliebt zu machen, indem er selbst Aushänge tippte und heimlich im Ort verteilte: *Der Werwolf formiere sich wieder.* Vermutlich, um sich dann mit der Aufklärung selbst zu profilieren. Daraufhin werden willkürlich Jugendliche festgenommen, um antifaschistischen Eifer zu beweisen. Sie werden gefoltert, bis sie weitere Namen von ebenfalls Unschuldigen nennen. Diese wiederum werden gefoltert, bis sie weitere Namen Unschuldiger nennen. So werden achtunddreißig Jungs zwischen fünfzehn und dreiundzwanzig Jahren an den NKWD nach Sondershausen und später in Speziallager des sowjetischen Geheimdienstes ausgeliefert. Dort überleben bis zur Begnadigung 1950 nur vierzehn von ihnen.

Wen wundert's, dass die deutsch-sowjetische Freundschaft einen schweren Start hat an diesem Ort. Greußen, dessen Eltern sich heldenhaft für ihre unschuldig inhaftierten Kinder eingesetzt haben, widersetzt sich der Besatzungsmacht und der DDR-Führung mit Schweigen. Peter erzählt, dass ein neuer Parteifunktionär, in guter Absicht, die Greußener für den Sozialismus zu gewinnen, in einer Besprechung mit der Bevölkerung schier verzweifelte. Besprechung trifft es nicht so ganz. Eher schwieg man ihn flächendeckend an. Bis ihm dann später ein älterer Greußener den Rat gab: Junger Genosse, am besten erkundigen Sie sich mal, was sich hier in Greußen zwischen 1945 und 1950 zugetragen hat.

In Otterstedt kommen wir an einem Haus vorbei, in dem im Oktober 2012 ein Vater und seine drei Kinder ums Leben kamen. Der Energieversorger hatte wegen Zahlungsrückständen den Strom abgestellt und so behalf man sich mit einem Not-stromaggregat im Keller – und erstickte am austre-tenden Kohlenmonoxid. Keine gute Lösung für den Fall, dass Selbstverständ-lichkeiten nicht selbstver-ständlich sind.

Die Grundslöcher. Starke Quellen – aber sehr kalkhaltig.

Die Grundslöcher bei Wasserthaleben sind ein außergewöhnlich starkes Quellgebiet. Ein artesi-scher Brunnen drückt das Tiefenwasser nach oben. Allerdings ist das Wasser sehr kalkhaltig. Das weichere Fernwasser aus der Ohra-Talsperre im Thüringer Wald ist jedoch inzwischen so teuer, dass man sich entschlossen hat, hier eine eigene Entkal-kung zu bauen. Eins zu null für die Region.

Greußen hatte im 19. Jahrhundert einen eigenen Drogenhändler, den Botaniker und Drogisten Franz Buddensieg aus Bad Tennstedt. Alte Schriftzüge auf alten Mauern erinnern an die Blütezeit seiner Tätigkeit. Neben der berühmten Salami waren später Schokolade, Most und Trockenobst die regionalen Produkte. Zu DDR-Zeiten lief hier eine gigantische zentrale Gemüsefrostanlage. Und der Eis-dealer von der Eisdiele lädt Peter und mich auf ein paar Kugeln ein. Ziemlich nett und ziemlich lecker.

Die Greußener Salami, sagt Peter, schmecke nicht mehr so wie früher. Der spezifische Geschmack, Ergebnis der etwas *wurstigen* Lagerung beim Trocknen, sei den Hygienevorschriften der EU zum Opfer gefallen. Alles zu steril, zu wenig Bakterien. Sofort fällt mir die Mosterei im Leinetal wieder ein. Aber auch die französische Käsewirtschaft, die in Brüssel hart um den Erhalt ihres Schimmels kämpfen musste.

René Hartnauer, der Bürgermeister von Greußen, eröffnet unsere Plauderei mit der Bemerkung, das seien ja doch ziemlich philosophische Fragen, die der Fußmarsch da stelle. Ich protestiere, denn ich halte meine Fragen für sehr bodenständig. Beim genaueren Blick auf die Definition des Begriffs Philosophie muss ich allerdings zugeben, dass Herr Hartnauer doch nicht ganz falsch liegt.

Das Dach über Peters Tischlerei ist weit über 150 Jahre alt. Stolz zeigt er mir die durchgehenden aus einem Stamm gehauenen Mittel- und Firstpfetten. Mit dreiundzwanzig Metern am Stück damals offensichtlich aus dem Thüringer Wald hergebracht. Ohne Truck, ohne Sonderfahrzeug oder Hubschrauber. Mit Ochsenkarren?! Alle Achtung.

Die B 4 durchschneidet Greußen wie ein Tortenmesser. *Verkehrsgünstig gelegen* ist da gar kein Ausdruck. Betten und Geschirrschränke wackeln von bremsenden und startenden Trucks. Direkt an dieser Verkehrsschneise liegt „*Betti's Schlemmerland*".

Abends holt Peter noch seinen Kumpel Erich mit ins *Schlemmerland*, in dem unsere heutige Gesprächsrunde anberaumt ist. Man könnte auch sagen, mir sitzt die FDP-Ortsgruppe gegenüber. Und auch hier haben Fahrradhelm, Resilienzbirne und das Kuchenbrett ihren Auftritt. Schade, meint Erich, dass heute nicht mehr selbst geschlachtet wird. Und ich solle unbedingt das Buch *Der dritte Weltkrieg* lesen. Ach, vielleicht eher nicht … Früher wurde die Wasserkraft der Helbe in Greußen genutzt. Wir sprechen über die Option einer Genossenschaft zum Betrieb von Turbinen.

Heute ist der Probensaal der Greußener Karnevalsgesellschaft, eine umgenutzte Turnhalle, mein Nachtlager.

Zweihundert Jahre zu spät – 11. April

Am Morgen, schon am Ortsrand von Greußen, begegne ich dem Grauen. Besser gesagt, seinem Nachfolger, dem Wirt der Gaststätte und Autowaschanlage *Zum Grauen*. Sein Vorgänger hatte angeblich schlohweißes Haar.

Gleich schräg gegenüber der *Ziegenpeter*. Das Ehepaar Peter bemüht sich um die Erhaltung der *Thüringer-Wald-Ziege* und verkauft deren Käse offenbar mit Erfolg. Dr. Katja und Dr. Wolfgang Peter sind die einzigen promovierten Ziegenhirten, von denen ich weiß. Sehr sympathisch und nachdenklich, dieser Dr. Peter. Nein, ohne Strom würden ihr Hof und die Käserei nicht funktionieren. Aber auch sie machen sich Gedanken über den genossenschaftlichen Betrieb einer Wasserkraftturbine an der Helbe.

Die niedliche Katze des Ziegenhofes springt vertrauensvoll auf meinen Schoß und walkt behaglich ihre Pfötchen auf meinem Hosenbein. Beim Abschied merke ich, dass meine Hose inzwischen die lehmige Farbe des Hofes angenommen hat. Also an den Samtpfötchen der Katze kann nicht mehr viel Dreck sein. Sind eben reinliche Tiere.

Später hält mich ein Radfahrer an und erzählt, wie er fast all seine Nahrung im Nebenerwerb selbst erzeugt.

Der promovierte Ziegenwirt

Von Weißensee hatte mir Peter Georgi erzählt, dass der Ort seit jeher Fischlieferant für Erfurt war. Und obwohl ich mein Budget etwas zusammenhalte, bin ich fest entschlossen, dort einen regionalen Fisch zu Mittag zu essen. Das Hotel *Am Fischhof* bietet sich dafür geradezu an. Dort scheitert der Versuch allerdings nicht nur an den Öffnungszeiten des Restaurants, sondern auch an der Speisekarte und den inzwischen längst verschwundenen Fischteichen. Das Hotelpersonal bescheidet mich mit der Mitteilung, dass die Fischzucht in Weißensee bereits 1782 eingestellt wurde. Ich komme also gut zweihundert Jahre zu spät. Etwas ratlos und unfähig zu trauern, stehe ich noch eine Weile am zentralen Mitscherlich Platz herum. *Alexander* Mitscherlich? Weißensee? Na klar, auch der muss ja irgendwoher kommen. Oder nicht Alexander? Jedem Ort seinen großen Sohn. Später erfahre ich, dass es sich um den Gelehrten Christoph Wilhelm Mitscherlich handelt, der hier lebte, als Weißensee noch Fische nach Erfurt lieferte.

Längere Zeit warte ich vor einem Fuchsbau am Straßenrand. Mich lässt das Gefühl nicht los, dass ich den Fuchs heute noch zu sehen bekomme. Schließlich löse ich mich aus dieser etwas magischen Vorstellung und ziehe weiter. Nach wenigen Metern sehe ich ihn dann doch noch – überfahren im Straßengraben, von Würmern bewohnt. Ein Opfer unserer Eile. Ein Fuchs ist recht gut an die Herausforderungen seiner Umgebung angepasst. Nur mit diesen schnellen großen Raubtieren mit leuchtenden Augen kommt er nicht so zurecht. Er wird sich noch gewundert haben, warum sie ihn nicht fressen, wo sie ihn doch jagen.

Am Ortseingang von Sömmerda erwartet mich ein Mittagessen in der Kantine der Agrargenossenschaft. Die Kartoffeln aus eigenem Anbau, das Fleisch aus Kölleda und gratis noch etwas herzliche Ruppigkeit aus eigener Produktion des Küchenpersonals. Die hiesige Warmherzigkeit erschließt sich dem Wanderer erst auf den dritten Blick. Mein Tischnachbar – ein gelernter Maler – arbeitet nebenan für den ASB-Katastrophenschutz. Nein, die Fragen des Fußmarsches stehen beim Katastrophenschutz nicht vorne an. Aber er hat eine solide Kritik an den Begleitschäden der Globalisierung auf Lager.

Am anderen Ende von Sömmerda winkt mich ein Elektriker ran: Was bist denn du für eine Zunft? Natürlich Hörgeräteakustiker auf Wanderschaft. Wir dürfen drei Jahre und einen Tag nicht reden, nur hören und müssen so einen blöden Ohrenwagen mit uns führen. Nein, nein, Quatsch. Nachdem er meinen wirklichen Beruf erfahren hat, fragt er mich noch etwas zu Details und zur Sinnhaftigkeit von Wärmedämmung aus. Zur Belohnung verrät er mir dann noch einen weniger befahrenen landwirtschaftlichen Weg nach Schlossvippach.

Rohrborn war wohl im Mittelalter einer der Orte, die den Erfurter Markt mit *Waid* belieferten. Ein unscheinbares grünes Kraut, dem man auf komplizierten Wegen blauen Farbstoff entzog, um Tuche blau zu färben. Das war damals farblich der große Hit. Bis dann aus Indien *Indigo* importiert wurde, das dem Waid gnadenlos die Schau stahl und den Rohrbornern ein einträgliches Geschäft verdarb. Zur Erinnerung dreht noch einmal im Jahr ein Pferd den rollenden Mahlstein im Kreis und zermatscht die Waidblätter, was der erste Schritt der Fertigungskette war.

Ohne Vorwarnung und nahezu ohne jedes Geräusch überholt mich auf den letzten Kilometern des Tages wie ein Windhauch ein voll verkleidetes Liegefahrrad. Eine Art großes Brillenetui auf Rädern. Und wieder

Die Waidmühle in Rohrborn

muss ich an Kaiser Wilhelm denken und seine Skepsis gegenüber der Zukunft des Automobils.

Am Ortseingang von Schlossvippach wartet Wolfgang Herter, der Gemeindearbeiter, um mich freundlich zur *Gaststätte am oberen Tor* zu lotsen. Bevor aber hier die abendliche Gesprächsrunde beginnt, zeigt er mir noch mein Nachtlager. Die Gemeinde erlaubt mir, heute in einer Art Stall zu übernachten, der von Arbeitern des Bauhofs als Frühstücks- und Sozialraum genutzt wird. Ein schlichtes Quartier, bei dem mir nicht ganz klar ist, mit welchen Tieren ich es teile. Aber ich hatte behauptet, dass es mir genügt, wenn ich einen trockenen Platz für die Nacht bekomme. Und hier ist er. Der bodenständige Mann drückt mir den Schlüssel in die Hand und zeigt mir, wo ich ihn am nächsten Morgen einwerfe. Danke für das Vertrauen.

Zur Gesprächsrunde kommen ein Imker aus dem Nachbardorf, eine Heilpraktikerin und ein berenteter Pharmareferent. Dieser erläutert, dass das Erdöl gar nicht knapp werden könne, da in der Hitze des Erdkerns immer wieder neues Öl entsteht. Eine mir bekannte, etwas randständige *abiotische* Theorie, die in der Schule nicht gelehrt wird. Halte ich für eher unwahrscheinlich. Aber wenn ich ganz ehrlich bin, kann ich weder mein angelerntes Schulwissen über die Entstehung des Erdöls aus Biomasse schlüssig beweisen, noch seine Idee von den nahezu unerschöpflichen Vorräten eindeutig widerlegen. Patt. Also lassen wir unsere Sichtweisen nebeneinander stehen.

Die Heilpraktikerin sticht derweil in Gedanken riesige Nadeln in die Akupunkturpunkte der mannshohen Ohren. Und auch das Stehaufmännchen erfährt heute von den Teilnehmern eine antikapitalistische Um- und Neudeutung. *Da sieht man mal wieder, wie die Oberen immer wieder obenauf kommen und die da unten immer nur schuften müssen, ohne jemals hochzukommen.*

Ich aber suche nach dem anregenden Abend meinen Schlafstall auf und kann nicht sagen, dass ich dort schlecht schlief.

Regen? Regen! – 12. April

Am Morgen wache ich gegen sechs Uhr auf, ohne eine einzige Ratte gesehen oder gehört zu haben. Der Boiler am Waschbecken ist zwar an das Stromnetz, nicht aber an die Wasserleitung angeschlossen. Dazu kommt, dass ich keine Ahnung habe, wo man hier in den frühen Morgenstunden einen Abort findet. Das Rathaus und der Supermarkt sind noch gnadenlos verschlossen. Draußen aber regnet es in Strömen und mein Start und die Morgentoilette dieses Tages verdienen es nicht, schriftlich festgehalten zu werden. Trotz des hartnäckigen Regens erwartet mich Brunhilde, die Pastorin aus dem Gothaer Land, am vereinbarten Treffpunkt. Diese Frau unterschätzt man bei der ersten Begegnung. Sie hat die halbe USA zu Fuß durchquert. Und da lässt sie sich auch von einem Thüringer Landregen nicht abschrecken. Niemand erwarte von mir eine ausführliche Beschreibung, wie es denn so ist, einen Tag lang im Regen zu laufen. Mein selbst genähtes Cape aus geöltem englischem Tuch ist auf jeden Fall im Praxistest nicht ganz so dicht, wie ich gern behaupte.

In Ballstedt zieht Brunhilde eine Trumpfkarte aus ihrem nassen Ärmel. Dieser Ort gehörte mal zu ihrem Revier als Pastorin und die Wirtsfamilie zählte zu ihren Getreuen. So landen wir an einem Kachelofen in der Wirtsstube, in den die Oma gerade ein paar Scheite Holz nachlegt. Und wir bekommen zu hören, wie die Familie den Gasthof mithilfe von vier Generationen unter einem Dach bewirtschaftet. Vor uns stehen Schnitten mit Selbstgeschlachtetem und heißer Kaffee. Die Kleidung trocknet am Kachelofen. Das Leben ist gut zu uns.

Hier in Hottelstedt hausen die Freunde des Automobils, dessen Reparatur man als interessierter Laie noch selbst in Angriff nehmen konnte. Das resilientere Auto, ohne Bordelektronik und Diagnosecomputer.

Die Hottelstedter Trabbi-Freunde

Auf dem weiteren Weg nach Weimar treffen wir entgegen unserer Absicht weder Frieder W. Bergner, den Posaunisten in Ottstedt am Berge noch Andreas Neumann, den klugen Pastor in Gaberndorf. Beiden hinterlassen wir einen Gruß. Umso herzlicher werden wir in Weimar von Svea Geske und Conny Brückner empfangen, die zum festen Inventar von *Radio Lotte* gehören. Am hellen Nachmittag besorgen sie mir eine dringend erwünschte Duschmöglichkeit in einem Hostel um die Ecke. Zum Gesprächsabend im Sendesaal des Radios lässt der Oberbürgermeister sich entschuldigen. Er ist in Sachen Völkerverständigung im Iran unterwegs auf den Spuren des west-östlichen Divans. Sein Stellvertreter, der junge und frischgebackene Bürgermeister Peter Kleine, begegnet den Fragen des Fußmarsches ausgesprochen aufgeschlossen, wenn auch nicht unkritisch.

Mein Quartier heute: ein Gemeindesaal am Rollplatz mit fließendem Wasser am Waschbecken und Toilette.

Auf's Land – 13. April

Vor dem Weimarer *mon ami* am Goetheplatz versammelt sich die Gruppe für die heutige Etappe. Frank aus Kahla, einer der wenigen Thüringer, die Drucker reparieren können und nicht gleich den Kauf eines neuen empfehlen, Winfried, der *Passivhaus-Papst* Thüringens, Matthias, ein berenteter Wissenschaftler aus Jena, sowie Sophie und Steffi, zwei Studentinnen, die mit *Transition Town*[16] in Verbindung stehen. Das ist eine Initiative aus England, die sich darum bemüht, Städte für die Folgen des Klimawandels und der Ressourcenverknappung zu wappnen und entsprechend umzugestalten. Eine besondere Rolle spielen dabei städtische Gemeinschaftsgärten und Nutzgärten in öffentlichen Grünanlagen. Ihr Schlachtruf: *Give Peas a chance!*[17]

Wir beschließen, nicht über Apolda zu laufen, da die Etappe sonst zu lang wird. Der dortige Landrat des Landkreises Weimar rief mich sechs Wochen vor Beginn des Fußmarsches an und meinte sinngemäß: *Huhn, was Sie da mit dem Fußmarsch vorhaben ist großer Quatsch – das sag ich Ihnen gleich. Aber die Fragen, die Sie da stellen, stelle ich mir auch.* Immerhin berichtete er von seiner Teilnahme an einem Seminar für Landräte zur Frage: Was mache ich, wenn in meinem Landkreis mal eine Woche der Strom ausfällt? Da hat ein Landrat einen ziemlich großen Hut auf. So groß, dass ich schon gar nicht mehr mit ihm tauschen möchte.

Und er berichtete von seiner Großmutter, die meinte: *Die wäre all noch ema von iahm houhen Roß nunter jekomm.* Sinngemäß übersetzt: Wir werden unseren Lebensstandard künftig wohl nicht ganz halten können.

Am Schluss unseres langen Telefonats, bei dem wir allerlei Krisenszenarien ansprachen, bot der Landrat an, den Marsch in seinem Amtsblatt anzukündigen. Direkt zum Gespräch lud er uns nach Apolda jedoch nicht ein. Dort in der Textilstadt muss es angeblich noch ein paar kleine private Strickbuden geben. Von wegen Kleidung aus heimischer Produktion.

---

16   www.transition-initiativen.de
17   Anspielung auf J. Lennons Schlager *Give peace a chance*. Peas ist die Mehrzahl von engl. Pea = Erbse.

Baute Goethe hier auch Gemüse an?

Los geht's, an der Ilm entlang, ein Foto vor Goethes Gartenhaus und weiter im Park. *Es hört doch jeder nur was er versteht,*[18] spottet uns das verlattete Gartenhaus an der Ilm hinterher. Und ich merke, dass ich bis zum wirklich offenen aufmerksamen Zuhören ganz ohne eigene Wertung noch ein Stück Wegs vor mir habe.

Am Ortsende von Taubach klopfen wir bei Peter und Sigrid Franz an. Peter betreibt eine DDR-Bibliothek, Sigrid arbeitet selbstständig als Töpferin. Bei aller Tapferkeit ist beiden der zurückblickende Glaube an die DDR und die Trauer über ihren Verlust deutlich anzumerken. Selten kommen Interessenten in die Bibliothek mit Literatur aller Art aus DDR-Zeiten. Und umso mehr freuen sich die beiden über Sophies Interesse daran und ihre Ankündigung, wieder hierher zu kommen. Unsere Gastgeber kennen die Fragen des Fußmarsches. Sie servieren uns Obstsaft aus Kirchhasel. Zwar von einem westlichen Saftladen nach der Wende übernommen – aber immerhin: der Saft kommt von hier. Peters Leben lohnt, kurz erwähnt zu werden. Er sympathisierte mit der DDR, wurde Anfang der Sechzigerjahre Christ und engagierte sich politisch in der CDU, im Kreistag, in der Christlichen Friedenskonferenz und als Inoffizieller Mitarbeiter auch im Rahmen der Staatssicherheit. Ich kann gar nicht sagen, ob er der Kirche oder der DDR gegenüber größere Loyalität emp-

---

18   Maximen und Reflexionen, Nr. 887, Verlag der Goethe-Gesellschaft, Weimar 1907.

fand. Nach der Wende zumindest gab er seiner Landeskirche eine Korb, die ihm als bekennendem IM wohl lange die Tür der reuigen Rückkehr offen hielt. Nicht zuletzt die Rückkehr in das warme Nest kirchlicher Altersbezüge. Nein, es gebe nichts zu bereuen, er stehe zu seinem Verhalten als roter Pfarrer in der DDR. Mit dieser an Starrsinn grenzenden Geradlinigkeit hat er sich um einen komfortabel alimentierten Lebensabend gebracht. Jetzt verdient er seinen Lebensunterhalt als weltlicher Fest- und Trauerredner. Und das wird er voraussichtlich tun müssen, bis man ihm selbst eine Trauerrede hält. So wenig ich seine politischen Ansichten oder seine Weltsicht teile, so sehr beeindruckt mich seine Geradlinigkeit. Die beiden verabschieden uns herzlich und weiter geht es über Land in Richtung Jena.

Ein paar Kilometer nördlich von hier ist Heichelheim, die Thüringer Kloßmetropole. In der dortigen Kloß-Welt gibt es ein Kloßmuseum, ein Kloß-Café, eine Kinder-Kloß-Welt, einen Kloß-Imbiss, Kloß-Literatur und Kloß-Spezialitäten. Überall steht Kloß. Nur auf dem Schild zum Abort steht *Zu den Toiletten*.

Matthias erzählt von der kargen Rhön in frühen Zeiten. Dort waren offenbar alle Familien zu arm, um sich neben dem unmittelbaren Broterwerb ein Haus oder eine Scheune zu bauen. So beschloss der Gemeinderat des jeweiligen Ortes, wem im kommenden Jahr gemeinschaftlich ein Haus gebaut wird. Und alle packten mit an. Das erinnert an die Amish People in den USA oder an die Bruderhöfer, die wir in den kommenden Tagen noch treffen wollen. Immerhin ein System lokaler sozialer Solidarität, das weder einen Bankkre-

Thüringen – ohne Kloß kaum denkbar

dit, noch Zuschüsse aus Brüssel, noch eine Versicherungsnummer braucht. Das darf man ruhig mal im Auge behalten für den Fall, dass unser Finanz- und Sozialversicherungssystem einmal schwächeln sollte.

In Lehnstedt fällt Matthias ein, dass er hier entfernte Verwandtschaft hat. Was sollen die an einem Samstag schon groß vorhaben. Also lädt er uns kurzerhand bei ihnen zu einem Umtrunk ein. So einfach ist das. Christian und Andrea, junge Eltern, sind vor Kurzem von Jena hierher aufs Land gezogen. Entgegen dem Trend, der zurzeit vom romantischen Landleben eher zurück in die Städte führt. Zu teuer werden für viele die Kosten des Pendelns, ob mit dem Wagen oder mit öffentlichen Verkehrsmitteln. Zu aufwendig ist der Betrieb von zwei bis vier Automobilen pro Familie. Die beiden hier aber wollen bei Bedarf etwas Land zu beackern haben und ihre Stube notfalls mit Holz heizen können. Im Moment überlassen sie ihre zwei Hektar einem Bauern zur Bewirtschaftung und teilen sich mit ihm in die Ernte.

Am Ortsrand betreiben *Vogel und Vogel* eine Fischzucht. Diese Omega-3-Fettsäuren müssen weder aus der Nordsee kommen, noch aus entlegenen Ecken der Weltmeere, um uns satt und schlau zu machen.

Den Gärtner Klaus Vogel in Großschwabhausen kennt Matthias vom Jenaer Wochenmarkt. Es regnet Eimer und die Gewächshäuser machen einen trockenen Eindruck. Nachdem seine Frau – im Gewächshaus Pflanzen vereinzelnd – uns in etwas ruppiger Deutlichkeit klar macht, dass man die Tür, durch die wir kamen, auch als Ausgang benutzen kann, finden wir ihren sehr offenherzigen Gemahl in einem anderen Gewächshaus weiter hinten. Er tröstet uns mit dem Hinweis, dass nicht nur wir ins Visier seiner Chefin geraten. Die erwachsene Tochter dieses ungleichen Pärchens aber serviert uns im Gewächshaus des Vaters ungefragt einen Kaffee. Wir sind immerhin mit diesen schrägen Ohren unterwegs, also vermutlich keine klassischen Landstreicher.

Weiter am Ortsrand von Großschwabhausen erklärt uns ein Waldarbeiter in grün-orangefarbener Montur, welche Mengen Brennholz er schneidet und dass nach seiner Ansicht die Stadt Jena nicht nur wegen des gefährdeten Status als Großstadt an der Eingemeindung umliegender Dörfer interessiert ist. Es gehe vielmehr auch darum, sich den umliegenden Wald als Energiequelle einzuverleiben. Wer weiß?

Und auch bei dieser gediegenen Emailletafel an einem Scheunentor geht es letztlich um regionale Wirtschaftskreisläufe. Was aber kostet ein Bier, wenn der Bauer die Braugerste mit der Sense erntet?

Am Abend dann werden wir im Jenaer Rathaus von einer Delegation des Jenaer *Schott-Blasorchesters* mit mehreren *Zwiefachen* empfangen. Das nenne ich mal Heimspiel. Nur zwölf Kilometer sind es von hier bis zu mir nach Hause. Das erste Mal ist die Gesprächsrunde mit über dreißig Teilnehmern zu groß. Das Gespräch um die kleine Kuchen-

Saufen für den Bauernstand

platte wird etwas unübersichtlich. Aber immerhin sind unter anderem der Baudezernent, eine Landtagsabgeordnete und die Thüringer Aufbaubank vertreten.

Später am Abend sind wir noch zum Abhängen auf den Theatervorplatz eingeladen. Auch da ergeben sich noch gute Gespräche, während der Ohrenwagen den Kulissen gewohnten Schauspielern als Stehtisch dient. Andrea Hesse, die Pressefrau des Theaters bepackt unseren Proviantkorb noch mit einem bunten Strauß aus Schokoladenstangen. Weit habe ich's am Abend nicht. Zum Übernachten bin ich im *Grünen Haus* gleich gegenüber gebucht.

Vier Esel – 14. April

Nach der Frühmesse hat sich für die heutige Etappe schon eine nette Gruppe am Johannistor eingefunden. Matthias bringt heute seine Elske mit und zwei Esel, die in der Licht- und Technologiestadt Jena einen etwas anachronistischen Eindruck hinterlassen. Verstärkt durch Matthias' morgendliches Waldhornspiel in der Fußgängerzone.

Uwe Kapell, der Elektriker mit Neigung zu komplizierten Balkanrhythmen, trägt sein Akkordeon auf dem Rücken. Herbert kommt gerade mit einer zartorangen Sanddorn-Torte aus der *Konditorei Gräfe*. Heinz lässt sein Rad erst mal an eines der großen Ohren fallen, was diesem die ersten Gebrauchsspuren verpasst. Karin und Rainer kommen dazu. Sie betreiben den *Jenaer Arbeitskreis zukunftsfähige Gesellschaft*. Fridlind, die Spielzeuggestalterin. Und Roland verspricht mir einen besonderen Resilienz-Apparat als Prämie, wenn ich die zwei Monate Fußmarsch durchhalte. Um es nicht so spannend zu machen: Ich habe die Prämie Ende Mai dann bekommen. Es ist ein mit Eisenspänen gefülltes Gänseei, das auf einer Magnetplatte in den abwegigsten Positionen stehen bleibt, also ziemlich unumstoßbar ist.

Ständchen mit Esel in Jena

Wir ziehen los und schon kurz hinter Jena machen wir halt am *Erlkönig*, einer etwas verwunschenen Steinskulptur, die mehrere Mitwanderer zum Aufsagen klassischer Gedichte und Balladen inspiriert.[19] Dazu Sanddorn-Torte und eine Flasche der ganz seltenen Jenaer Weine vom Käuzchenberg gleich gegenüber. So stelle ich mir einen Geburtstag vor. Später dann zieht Uwe ganz beiläufig eine Reihe südosteuropäischer Harmonien und Rhythmen aus seinem Akkordeon, bei deren Komplexität mir ganz schwindelig wird.

Als ein Oldtimer, oder sagen wir lieber ein ziemlich altes Auto, uns hupend überholt, können das nur Peter und Petra mit ihrem kleinen Emil Prosper sein. Petra ist Geologin und Peter Kunststoff-Phobiker. Durch das Fehlen jeglichen Kunststoffs (nach dem Bakelit) erhält die Inneneinrichtung ihres einsamen Hauses im Thüringer Holzland das Flair der Dreißigerjahre. Ein bisschen Technik darf sein, aber möglichst nicht jünger als achtzig Jahre.

In Golmsdorf ist die *Bornfege* als Fest, ursprünglich im Zusammenhang mit der Brunnenreinigung entstanden, inzwischen ein später Karnevalsumzug in der Pfingstzeit. Bei der alljährlichen Neuwahl zum Bornmeister müssen die Bewerber jedoch keine wasserbaulichen

Der Golmsdorfer Bäcker

Kenntnisse vorweisen, sondern ausschließlich selbst gekelterten Wein, den sie der Jury und dem Publikum vorsetzen. Die verwunschene Golmsdorfer Bäckerei ist eine meiner liebsten in Thüringen. Klein, familiär, selbst backend, kein Aufbacken tiefgefrorener *Teiglinge*. Keine Chance an der Börse.

---

19 *Vom Eise befreit …, Wer reitet so spät* und Ähnliches.

Alle zusammen sind wir in Golmsdorf-Beutnitz bei Späths zum Mittagsimbiss eingeladen.[20] Ein feines Süppchen erwartet uns auf dem sonnigen Hof. Und die nächsten beiden Esel. Zur Unterhaltung der Gäste versuchen die beiden Alphatiere ihre Hierarchie zu klären, was dazu führt, dass Matthias mit seinen Eseln wieder nach Jena umkehrt. Dafür stoßen hier jedoch meine Familie dazu und Isabell, die in Jena ein Projekt zur Verbesserung des Zusammenlebens von Taube und Mensch in Plattenbaugebieten betreut.

Bei dem folgenden Aufstieg zur Sternwarte im Tautenburger Forst verwenden wir zum ersten Mal als Geschirr zum Ziehen des Ohrenwagens den breiten Hüftgurt eines Rucksacks. Leider ohne die beiden Esel so richtig einbinden zu können. Fünf Männer fassen irgendeine Ecke des Wagens und rennen im Laufschritt den Berg hoch. Keiner möchte sich lumpen lassen, aber alle sind ein bisschen aus der Puste, als die Steigung endlich nachlässt. Im Wald empfängt uns Volkmar aus Willschütz, der Biobauer dieser Hochebene. Er führt seit der Wende den Hof der Familie mit knapp fünfzig Hektar weiter und setzt auf regionale Naturkost. Der Getreideanbau, die Reinigung des Korns sowie das Mahlen und Backen, beim Brot kommt hier alles aus einer Hand. Sie schlachten zwölf bis fünfzehn Schweine im Jahr. Nüchtern, aber kritisch beschreibt er den Gegenentwurf der industriellen Landwirtschaft mit über tausend Hektar hier oben auf dem Plateau. Wir blicken auf riesige Ackerflächen, die seine Schilderung illustrieren. Ein nennenswerter Teil der agroindustriellen Ernte geht in die energetische Verwertung: Mais für Bioenergieanlagen, Getreide für Ethanol und Raps für Biodiesel. Die dicht stehenden Windkraftanlagen verstärken meinen Eindruck noch, dass hier unser Energiehunger nach der Fläche greift. Wer wie ich aus der Öko-Ecke kommt, wird sich früher oder später eingestehen, dass wir unseren derzeitigen Energieverbrauch, oder

---

20   Also, wer zu Späths kommt, den belohnt das Leben.

sagen wir lieber Energie-Anspruch, kaum aus Acker und Wald decken können. Wenn allein die Bewohner Jenas auf die – ökologisch
zunächst mal löbliche – Idee kämen, komplett mit Holz zu heizen,
sind die Wälder im Umkreis schnell gerodet.

Noch etwas hält mich davon ab, zu kritisch über die industrielle
Landwirtschaft zu berichten. Habe ich nicht noch vor acht Wochen
von einem dieser Agrarfürsten hier oben einen hübschen Auftrag
bekommen? Die Dämmung seines Altenteils? Ob er sich meine Arbeit leisten könnte, wenn er seine Felder behutsam nach ökologischen Richtlinien bewirtschaften würde?

Vorn steht ein Kleinbus am Straßenrand. Stefan überrascht den
Fußmarsch mit selbst gepresstem Apfelsaft.

Der Abend auf Voigts Hof ist erst erholsam und wird dann zur
Gesprächsrunde interessant. Hier scheint zum Beispiel die Übergabe des Hofes von den Eltern an die junge Generation etwas über-
ständig zu sein. Volkmar berichtet von einem Modell, bei dem Höfe
einander in Konfliktsituationen gegenseitig beraten. Und über einen *Familienpool*, was in diesem Fall keine Badevorrichtung im Garten ist, sondern eine juristische Konstruktion, die verhindert, dass
bäuerliche Familienbetriebe bei Erbschaftsfragen oder -konflikten
baden gehen.[21]

Sesshaftes Geld – 15. April

Heute ist früh morgens Andreas Heller mit am Start, der Landrat
des Saale-Holzland-Kreises. Ich bin ganz gerührt, dass viele Landräte so interessiert auf die Fragen des *Hörenden Fußmarsches* anspin-
gen und etappenweise mitlaufen, ohne zu befürchten, sich zum

---

21   www.familienpool.info

Obst zu machen.[22] Heller hatte schon im vergangenen Jahr Interesse geäußert, einen Tag mitzulaufen. Den Prototypen des hölzernen Stehaufmännchens wollte er mir damals gar nicht wiedergeben. Ihm gefiel dieses still sprechende Symbol für regionale Robustheit. Kathi und Bettina laufen heute bis Eisenberg mit.

Am Ortseingang von Eisenberg liegt rechts von uns die Landesaufnahmestelle Thüringen. Wir werfen mal eben einen Blick in den Paragrafen 44 des Asylverfahrensgesetzes zur Schaffung und Unterhaltung von Aufnahmeeinrichtungen: *Die Länder sind verpflichtet, für die Unterbringung Asylbegehrender die dazu erforderlichen Aufnahmeeinrichtungen zu schaffen und zu unterhalten sowie entsprechend ihrer Aufnahmequote die im Hinblick auf den monatlichen Zugang Asylbegehrender in den Aufnahmeeinrichtungen notwendige Zahl von Unterbringungsplätzen bereitzustellen.*

Das abweisend wirkende Gebäude ist also die Folge dieses Paragrafen. Das Personal, das uns lautstark am Fotografieren hindern möchte, erweckt den Eindruck, als stünden wir hier vor der Kommandozentrale eines Geheimbundes.

Einmal volltanken bitte!

Zum Mittagsimbiss sind wir in der Eisenberger Volks- und Raiffeisenbank eingeladen. Ursprünglich hatte ich es in diesem Haus zwar auf deren Tochter namens *Ethikbank* abgesehen. Diese aber ließ wissen, man arbeite zwar nach ambitionierten ethischen Kriterien, aber keineswegs regional, sondern in ganz Deutschland und Österreich. Wir mögen uns doch bitte an die Kollegen von der Volks- und Raiffeisenbank wenden.

---

22 Thüringisch: *sich blamieren, sich zum Deppen machen.* In einem stark am Fleisch orientierten Landstrich klingt die Metapher vom Obst besonders drastisch.

Bei den abendlichen Gesprächsrunden erzähle ich gern von der Ein-Mann-Bank im fränkischen Gammesfeld. Dort gelten ungewöhnliche Spielregeln. Es gibt nur einen Mitarbeiter. Herr Breiter ist gleichzeitig Bankdirektor, Putzfrau und Schalterangestellter. Die Bank nimmt Geld nur von Einwohnern des Dorfes und vergibt Kredite auch nur an Einheimische. Das Menü ist schlicht. Das Führen eines Girokontos kostet nichts, bringt aber auch keinen Zins. Wer Geld übrig hat, kann es mit zwei Prozent Zins anlegen. Wer etwas leiht, zahlt dreieinhalb Prozent. Ende des Portfolios. Sie müssen kein großes Risiko in den Kreditzins einkalkulieren, da sie alle Kunden persönlich kennen und wenn der junge Mann seinen Carport nicht abbezahlen kann, werden Vater und Onkel schon einspringen. Anfragen von Ortsfremden, hier Geld anzulegen oder zu leihen, begegnet man mit freundlichem Desinteresse. Die großen Gewinnlose, Derivate und anderen Zauberpapiere der Finanzwelt, mit denen aus dem Nichts enorme Geldsummen geschöpft werden, sind nicht im Angebot. Man hat es lieber regional, gediegen und bodenständig. Und ich habe den Eindruck, diese Bank hebt weder ein Börsencrash noch eine Finanz- oder Währungskrise aus den Pantoffeln und auch kein Serverabsturz in einer Großrechnerhalle. Die Belege werden hier nämlich von Hand getippt. Möglicherweise ein kleiner Exot unter den Banken, aber ein nettes Beispiel für regionale Robustheit.

Herr Zahn und Frau Lessing von der Volks- und Raiffeisenbank in Eisenberg sind interessiert und aufgeschlossen für die Frage der Regionalität. Während wir versuchen, einen Imbiss zu vertilgen, der für die dreifache Zahl an Wanderern ausreichen würde, erklären sie uns glaubhaft, dass sie vorwiegend Geld aus der Region für Projekte in der Region einsetzen. Das erinnert tatsächlich ein wenig an die Ein-Mann-Bank. Das Geld bleibt hier. Die Bank wirkt jedoch im Großen und Ganzen nicht anders als ein konventionelles Geldinstitut. Was würde Herr Schulze-Delitzsch, der Erfinder der *Vorschussvereine*, auf den sich die Volks- und Raiffeisenbanken beziehen, empfehlen, wenn er in diese Bank als Berater käme? *Vorschussverein* klingt irgendwie provisorischer und etwas bodenständiger als *Bank*.

Auf die Frage, was eine Bank denn macht, wenn eines Tages alle Kunden ihr Geld in bar abheben wollen, bekommen wir jedoch auch hier keine wirklich befriedigende Antwort. Meines Wissens ist es eines der gern beschwiegenen offenen Geheimnisse der Finanzwelt, dass diese vielstelligen Zahlenkolonnen auf den Bildschirmen der Geldinstitute weder durch reale Werte noch durch Bargeld hinterlegt oder gedeckt sind. Moderne Metaphysik. Eine Gottheit, die funktioniert, so lange alle dran glauben. Allein das scheint mir ein ziemlich guter Grund zu sein, mal nachzusehen, was wir denn in der Region und aus der Region so für die grundlegende Daseinsvorsorge gestemmt bekommen, wenn die Finanzwelt einmal die Taschen ausstülpt.

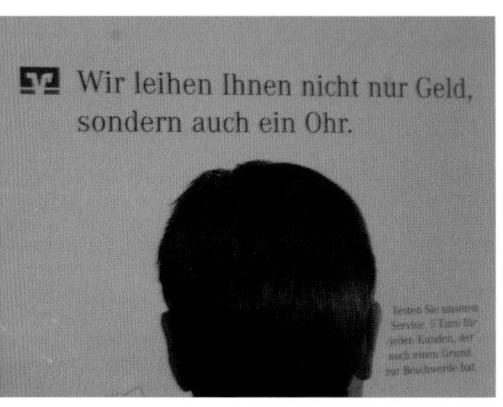

Ein Ohr leihen

Die Instrumentenschleiferei Frey in Eisenberg berichtet, dass die älteren Kunden ihre Scheren, Messer und anderes Werkzeug gern noch schleifen lassen. Viele Junge kaufen lieber eine neue Schere, wenn die alte stumpf ist. Nun bezeichnen sich die Menschen in den letzten Jahrzehnten nicht mehr als Genosse, Volksgenosse, Bürger oder Untertan, sondern als *Verbraucher*. Und tatsächlich scheint unsere vornehmste Pflicht zu sein, die Gegenstände nicht zu *gebrauchen*, sondern sie zu *verbrauchen*. Wer nicht regelmäßig wegwirft und nachkauft, darf sich mit dem schlechten Gefühl herumschlagen, dass er unserer hyperproduktiven Industriegesellschaft im innersten Kern schadet. Dass er somit seiner zentralen Aufgabe des Verbrauchens nicht in ausreichendem Maß nachkommt. Man darf davon ausgehen, dass künftige Geschichtsschreiber dieses Phänomen unserer Ressourcen verschreddernden Zeit einmal stirnrunzelnd belächeln werden.

Durch das wirklich malerische Eisenberger Mühltal kommen wir zu Hubert Winkler, einem der traditionellen Holzleiternbauer aus Weißenborn und Umgebung. Dieses Gewerk behauptet sich hartnäckig auf dem Markt, trotz der praktischen Alu-Leitern und trotz der allgemeinen Verlagerung von Produktion in Länder, deren Lohnkosten im einstelligen Prozentbereich des Verkaufspreises liegen.

Dort holen uns dann Klemms aus Bad Klosterlausnitz mit ihrem muskelbetriebenen Familienfahrzeug ab. Martin und Suse gehören zu den Menschen in Thüringen, deren Leben sich durch ein Wegbrechen der Industriegesellschaft nur geringfügig verändern würde. Beide sind studierte Landwirte – wie unser Doktor Ziegenpeter aus Greußen – und sie führen ihre Landwirtschaft und ihr Leben mit drei Kindern weitgehend unabhängig von Strom, Benzin, Geld und Versicherung. Rinder, Schafe, Käse, Gartenbau, Obstgehölze bestimmen ihr Leben. Sie strahlen eine Zuversicht aus, die manchem voll alimentierten und abgesicherten Staatsdiener abgeht.

Sie bringen uns zu einer anderen Sehenswürdigkeit in Klosterlausnitz: der *Holzlandgemeinschaft*.[23] Das sind mehrere Familien, die in einer sehr engen Gemeinschaft miteinander leben, keinen Privatbesitz haben, ihren Lebensunterhalt mit Handarbeit verdienen und sich am Evangelium orientieren. Was unsereins versucht, durch Renten-, Kranken- und Sonstwas-Versicherung an sozialer Sicherheit zu gewinnen, das ersetzen sie durch Gütergemeinschaft und ein sehr hohes Maß an Solidarität in ihrer Gemeinschaft. Sie leben in enger Verbindung mit dreiundzwanzig vergleichbaren *Bruderhöfen* in verschiedenen Ecken der Welt. Als strammer Katholik sollte ich sie vermutlich für eine Sekte halten. Aber ich finde, sie segeln ziem-

---

23 www.holzlandgemeinschaft.de, www.bruderhof.com/de

lich hart am Evangelium. Wer ein Beispiel für gelebten christlichen Sozialismus sucht, findet hier eine Fülle von Anschauungsmaterial. Und ein Volkskundler, der schon immer vergeblich nach einer Schellack-Aufnahme mit den Gesängen der Wandervögel suchte, findet hier ein lebendiges Liedgut, das wirkt, als wäre es vor neunzig Jahren tiefgefroren und erst kürzlich wieder aufgetaut worden.

Daniel, unser Ansprechpartner, skizziert die Folgen eines Wegbrechens unserer zivilisatorischen Errungenschaften sehr scharf und unverblümt: Hunger, Plünderei, Bürgerkrieg und so weiter. Die Fragen des Fußmarsches nach der Stabilität und Lebensfähigkeit der Region seien jedoch nicht vorrangig ihr Anliegen. Ihnen gehe es darum, Gott, sich selbst und die Mitmenschen zu lieben. Alles andere seien Sekundärtugenden und nachgeordnete Fragen. Zugegeben: So kann man das auch sehen. Selbst, wenn dieser Lebensentwurf nicht jedermanns Sache sein mag, erscheint mir diese Form des Zusammenlebens doch ziemlich robust und krisensicher.

Zur Gesprächsrunde am Abend sind wir in der evangelischen Gemeinde eingeladen, die, gelinde gesagt, der Holzlandgemeinschaft als Konkurrenzbetrieb eher reserviert gegenübersteht. Und Martin serviert uns allen selbst gebackenes Brot und Käse aus eigener Produktion. Ruhige Nacht im Matratzenlager des Jugendraumes.

Steinbruch-Seminar – 16. April

Nach einem opulenten Frühstück beim wohlwollenden Pastor Borrmann ziehen wir weiter durch den Wald in Richtung Hermsdorf, heute verstärkt durch Martin und Klaus. Hier zeigen noch viele Kiefern die wulstig zuwachsenden Narben der Harzgewinnung der späten DDR-Zeit. Die *Harzer* schnitten die Rinde in V-förmig gekerbte Felder ein, woraufhin das Harz in kleine Töpfe ablief. Ein brauchbarer Rohstoff, den man zur Herstellung von Pech, Teer und

Terpentin verwendet. Harz ist Trumpf, wenn Erdöl knapp wird.

Schon kommt in Hermsdorf eine der Adressen in Sicht, die ich auf dem Marsch auf alle Fälle besuchen wollte. Uhrmachermeister Focke, einer der wenigen seines Fachs, die noch fähig und auch willens sind, eine Uhr zu reparieren. Im Gegensatz zu vielen seiner Kollegen sagt er nicht: Da kann man leider gar nichts mehr machen, aber schauen Sie mal, was wir hier für schöne neue Uhren in der Auslage haben. Er repariert gern und gut. Man sollte sein Weltbild vermutlich nicht an solchen Einzelfällen festzurren, aber Uhrmachermeister Focke hat mir schon gelegentlich den

Harzgewinnung im Thüringer Holzland

Glauben an die Menschheit wiedergegeben, indem er Uhren mit einer Reparatur vor dem Wegwurf bewahrte. An seinem Fenster steht: *So ist es alter Brauch – wo repariert wird, kauft man auch.*

Dem Orthopädieschuhmacher Zipfel nebenan stelle ich die gleiche Frage, wie dem Kollegen im Eichsfeld. Ja, er könne mir schon ein paar Schuhe auf Maß und von Hand anfertigen. Aber das koste dann doch eher um die tausend Euro. Na gut, war ja nur 'ne Frage.

Zwei Karpfen im Reichenbacher Dorfladen von Sielers wird unser Besuch zum Verhängnis. In freudiger Erwartung regionaler Produkte betreten wir das familiäre Lädchen und treffen auf Tante Emmas Normalsortiment, was der Großhändler eben so bietet. Aber immerhin ein Laden, den man zu Fuß erreicht. Zumindest sind die lebend gehaltenen Karpfen mehr oder weniger von hier, wenn auch nicht mehr aus dem eigenen Fischteich des Kaufmanns. Immerhin ist es dem Juniorchef eine Ehre, uns das Fangen und Schlachten persönlich vorzuführen und zu erläutern. Diese hier

Todgeweihte Karpfen

Ein Besen mit 350 PS

wandern heute frisch auf den Tisch in ein nahe gelegenes Restaurant. Ein Freistaat, der keine Küste hat und nicht darauf hoffen kann, dass überfischte Ozeane sich auf wunderbare Weise selbst mit Fisch nachfüllen, ist gut beraten, sich ein paar Fische im Binnenland zu halten.

Bevor dieser Kehrbolide aus Krafts(!)dorf herbeidonnerte, lagen hier vier Krümel Erde von der Größe eines Taubeneis auf der Straße. Jetzt hat er sie mit 350 PS beiseite gefegt.

Das Kraftsdorfer *Mutzmuseum* muss auf unseren Besuch verzichten. Das *Mutz* ist als Fleischlieferant für den Mutzbraten zwar ausgesprochen regional und sicher auch eine Stärke der Region. Allerdings lässt seine Verwandtschaft mit dem bayerischen *Wolperdinger*[24] Zweifel aufkommen, ob es im Notfall einen nennenswerten Beitrag zur Ernährung der Bevölkerung leisten kann.

---

24 Das *Mutz* (Thüringen) und der *Wolperdinger* (Bayern) sind beides freistaatliche Phantasiegeschöpfe, die von der einheimischen Bevölkerung so schlitzohrig wie liebevoll gepflegt werden.

Eine Oma am Gartenzaun erzählt uns, was es in Kraftsdorf früher alles an Läden und Gewerken gab, die die regionale Versorgung sicherten. Eine Wurstfabrik, einen Zahnarzt, einen Uhrmacher, eine Bäckerei und manches mehr. Ein paar Grundstücke weiter fragt uns ein älterer Herr, ob wir denn in der Kiste zwischen den Ohren wenigstens ordentlich Bier dabeihaben. Als wir nüchtern verneinen, bittet er uns zu warten und kommt kurz drauf mit zwei Flaschen kellerkühlem Bier zu uns zurück. Im Prinzip eine sehr schöne Idee, aber am hellen Tag bringt mich so was um. So packt er sie uns in die Box.

Hinter dem Kraftsdorfer Bahnhof aber erwartet uns das Ehepaar Straßburger mit einem Mittagsimbiss. In den geschmackvoll eingerichteten Bauhütten eines ehemaligen Steinbruchs betreiben sie ein außergewöhnliches Seminarzentrum.[25] Überhaupt scheinen die beiden hier die kulturelle Nabe Kraftsdorfs zu sein. Kleine Gesprächsrunde um das große rote Stehaufmännchen. Von hier aus kommen Ulli, ein Nachbar des Steinbruchs und Conny vom *Radio Lotte* aus Weimar mit bis nach Gera.

Für den Abend hat uns in der Geraer Innenstadt der Verein *Ja für Gera*[26] zum Gespräch eingeladen. Er sucht intensiv nach den Stärken einer ehemaligen Bezirkshauptstadt, die seit der Wende mit Einwohnerschwund und mit Bedeutungsverlust zu kämpfen hat. Hier berichtet auch Gerald Ripka, der Gärtner des Botanischen Gartens,

Ja für Gera – ein echter Feger

25   www.steinbruch-seminar.de
26   www.ja-fuer-gera.de

wie er Saatgut züchtet und mit anderen Züchtern tauscht, um seltene Arten und eine möglichst große Vielfalt der Arten zu erhalten. Seine Frau und er produzieren Trockenobst, pflegen in der Freizeit alte Obstsorten und lehren Handwerkstechniken, die als veraltet gelten, wie zum Beispiel das Dengeln von Sensen, den professionellen Werkzeugschliff und den Obstbaumschnitt.[27] Zum Abschied bekomme ich vom *Ja-für-Gera*-Verein eine Flasche Chardonnay, der zwar nicht in Gera hergestellt, aber mit einem hübsch gestalteten Etikett eines Geraer Künstlers versehen ist.

Der Hit dieses Abends aber ist mein Quartier: Sabine und Klaus, beide könnten vom Alter her meine Eltern sein, hatten erfahren, dass die großen Ohren durch Gera kommen und wollten den Fußmarsch unbedingt einladen. In Bahnhofsnähe ein Haus, geschätzt Ende 19. Jahrhundert, von dem man im Dunkeln zunächst vermutet, die Bauaufsicht hätte versäumt, es zu sperren oder einzureißen. Es wirkt völlig unbewohnt. Dann aber betritt man durch ein schummrig beleuchtetes und mit Kunstplakaten gepflastertes Treppenhaus die einzige bewohnte Etage. Und landet hinter der Wohnungstür in einer großbürgerlichen Welt voller Herzlichkeit, Interesse und Offenheit. Hier lässt sich's atmen. Als Erstes reiche ich meinen gerade erhaltenen Geraer Chardonnay weiter und wir sitzen bis weit über die Zeit, in der mir normalerweise die Augen zufallen, noch in der Küche zusammen.

Biobauer, nein danke – 17. April

Torsten, der heute und morgen ab Gera mitläuft, ist eine Marke für sich. Wenn ich ihn kurz vorstellen darf: Zu DDR-Zeiten gelernter und ziemlich tüchtiger Dachdecker, hat er nach der Wende auf

---

27 www.ripkas-garten.de, www.thüringer-hofleben.de

Schwerverbrecher umgeschult. Diebstahl von Luxuskarossen der Oberliga und Verschub dieser Straßenschiffe nach Osteuropa mit falschen Papieren, mit Diplomingenieuren, die auf das leichthändige Knacken von Autotüren spezialisiert sind, mit Mafiakontakten und allem, was dazugehört. Innerhalb kurzer Zeit befehligte er eine Bande von über fünfzig Mann und machte Gewinne, von denen ein Dachdecker nicht zu träumen wagt.

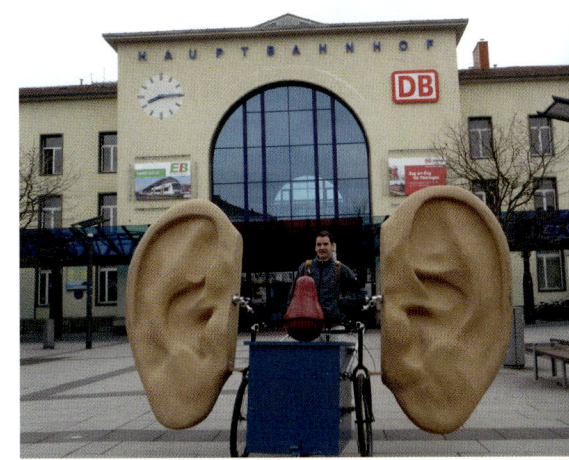

Torsten, der Mörder

Die Geschäfte hätten kaum besser laufen können. Seine Umsätze wurden für deutsche Versicherungsgesellschaften zum Problem. Nachdem er aber einen Mitarbeiter, der seine Autorität anzweifelte, in Russland hinterrücks über den Haufen schießt, interessiert sich *Interpol* für ihn. Nach einigen Jahren Versteckspielen, erwischen sie ihn in Schweden und ihn erwarten 16 Jahre Knast. Irgendwann im vierten Jahr nach Einbuchtung hat er – inzwischen auch innerhalb der Gefängnismauern anerkannter und gefürchteter Bandenchef – in seiner Einzelzelle etwas, das er *Gotteserfahrung* nennt. Ohne dass ihm eine heilige Schrift, ein eifriger Missionar oder ein Gefängnisgeistlicher dabei nachgeholfen hätten. Er kommt tags drauf dermaßen umgekrempelt zum Hofgang, dass seine Freunde und Feinde sicher sind, dass ihm jetzt psychisch die Sicherung durchgeschmolzen ist. Und auch die ersten Gefängnisseelsorger raten ihm, doch mal den psychiatrischen Dienst zu konsultieren, dagegen gebe es sicher Tabletten. Erst später erkennt ein Priester, was da geschehen ist und nimmt ihn etwas an die Hand. Kurzum, Torsten hat die restlichen zwölf Jahre auch noch abgesessen und hatte naturgemäß viel Zeit, sich mit Fragen des Glaubens und der Welt zu befassen. Inzwischen betreibt er mit seiner Frau ein Haus für haftentlassene Jugendliche in Frohburg bei Leipzig. Diese Geschichte ist zu umfangreich, um komplett in dieses Buch zu gehören, aber einen Bezug zum Thema, was wir machen, wenn Selbstverständlichkeiten einmal nicht selbstverständlich sind, hat das schon.[28]

In einem Kopierladen fabrizieren wir uns noch einen Stapel Informationsblättchen zum Fußmarsch und werden dann kurz in der katholischen Kirche vorstellig. Die Gemeindereferentin macht uns erst mal zur Schnecke, weil wir das Auto des Dekans zugeparkt haben, was wir in Ermangelung eines Autos nicht bestätigen können. Zugegeben, so ein Ohrenwagen ist weltanschaulich erst mal nicht so einfach einzuordnen. Freundlich empfängt uns Lutz, der Jugendmitarbeiter, der den Fußmarsch in den kommenden Tagen dann auch in Schleiz erwarten wird.

Immer wieder begegnen uns ermutigende Parolen am Wegesrand

Jetzt aber raus aus der Stadt in Richtung Osten. Und schon in Trebnitz erwartet uns die erste Erkenntnis des Tages. Ein älteres Ehepaar berichtet begeistert, was sie im Garten alles für den Eigenbedarf selbst anbauen. Nur Kartoffeln eben nicht, die holen sie sich nebenan beim Biobauern. Na da klopfen wir dort doch gleich mal beim Nachbarn an. Wir haben gehört, Sie seien hier der Biobauer?! Plötzlich lässt Zornesröte

---

28   Christoph Fasel, Torsten Hartung: Du musst dran glauben. Vom Mörder zum Menschenretter, adeo Verlag, Aßlar 2014.

seine Schläfenadern schwellen. Wer hat das gesagt? Nein, Biobauer sei er nicht, das lasse er sich nicht nachsagen. Bei ihm gehe alles ordentlich zu: Hier die Giftspritze hinten am Traktor und dort die Fässer. Entschuldigung, war nicht so gemeint.

Aber er ist Direktvermarkter. Wenn auf seinem Hof eine Sau geschlachtet wird, ruft seine Schwiegermutter etwa fünfzehn Telefonnummern an und gegen Mittag ist der Zauber vorbei, alles Fleisch vom Hof, alle Kunden bedient. Er hat keine Scherereien mit dem Kühlen und der Aufbewahrung und die Kunden bekommen alles frisch. Das klingt pragmatisch und vorteilhaft für alle Beteiligten. Der begleitende Satz *Bei mir wissen die Kunden wenigstens, was drin ist im Fleisch!* klingt allerdings etwas durchwachsen.

Beim *Imkereibedarf Weber* in Trebnitz ist es zunächst sehr interessant. Später wird es etwas ge-

Ein Bauernhof

spenstisch. Ich sehe mich in dem Laden um, der wie ein ziemlich großer Baumarkt für Imker wirkt. Roland Weber war schon vor der Wende Bienenfreund und hat diesen Laden seit 1995 zum zweitgrößten Versand für Imkerbedarf im deutschen Sprachraum aufgebaut. Eine saubere Erfolgsstory von fleißigen Bienen in blühender Landschaft. Lediglich ein Nachfolger fehlt ihm hier noch, jetzt, da der Ruhestand in Sicht kommt.

Regionaler Honig immunisiert gegen regionale Allergene. Er weiß, wovon er redet, da er selbst mit einem bunten Strauß von Allergien geschlagen ist. Als Agraringenieur alter Schule spricht er sich ausdrücklich für Gentechnik aus. Allerdings für einen verantwortlichen Umgang damit, was auch immer das konkret bedeuten mag. Dann aber berichtet er aus Sicht eines Imkers Beklemmendes: Im Maisanbau werden Neonicotinoide als Saatgutbeize gegen Schädlinge eingesetzt. Dieses Nervengift ist so wirksam, dass man für einen Hektar lediglich zwei Gramm (!) benötigt. Klingt zunächst mal gut: Man spritzt nicht den gesamten Acker und betankt somit die Grundwasservorräte mit Gift, sondern man beizt lediglich das Saatgut, um die Schädlinge zu erwischen. Wobei noch offen bleibt, ob in diesem Fall der Mensch nicht auch zu den erwischten Schädlingen zählt. Außerdem sind zwei Gramm ja wirklich nicht viel auf einen Hektar. Diese popeligen zwei Gramm aber können bewirken, dass Bienen, die nach zwei Jahren auf diesem Hektar den Nachtschweiß der Pflanzen trinken, ihren Orientierungssinn verlieren und nicht mehr in ihren Stock zurückfinden!

Informationstafel zu Düngemitteln

In Bezug auf Düngemittel und Agrochemie spielt die Agrargenossenschaft Nöbdenitz gemeinsam mit der Regelschule mit ziemlich offenen Karten. Vermutlich ist die Belastung der Scholle und des Grundwassers häufig eine Frage der Dosis. Offenbar fallen aufgrund unseres hohen Fleischkonsums mehr tierische Fäkalien an, als Boden und Wasser vertragen. Ganz zu schweigen von Hormonpräparaten, die über den Dünger und die Felder etwas ungewollt auf unserem Teller landen. Pestizide, Herbizide und Fungizide, mit denen unsere Äcker ebenfalls belegt werden, sind auf dieser Informationstafel nicht vertreten.

Genug ideologisiert. Wir kommen nämlich gerade nach Lumpzig, das – einem Gedenkstein zufolge – eine starke Spielleutebewegung stellt. Romantisch berührt höre ich auch schon eine zarte Melodie, aus einem der Häuser, die so gar nicht nach Tschingderassabumm klingt. Allerdings funktioniert nur eines meiner Ohren und die räumliche Zuordnung von Geräuschen ist nicht meine Stärke. Später muss ich mir eingestehen, dass der süße Klang von einem Anruf auf Torstens Smartphone kam, das in unserer blauen Kiste vor sich hin flötete.

Museale Milchrampe

Ich gebe zu: Unter den momentanen Marktbedingungen wirkt diese idyllische Form der Milchwirtschaft mit Milchkannen und Milchrampen ausgesprochen gestrig. Hier wurde die Institution der Milchrampe zu einer Skulptur. Andererseits ist die kleinräumige Milchwirtschaft robuster, wenn der Transport in zentrale Großmolkereien einmal stocken sollte.

Hier fährt sie dahin, unsere Milch, und wenn alles gut geht, kommt sie in ein paar Tagen wieder zu uns in den Supermarkt. Vielleicht aber auch in die Regale Mannheims. Der Chef der Gönnataler Agrargenossenschaft hat mir diesen Zahn schon vor Län-

Der Milchtankwagen braucht Öl für Milch

gerem gezogen: Die Transportkosten bei der Milch machen nur einen sehr geringen Anteil am Preis aus. Fahren Sie mal zwanzigtausend Liter für vierhundert Euro von A nach B. Das macht zwei Cent pro Liter Milch. Da ist eine Verdoppelung der reinen Spritkosten keine wirkliche Hürde. Interessanter ist bei steigenden Energiepreisen, ob der Melker es sich noch leisten kann, täglich vierzig Kilometer zum Stall und wieder zurückzufahren. Und ob sein Lohn für das Heizöl daheim reicht.

Gegenüber der unlängst restaurierten Bockwindmühle und in Sichtweite eines zeitgenössischen Windrades hat sich am Ortsrand von Dobitschen die Altenburger Käserei angesiedelt. Das ist keine Klitsche. Sie exportieren ihren *grünen Altenburger Ziegenkäse* in alle Welt, sogar bis nach Japan.

Unweit davon betreibt die Agrargenossenschaft Altenburger Land einen Landhandel mit Saatgut und allem Zubehör für die Landwirtschaft. Wenig weiter die Straußenfarm Burkhardt, die es den Straußen erspart, auf ihrem Weg auf deutsche Teller erst noch den halben Globus umrunden zu müssen. Nicht, dass die nördliche Hemisphäre dringend auf Straußenfleisch gewartet hätte, aber regional ist regional.

In Oberkossa treffen wir auf eine etwas ermattete Landkommune. Der eigene Brunnen funktioniert noch und wird mit einer elektrischen Pumpe angezapft. Hier und da wurde Fachwerk neu ausgefacht. Die Hofmitte steht unter Wasser. Der letzte Kommunarde berichtet uns von besseren Zeiten hier auf dem Hof. Der Hof gegenüber – eher ein Haufen aus Steinen, Ziegeln und Balken – hat eine ganz traurige Geschichte. Der Besitzer hat ihn einfallen lassen, weil ihm das Denkmalamt Auflagen machte, die er nicht erfüllen konnte. Er nahm hier und da ein paar Ziegel aus dem Dach und zog fort. Das eindringende Wasser brachte den stolzen Vierseithof binnen Kurzem in den heutigen Zustand. So hat er das Denkmalamt sauber bestraft. Sich aber nicht minder. Solche Beispiele habe ich schon gelegentlich gehört. Ist es die Aufgabe eines Denkmalamtes, Auflagen zu machen, die zum Verfall eines Gebäudes führen? Ein Dilemma.

Abends sind wir zu Gast bei Christine und Martin auf einem sehr anheimelnden Vierseithof am Rand von Naundorf. Torsten, der Mörder, befasst sich sehr aufmerksam und zugewandt mit dem stark behindertem Sohn unserer Gastgeber. Auch hier sind Selbstverständlichkeiten nicht selbstverständlich: Das alte Bauernhaus verfügt über einen regelrechten Fahrstuhl für den Rollstuhl. Ich stehle mir etwas Zeit zum Sortieren meiner Notizen. Später am Abend brennt dann noch der Rost,[29] auf dem uns ein paar hübsche Rostbrätel erwarten. Burkhardts sind als Musiker von Bayern hierher gezogen und

Dornröschens Bauernstube

fühlen sich inzwischen heimisch. Wir schlafen in einem urigen Nebengebäude – dem ehemaligen Wohnhaus – das eingerichtet ist,

---

29   Das bedeutet in Thüringen, dass der Grill angeschürt ist.

als wäre hier Dornröschen vor hundertfünfzig Jahren eingeschlafen und kürzlich erst erwacht.

Seit Beginn der Industrialisierung geben wir allerlei fahrlässig auf. Die Familie als Sozialverbund, die Mühle im Dorf, den Nebenerwerb in Garten und Hof. Vielleicht ist ja Unverbindlichkeit der große Luxus, den wir uns in der Zeit energetischen Überflusses leisten. Die Unverbindlichkeit einer Sozialversicherungsnummer, einer Überflutung mit Dingen, die wahllos weggeworfen und ersetzt werden. Wir sind mit den uns umgebenden Dingen wenig verbunden und mit den Menschen unserer Umgebung auch nur unwesentlich mehr.

Schade, den Obstbau Lumpzig und die Mosterei Pölzig habe ich hier oben verpasst. Davon erfahre ich später. Dabei können das starke Aktivposten für die Versorgung der Region sein.

Entlegene Retter – 18. April

Morgens nach dem Frühstück bei Burkhardts brechen wir nach Altenburg auf, dem östlichsten Zipfel unserer Route. Immer wieder kommen Anrufe mit Angeboten für Übernachtungsquartiere oder Anfragen zu Gesprächsrunden in den kommenden sechs Wochen. Die meisten Quartiere und Gespräche hatte ich im Vorfeld der Tour bereits vereinbart. Der Rest organisiert sich fast von selbst. Der Fußmarsch spricht sich rum und viele wollen helfen.

Am Ortseingang von Kraasa kommen wir über den Gartenzaun mit einer robusten Frau in den Vierzigern ins Gespräch. Ihr blinder Dackel schnuppert sich vertrauensvoll kreuz und quer durch den Garten. Also, wenn sie nicht im Dienst ist, baut sie fast das gesamte Essen im Garten selbst an. Sie heizt nur mit Holz und fühlt sich gut gewappnet für eine krisenhafte Zuspitzung der Versorgungslage. Was machen Sie denn, wenn Sie im Dienst sind? Rettungssanitäterin! Und wo? In Weimar. Wir vertiefen es nicht weiter, aber mir drängt sich schon wieder die Frage auf, wie lange bei steigenden Energiekosten das Einkommen eines Rettungssanitäters eigentlich noch reicht, um täglich achtzig Kilometer zur Arbeit zu fahren und abends wieder zurück. Und bei welchem Benzinpreis die Lohntüte komplett beim Tankwart landet. Wolfgang Blendinger aus dem Harz nennt das: *Der Raumwiderstand nimmt zu!* Wird es einmal Job-Tauschbörsen geben, bei denen Qualifikation und Entfernung zwischen Wohnung und Arbeitsstelle die beiden wichtigsten Kriterien sind?

Immer wieder machen wir den Funktionstest an Schwengelpumpen und Dorfbrunnen. Kommt Wasser? Kann man es trinken? Hier testet Torsten die zentrale Wasserstelle in Kraasa. Die Dorfbewohner sagen, man könne es gut trinken. In Kraasa hält man of-

Schwengelpumpe in Kraasa

fenbar das eigene Trinkwasser in Ehren, was sich nicht zuletzt im alljährlichen Brunnenfest äußert. Am Ortsrand von Kraasa kommt Torsten in ein ausführliches Gespräch mit einer jungen Rentnerin, die einen überbordenden Narzissengarten betreibt. Freimütig bekennt sie sich zum abgelegenen Leben: Wer bleibt schon in so einem kleinen Dörfchen. Ich bleibe in so einem kleinen Dörfchen im malerischen Altenburger Land. Das mir Heimat ist. Das kann mir keiner mit Geld oder weiten Reisen ersetzen …

In Tegkwitz berichtet eine ältere Frau stolz, dass sie jetzt nicht mehr einkocht und dass man die vielen Kirschen doch heutzutage so praktisch auf der nahe gelegenen Kompostieranlage entsorgen kann. Ja, äh. Wir aber sind zum Hören unterwegs.

Wind, Holz, Sonne, Bescheidenheit. Brauchbare Zutaten für die Zukunft?

Ein paar Kilometer weiter, im nächsten Ort, wird unsere Hoffnung auf ein warmes Mittagessen zunächst enttäuscht. Laden, Imbiss oder Gaststätte sind entweder schon lange oder aber gerade heute geschlossen. Ratlos schlendern wir durch die Sträßchen, bis unser Geruchssinn den Blick auf eine merkwürdige Garage unter einem kleinen Einfamilienhaus aus den Siebzigern lenkt. Drinnen steht kein Auto, sondern eine kleine Großküche. Eine Garagenküche, die über hundert Mahlzeiten pro Tag kocht und an die Kunden ausfährt. Der Chef hat zwei Mitarbeiter, keine Schulden, einen Arbeitsplatz im eigenen Haus und sein Auskommen. Der Laden läuft. Obwohl die Mittagszeit für ihn schon vorbei ist und nichts darauf hindeutet, dass hier vor dem Garagentor bewirtet wird, macht er uns zwei Riesenportionen Soljanka zurecht, die wir, auf dem Treppchen zu seinem Haus sitzend, kaum schaffen. Das Schweinefleisch bezieht er vom nahegelegenen Mastbetrieb.

In Hinblick auf den Islam werde ich mit Torsten nicht einig. Er sieht das Abendland in Gefahr. Wie kamen wir denn da drauf? Wegen des Schweinefleischs?

Die Korbmacherei in Starkenberg scheint vorübergehend außer Betrieb zu sein. Wer zahlt

Korbmacher in Starlenberg

einen Korb, der zu einem deutschen Stundenlohn hergestellt wurde, wenn der Baumarkt die Körbe aus den Arbeitslagern der Welt so günstig feilbietet?

Wenige Kilometer später stößt der Ortsverband der CDU des Altenburger Landes zum Fußmarsch, vertreten durch Uwe Melzer, den Landratskandidaten, und Anja Linke, die Geschäftsführerin. Sie hatten schon vor Langem Interesse angemeldet, den Fußmarsch zu begleiten und wir kommen in ein lebhaftes Gespräch. Die Einteilung der Menschen in Parteizugehörigkeiten wird mir von Jahr zu Jahr fremder.

In der Gemeinde Lödla zeigt der Ortsplan auch einen Mann und eine Frau in traditioneller Tracht. Der Halt, die Orientierung und das Empfinden der Zugehörigkeit, die eine Tracht den Menschen geben kann, ist nur noch schwach im Rückspiegel unserer schnellen Zeit zu erkennen. War die Tracht der unbürokratische Vorläufer der Versicherungsnummer von heute? Ein an der Kleidung erkennbarer Solidarverband? Wer so aussieht, den ziehen wir notfalls irgendwie mit durch, auch wenn er verarmt, sein Haus abbrennt oder seine Angehörigen alle tot sind. Oder

Waren die Trachten früher der Sozialversicherungsausweis?

gebe ich mich hier einer Sozialromantik hin? Zumindest brauchte diese minimale, im Sozialen verankerte Absicherung keine Verwaltungshochhäuser und keine Hochleistungsserver.

Auf einer Anhöhe, schon in Sichtweite von Altenburg, wartet ein Taxifahrer in der Sonne auf seinen nächsten Auftritt. Wir kommen ins Gespräch. Auch er – ohne Zweifel Berliner – hat Gefängnisse schon von innen kennengelernt und Torsten gibt sich gleich als

Kollege zu erkennen, indem er ihn auf die *kalte Heimat* anspricht. Das war wohl – vor oder nach der Wende? – eine Art Verbannung in einen fremden Teil des eigenen Landes. Vermutlich, um Verbindungen zu halbseidenen Freundeskreisen zu kappen. Als wir weiterziehen, schließt der Taxi fahrende Verbrecher noch mal mit dem Wagen zu uns auf, um den kompletten Inhalt seiner Bemmendose[30] mit uns zu teilen.

Und kurz vor Altenburg wieder das Pferd als vorübergehender Hauptgewinner der fossilen Revolution. Es ist vom Motor in die Kutsche gewechselt. Die Zugmaschine von einst genießt es, mal ein paar Jahrzehnte lang gezogen zu werden.

Das Pferd als Gewinner der fossilen Revolution

Drei Kleingärtner, die selbst nur noch Zierpflanzen ziehen, erzählen uns, dass bis zur Wende über zwanzig Gärtnereien im Stadtgebiet ganz Altenburg und Umgebung mit Gemüse versorgten. Jetzt pflücken Ein-Euro-Jobber Streuobstwiesen ab und bringen die Ernte zur *Tafel*. Im Moment klemmt diese Aktion allerdings gerade, weil öffentliche Gelder fehlen. Es hat schon was, wenn man Zuschüsse braucht, um Obst zu ernten.

Auf meine Frage nach den Stärken der Region antwortet Uwe Melzer ohne zu zögern: *Die Menschen!* Entscheidend sei, ob sie jammern oder zupacken.

---

30 Eine Bemme ist in Thüringen ein (belegtes) Butterbrot.

Zum Abschied weist er uns noch auf das Gelände der ehemaligen Teerverarbeitung in Schelditz hin. Das sei eine Zeitbombe für das Grundwasser. So stelle ich mir die Weltgegenden vor, in denen man den Teersanden und dem Ölschiefer letzte Ölreserven abgewinnt. Soll dort eigentlich noch mal jemand leben?

Auf freiem Feld stört Torsten mit dem Ohrenwagen etwas taktlos die stille Zweisamkeit eines einsamen Tanklasters mit einem jungen Sprühfahrzeug. Womit auch immer die Felder hier befruchtet werden sollen.

Am Abend dann im katholischen Gemeindehaus Gesprächsrunde mit dem CDU-Kreisverband und Maria, einer älteren Dame aus der Gemeinde. Maria bezeichnet sich mit ganz zarten Worten als ‚Kind der Liebe‘, womit sie andeutet, dass ihre Eltern einander offenbar liebten ohne Maß, auch wenn ihre Verbindung vielleicht nicht

Auch Güllefahrzeuge wollen mal ungestört zu zweit sein

durch das komplette Sortiment gesellschaftlicher und kirchlicher Formalitäten abgesegnet war. Bei aller Schüchternheit spüre ich, wie sie getragen ist von dem Bewusstsein, aus einer innigen Liebe entstanden zu sein.

An diesem Abend hat Dino alias Gunther von Treu seinen Auftritt. Dieser Mittvierziger aus dem norditalienischen Friaul ist wirklich eine ganz eigene Marke. Nachdem er als Fremdenlegionär allerlei Länder der Welt bereist und beschossen hat, wurde er fromm – sehr fromm. Jetzt lebt er als Einsiedler im Altenburger Land auf einem riesigen Vierseithof, eher ein Gutshof mit umbautem Raum und Land ohne Ende. Was er allein dort in den vergangenen zehn Jahren baulich geleistet hat, ist kaum zu glauben.

Kurz bevor unsere Gesprächsrunde beginnen soll, knattert er mit einer steinzeitlichen Diane auf den Pfarrhof. Eine Diane ist die jüngere Zwillingsschwester des Citroën 2 CV, genannt *Ente*, der im Westdeutschland der Siebziger- und Achtzigerjahre das klapprige, aber notfalls auch selbst reparierbare Gegenstück zum Trabbi war. Kaum hat Dino seine über und über mit Glasfaserflicken ausgebesserte Kiste mit *Aplomb* eingeparkt und den chronischen Husten seines Motors kunstvoll abgewürgt, kommt er auch schon federnden Schrittes auf uns zu und schnattert und schnattert, nahezu ohne Unterlass, bis in die späte Nacht. Der Abend ist seiner.

Meinen zaghaften Ansatz, das Thema der Gesprächsrunde, die Resilienz und die Fähigkeit zum Wiederaufstehen anhand der großen roten unumstoßbaren Birne einzuführen, übernimmt er schwungvoll:

Ja, iste genaue wie mite italienische Politikere. Egal, welche Miste sie machene, fallene immere wiedere auf die Füße. Hätte ich große Luste sie zu erschießene – hier überschlägt er in einer abrupten Redepause vermutlich kurz die juristische Verwertbarkeit seiner Aussage, um sie dann zu konkretisieren – Also, die äh Birnäh.

Und er berichtet uns von seinen eigenen Versuchen, sein Leben unabhängiger und robust zu gestalten. Vom öffentlichen Wasser- und Abwassernetz hat er sich abgemeldet. Er lebt weitgehend autark von zweihundert Euro im Monat und schlachtet, wenn er Fleisch braucht, eine seine Ziegen mit einem scharfen Schwert. Als er das Wort Schwert ausspricht, fahren Daumen und Zeigefinger seiner rechten Hand derart empfindlich an einer unsichtbaren sehr scharfen Klinge entlang, dass sich die Frage von selbst verbietet, ob er denn das todgeweihte Tier wirklich auch mit einem Schlag enthauptet.

Undäh habe ich eine alte Trattore von 1936, iste ein bissche schwach, aber kann ich alles noch repariere selber. Meine Nachbar von Kolchose hate riesige Trattore mit vieleviele PS. Zehnmal so starke – supermoderne. Aber wenne der kleine Scheisse-Chipe kaputte ist, steht grosse Traktor sechs Tage auf Acker, bise kommte Kundendienste …

Alles in allem ein netter Abend, viel gelacht, unerwartetes Kabarett.

Von diesem mediterranen Feuerwerk etwas überlagert wird Andreas Martin, der so

Todgeweihte Ziegen

fromme wie weltoffene Pfarrer, der mir zum Einschlafen noch ein kleines Bierchen serviert. Allein schon, dass er gelernter Tischler ist und gern russisch quasselt, verbindet uns.

Unglücklicher Milliardär – 19. April

Obwohl sie den *Hörenden Fußmarsch für ein spannendes Projekt hält und ihn gern unterstützen will,* hat die Landrätin des Kreises Altenburg es nicht mehr geschafft, ein paar Stunden mitzulaufen. Das hätte mir gerade so gefallen, abends in der katholischen Gemeinde mit der CDU und am Morgen Aufbruch mit der linken Landrätin.

Beim Fußmarsch geht es mir nicht so sehr darum, das, was mir begegnet, moralisch zu werten, sondern eher darum, herauszufinden, welche Verhaltensweisen, Technologien oder anderen Phänomene robust sind und fähig zum Wiederaufstehen und welche eher lavede sind oder *umpustbar.* Anders gesagt, ob man einen Carport auch als Hühnerstall verwenden kann.

Am Stadtrand verabschieden mich aus Altenburg: eine Kaninchenzucht, ein Hühnerstall und ein 45-Stundenkilometer-Bonsai-Auto. Mit seinem eindeutig am Kindchen-Schema orientierten Design weckt es sofort meinen Beschützerinstinkt. Ja, du bist das kleine hässliche Entlein unter den vielen großen Automobilen. Alle Autofahrer ärgern sich, wenn du plötzlich – nahezu stehend – auf der Landstraße vor ihnen auftauchst. Und sie hoffen, dich mit bremsenden Verwünschungen aus dem Weg zaubern zu können. Du aber bringst Oma und Opa wettergeschützt zum Einkaufen, zum Arzt oder zum Bahnhof. Mit dir kann man unter normalen Umständen gar keine vierzigtausend Kilometer im Jahr fahren. Du bist – entschuldige bitte – schon so eine Art Kompromiss zwischen Autofahren und nicht Autofahren. Der Bolide unter den Rollstühlen. Ich finde dich interessant.

Langsame Autos – die Boliden unter den Rollstühlen

Im Mockern bin ich unsicher, wie mein Weg weiterführt. Ein GPS-Gerät oder Wandernavi hätte mich um allerlei interessante Begegnungen gebracht, wie zum Beispiel diese: Fragend betrete ich den Ausstellungsraum von *Kamprad & Pröhl,* einer Firma für Schwimmbadbau und Schwimmbadtechnik. Der Chef steht persönlich hinter dem Tresen und erklärt mir ausführlich und klar, wie ich von hier nach Crimmitschau zu Fuß komme.

Moment mal, *Kamprad,* woher kenne ich denn diesen Namen? Ja, sagt er, man sei recht eng mit dem Gründer eines schwedischen Möbelhauses verwandt. Sein Bruder treffe diesen Gebieter über mehrere zig Milliarden gelegentlich in der Schweiz. Am meisten beeindrucke ihn, dass sein – offenbar noch immer nicht so recht gesättigter – superreicher Verwandter immer donnerstags bei *Migros* zum Einkaufen gehe, weil Rentner da Rabatt bekommen … Oh armer Reichtum, oh unheilbare Angst vor dem Verhungern.

Am Ortsrand taucht links eine ungewöhnliche Bäckerei auf. Ein Holzbackofen frei an einen Schuppen gemauert, alles wirkt sympathisch improvisiert. Als ich beginnen möchte, dieses Ensemble zu fotografieren, bellt mich von hinten der Nachbar an, was das denn solle. Ich solle mich aus dem Staub machen. Nach Aufbietung all meiner diplomatischen Künste, kommen wir jedoch noch in ein angeregtes Gespräch. Dieser Bäcker – sein Nachbar – hat wohl versucht, sich mit minimaler Kapitaldecke und maximalem persönlichen Einsatz selbststän-dig zu machen, aber es letztlich hier auf dem platten Land nicht geschafft, seine Brötchen damit zu verdienen. Obwohl er sehr gutes Brot und die bewährten DDR-Brötchen gebacken habe. Die Bäckerei ist wieder ge-schlossen. Er arbeitet jetzt weit weg in einer Backfabrik.

Eine Insektenzucht hätte ich bei unseren Ernährungsge-wohnheiten für entbehrlich ge-halten. Aber irgendwo müssen

Brutstätte für biblische Plagen

die biblischen Plagen ja auch herkommen. Nein, nein, hier züchtet Steffi Keck Futterinsekten für Terrarienfreunde.

Die Landschaft duftet heute stark nach Frühling. Mir scheint, Zu-hören kann Menschen in die Nähe eigener Lösungen begleiten.

Welche Fahrzeuge begegnen mir vorwiegend am hellen Tag in dieser entlegenen Gegend: Mobile Altenpflegedienste, Paketdienste, übergroße agroindustrielle Spezialpanzer und rollende Kaufläden.

In Saara schaffe ich es mit einem Spurt über eine frisch asphaltierte klebrige Strecke noch, das Bäckerauto zu erwischen. In meiner Pause komme ich ins Gespräch mit dem Maurer Müller. Beruflich hat er schon einiges durch: Soldat, später bei den Grenztruppen, Tiefbau, jetzt schlachtet er alte Autos aus und wirkt glücklich. Sterben werden beide, er und der Milliardär Kamprad. Etwas weiter bitte ich in einem allein stehenden Haus um Leitungswasser für meine Trinkflasche. Die Frau bringt mir kommentarlos ein Radler.

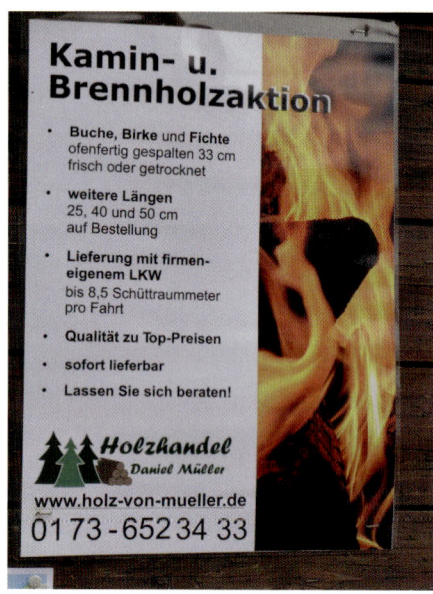

Energie von hier

Und hier Energie aus der Region für den heimischen Winter. Klingt gut für Dörfer mit Wald drum herum. Klingt schlecht für Städte mit ihrem Energiehunger, den die Biomasse aus der Umgebung kaum decken kann.

Im Ortskern von Ponitz treffe ich einen junger Vater, der gerade die knöchelhohen Buchsbaumhecken akkurat beschneidet, welche die Beete seines Bauerngartens im französischen Stil begrenzen. Mich interessiert der neue, traditionell verarbeitete Lehmputz in den Gefachen von Haus und Scheune. Hat er alles selbst gemacht, ebenso die ergänzenden Zimmererarbeiten. Und einen Holzofen haben sie hier in der Küche zum Heizen, Backen und auch für die Warmwasserbereitung. Die Idee der robusten Grundversorgung aus der Region ist ihm sehr vertraut. Anerkennend frage ich ihn, ob der Fischteich hinter dem Haus auch ihm gehört. Nein, sagt er, der gehört der Gemeinde.

Man muss nicht alles privat besitzen.

Ab jetzt verlasse ich Thüringen für ein paar Kilometer, da die Stadt Crimmitschau den *Hörenden Fußmarsch* eingeladen hat. Auf freier Strecke überholt mich ein Radfahrer, dem Äußeren nach ein Verwandter von Don Quichote. Nach einer Weile bremst er abrupt, wendet seine Rosinante und kommt zu mir und dem Ohrenwagen zurück. Na, das sei ja toll, auch er sei Schausteller, er betreibe *Ziegenakrobatik*. Na und heute Abend zur Gesprächsrunde in Crimmitschau, da käme er auf alle Fälle mit seinen Ziegen dazu. Sofort habe ich die Bremer Stadtmusikanten vor Augen, zwei drei seiner Ziegen balancieren als Pyramide auf dem Ohrenwagen … Er kam dann leider nicht an diesem Abend. Vielleicht hat er uns nicht gefunden, vielleicht Probleme mit den Ziegen. Schade, das hätte mich schon sehr interessiert.

Notfalls tut's auch ein scharfer Wachkarpfen zum Schutz von Haus und Hof

Immer wieder erfrischend, wenn Passanten – in diesem Fall eine pausierende Handwerkerbrigade – merken, dass man das, was sie da sehen, augenzwinkernd als *Arsch mit Ohren* bezeichnen kann. Ich poche auf das ‚*M*' am Anfang und unter fröhlichem Gejohle laden mich diese Automechaniker auf ein Bier ein. Ich handle sie, angesichts der Tages-

Das Möve Bäckerfahrrad – Essen auf Rädern

zeit und des Radlers vorhin, auf eine Apfelschorle herunter. Bei zu viel Alkohol vergeht mir Hören und Sehen. Besonders das Zuhören.

Stolz zeigt mir am Ortsrand von Frankenhausen ein Tüftler sein restauriertes Möve Bäckerfahrrad aus den Fünfzigern. Bei einer derart dezenten Motorisierung könnte man als notorischer Radfahrer glatt schwach werden. Nebenan werde ich freundlich im *Biohof Franke* empfangen. Ein Familienbetrieb, der selbst produziert und mit Produkten aus der Region handelt. Markus, der Knecht, zeigt uns stolz die Ländereien, die Mosterei und den Laden.

Bruder Winfried mit Schwester Esel

Ab hier begleitet mich Winfried mit einem Esel. Man kann ihn vielleicht als christlichen Landstreicher bezeichnen. Sein Basislager ist zurzeit das katholische Pfarrhaus in Crimmitschau. Von hier aus unternimmt er ausladende Pilgertouren. Braucht er mal Geld, was selten der Fall zu sein scheint, macht er Musik auf der Straße. Zumindest ist er ein Beleg dafür, dass das herkömmliche Erwerbsleben mit Konto, Gehalt, Versicherungsnummer und Kreditrate nicht die einzige Form menschlicher Existenz ist.

Gemeinsam erreichen wir den Treffpunkt des Gesprächsabends in Crimmitschau, die Tuchfabrik Pfau, die seit dem Abrutschen der Textilindustrie in die Niedriglohnniederungen der Welt ein bisschen ratlos hier in Westsachsen herumsteht. In musealer Form blickt sie etwas melancholisch auf ihre große Vergangenheit zurück.

Hier treffen wir auf eine ansehnliche Delegation des Stadtrates und der städtischen Honoratioren zum Gespräch um die Birne und den Fahrradhelm. Ein anregender Abend für mich und vielleicht auch für die Crimmitschauer Verantwortungsträger. Man hat hier –

Die westsächsische Tuchfabrik Pfau

besonders seit der Wende – seine Erfahrungen mit Situationen, in denen Selbstverständlichkeiten nicht mehr selbstverständlich sind. Zum Abschied gibt mir Uta Pleißner, die Leiterin der städtischen Pressestelle, die diesen Abend vorbereitet hat, eine hübsche Kunstkarte:

> *Fürchte Dich weniger, hoffe mehr*
> *Iß weniger, kaue mehr*
> *Jammere weniger. Atme mehr,*
> *rede weniger, liebe mehr,*
> *und alle guten Dinge*
> *werden Dein sein.*

Quartier im katholischen Gemeindehaus. Spätes Abendessen mit Pfarrer Gehrke, der hier seit Jahren mit großer Geduld Winfried, unseren frommen Hippie, beherbergt. Der Esel wird etwas weiter weg in einer Grünanlage angebunden und meldet sich in der Nacht noch gelegentlich zu Wort.

Dorfladen Langenhessen – 20. April

Am Ortsausgang von Crimmitschau empfiehlt sich ein Elektroun-
ternehmen als Partner für Solarstrom und verspricht in leuchtenden
Buchstaben „Geld von der Sonne" und „Runter mit der Stromrech-
nung". Also, das kann ich nur eingeschränkt bestätigen. Bei meiner
inzwischen achtzehn Jahre alten Solarstromanlage habe ich zwar
noch nie von der Sonne eine Rechnung bekommen, aber vom Her-
steller zu Beginn eine gepfefferte. Inzwischen wurde bereits der
dritte Wechselrichter eingebaut, die es in der Regel auch nicht geschenkt gibt. Die Stromernte war in diesen Jahren sehr überschau-
bar. Nach wie vor finde ich es gut und notwendig, die erneuerbaren
Energien zu nutzen und zu fördern. Nur diese, besonders die kleinen Anlagen, als Renditeobjekt zu bewerben oder von ihnen gar die
Lösung der weltweiten Energieprobleme zu erwarten, scheint mir
etwas hoch gegriffen.

In Neukirchen an der Pleiße betrete ich das Gewächshaus der
Gärtnerei von Antje-Katharina Nobst. Die Heizperiode ist vorbei.
Aber die Gärtnerin steht noch etwas unter Schock. Sie hat im Winter versucht, ein Gewächshaus so weit zu beheizen, dass ihre Jungpflanzen wachsen. Siebentausend Euro für Heizöl und zweitausend
für Brennholz hat sie in diesem Winter ausgegeben. Das möchte mit
Pflänzchen erst mal wieder verdient sein. Mir scheint, dass der Punkt
in Sichtweite kommt, ab dem es – nicht nur finanziell, sondern auch
energetisch – sinnvoller ist, Pflänzchen aus wärmeren Ländern zu
importieren, statt in germanischer Winterkälte in einem Glaspalast
den Frühling zu simulieren. Sucht man jedoch eine regionale, möglichst autarke Lösung mit niedrigem Energieaufwand, müssen wir
uns vielleicht wieder mit der Vorstellung anfreunden, dass es eben
nicht zu jeder Jahreszeit alles in frischer Erntequalität zu kaufen
gibt. Im Winter geht's halt ans Eingemachte.

Bei einem rätselhaften Gebäude in Neukirchen konnte ich erst
durch Nachfragen herausfinden, dass es ein fernüberwachter und

ferngesteuerter Absperrhahn für die Gastrasse ist. Hier ist man ziemlich dicht dran an einer der Schlagadern unserer Zivilisation. An der Herz-Lungen-Maschine der Industriegesellschaft.

Gleich nebenan pulsiert der Kleintiermarkt des *Westsächsischen Geflügelhofes Bräunlich*. Hier holen Züchter und Selbstversorger in Sachen Fleisch ihren Nachwuchs. Im nächsten Ort versteht es eine Molkerei für Produkte aus Ziegenmilch, ihr Gewerbe zu einem Event auszubauen. Ziegenkäse, Ziegeneis (nix zu meckern, schmeckt wunderbar) und andere Milchprodukte werden ergänzt durch kulturelle Angebote, Kurse für Töpfern oder Filzen und ein Café mit Saal für größere Veranstaltungen. Die hier frei laufenden Ziegen, verrät uns der Betreiber, haben eher dekorativen Charakter und üben den Magnetismus eines Streichelzoos auf Familien aus. Die Ziegenmilch kommt aber aus regionalen Betrieben.

Ferngesteuerter Absperrhahn der Gastrasse

Einer der Hauptgründe, warum ich Thüringen hier kurz verlassen habe, ist der legendäre *Dorfladen Grünes Tal eG* in Langenhessen. Ein Dorfkonsum in Form einer Genossenschaft mit vorwiegend regionalen Produkten. Hier sehe ich zum ersten Mal das Sortiment der *Waldheimer Gewürze* von der Zschopau. Die Kartoffeln kommen von *Fiweika* aus Meerane, sächsischer Wein, Molkereiprodukte von der Marienhöher Hofmolkerei *Vogtlandliebe*. Die Fleischerei *Heyer* und Bäcker *Kindel* liefern aus Werdau. Der Dorfladen ist ein Selbsthilfemodell in einer eher strukturschwachen Region. Vorwiegend zur Versorgung der weniger mobilen Senioren. Einen kreisrunden

Dorfladen Langenhessen

Kobeland-Ring nehme ich mir für den Weg mit. Ich weiß noch nicht, dass diese Salami und ein Holzofenbrot heute erst am Abend in Berga an der Elster ihren großen Auftritt haben werden. In der Region. Aus der Region. Für die Region.

Wanderer, kommst du je nach Langenbernsdorf, vergiss das *Bernsdorf*. Die eigentliche Botschaft dieser Ortsbezeichnung ist das *Lange*. Zu DDR-Zeiten schmückte den Ort der Titel *Längstes Dorf* und es scheint seither auch nicht wesentlich kürzer geworden zu sein. Man erwartet einfach nicht, zehn Kilometer durch ein Dörfchen bergauf zu laufen. Als Erstes macht Winfrieds Esel schlapp. Nein, er ist überhaupt nicht bockig im klassischen Sinne. Er läuft und läuft ganz brav, ohne Widerrede. Aber seine Geschwindigkeit nimmt mit jedem Kilometer gefühlt um einen halben Stundenkilometer ab. Nein, so drastisch habe ich mir das mit der Entschleunigung beim Fußmarsch nicht vorgestellt. Wenn wir in diesem Tempo weiterlaufen, kommen wir übermorgen an der Station für heute Abend an. Also quartiert sich Winfried mit seinem Esel in einem Pferdehof am Wegesrand ein und ich schiebe ab, weiter und weiter bergauf.

Am Ende dieses endlosen Dorfes erwartet mich wieder die Grenze nach Thüringen. Ein Blick von einer Brücke auf die stillgelegte Gleisanlage belegt, dass man auch hier wie schon im Eichsfeld ein eher (von Jungbäumen) durchwachsenes Verhältnis zur Eisenbahn hat, die ihrzeit ja entlegene Regionen mal mit den Segnungen der Industrialisierung versorgt hat. Auf der Hochebene, die ich nun erreiche, begegnen mir die Firmenschilder der kleinen Handwerksbetriebe, die ich häufig auf meinen Baustellen sehe. Wer hier von der eigenen Scheune aus agiert, hat geringe Nebenkosten und bekommt bei einer Ausschreibung von kleinen bis mittleren Bauvorhaben gern mal den Zuschlag.

Der Akku meines Laptops ist leer. Ich müsste einige Anrufe machen, komme aber an die dort gespeicherten Telefonnummern nicht mehr ran. Ich kann noch nicht einmal nachsehen, wie das Motto des Fußmarsches lautet. Irgendwas mit: *Was machen wir eigentlich, wenn Selbstverständlichkeiten …*

Mit gemischten Gefühlen pirsche ich dann in Richtung Berga mehrere Kilometer an den Abraumhalden und Sickerbecken des Ronneburger Uranabbaus entlang. Hier wird mit allerlei öffentlicher Unterstützung kräftig renaturiert. Trotz aller Bemühung um wiedergewonnene Natürlichkeit: Abgesperrt bleibt diese Zone trotzdem. Ein bisschen schmeckt mir das alles hier doch nach Andrej Tarkowskis *Stalker*, meinem Lieblingsfilm.

In dieser Umgebung fällt mir unweigerlich Michael Beleites ein, der vor der Wende hier mit seinem Buch *Pechblende* den Finger in die Wunde des Uranbergbaus der Wismut legte. Jetzt macht er sich ganz ähnliche Gedanken wie der

Absperrung des Wismut-Geländes

Hörende Fußmarsch. Allerdings ein bisschen deutlicher. In seinem Text *Wir haben gelernt* beschreibt er so drastisch wie poetisch, welchen Umbau wir im Falle einer Ressourcenverknappung zu bewältigen haben und welche Lehren wir im Jahr 2030 möglicherweise daraus gezogen haben werden. Solche Prognosen haben in der Regel einen hohen spekulativen Anteil, aber dieser hier lohnt es, gelesen zu werden.[31]

Nach dieser etwas gespenstischen Wegstrecke tauche ich schließlich mit dem Ohrenwagen hinunter ins Elstertal nach Berga. Dorthin hat die Künstlerin Andrea Wolf den *Hörenden Fußmarsch* eingeladen. Ihr Atelier ist eine ehemalige Gärtnerei. Im Glashaus, das eine hübsche lichtdurchflutete Galerie abgibt, hängen, stehen, schweben unzählige kleine bunte Vögel und andere fein gearbeitete Figuren. Die Luft prickelt von lauter bunten Punkten. Der Fußboden ist mit Hobelspänen bestreut wie eine Reithalle. Andrea entpuppt sich als ziemlich verrücktes Huhn – ich darf das sagen –, so verschreckt wie gestaltungsfreudig. So missionarisch wie neugierig. So nervös wie hellsichtig. Eine dünnhäutige Seismogräfin.

Nach einer Weile sitzen wir mit ein paar Leuten aus den umgebenden Ortschaften um ein Feuer im Garten. Bildende Künstler, Lebenskünstler, eine Landwirtin. Die Phase des Gesprächsabends, an dem ich mit den Teilnehmern immer gemeinsam eine Frottage von dem Kuchenbrett mit den Symbolen Fahrradhelm und Resilienzbirne mache, verläuft in der Regel recht gesittet. Die gemeinsam erstellten Kunstwerke der verschiedenen Abende sehen einander alles in allem recht ähnlich, nicht zuletzt wegen der vorgegebenen Symbole, die von der Holzplatte durchschraffiert werden. Nicht so bei Andrea und ihren Freunden. Hier öffnen sich alle Schleusen der Kreativität zu einer kurzen und heftigen Farborgie. Eine Assoziation jagt die andere – wohin auch immer. Sex, ruft Andrea und vermerkt es sofort auf dem gemeinsamen Gemälde. Ja, Sex sei auch resilient. Sehr sogar. Er stehe immer und immer wieder auf.

---

31 Michael Beleites: Wir haben gelernt. Tagung der Sächsischen Landeszentrale für politische Bildung Dresden, am 25. Januar 2013 „Sachsen 2030 – Quo vadis? Wir machen uns Sorgen."

Schräge Vögel im Atelier Wolf

Noch bevor ich da – als alternder Aktionskünstler in den sogenannten besten Jahren – ein paar vorsichtig relativierende Worte einwerfen kann, ist die thematische Treibjagd schon bei der Weltpolitik, dem Leben und dem Kapitalismus als solchem. Übrig bleibt ein beeindruckend farbenfrohes Blatt, dem man das Thema des Fußmarsches eigentlich nur noch von der Rückseite her ansieht. Eins zu null für Andrea. Das war furios.

Auf der Suche nach einer Stärkung stellt sich heraus, dass sich im Haus nur noch Wein befindet. Das ist die Stunde der Koberländer Ringsalami und des Holzofenbrotes aus meinem Gepäck. Es wird und bleibt ein schöner Abend. Ist schon mal jemand in der nächtlichen Dunkelheit eines Glashauses voller gespenstischer Flugobjekte eingeschlafen und am hellen Morgen in einer Voliere bunter Sperrholzvögel aufgewacht?

Krebsmühle – 21. April

Im hellen Glashaus weist mich ein Plakat auf die dem Sozialismus angemessene Art der Freizeitgestaltung hin. Besonderen Wert wird auf die körperliche Reproduktion gelegt. *Eine aktive Tätigkeit, die der vorausgegangenen entgegengesetzt ist, führt zu einer schnelleren und besseren Reproduktion.* Dann steht der Erfüllung des nächsten Fünfjahresplanes in Sachen Fortpflanzung eigentlich nichts mehr im Wege. Vermutlich ist hier Rekreation gemeint, oder?

An diesem Sonntagmorgen erfüllen sich gleich zwei Wünsche. Erst bekomme ich zufällig raus, dass es hier ein kleines Gemeindehaus *Zum guten Hirten* gibt, in dem ich die Frühmesse besuchen kann. Dann finde ich zum Glück eine Bäckerei, deren Verkäuferin den Sonntag nicht heiligen darf. Hier bekomme ich einen Kakao, ein paar Brötchen und ein langes Gespräch mit einem anderen Stehgast. Er hat früher als Heizer gearbeitet, und muss jetzt – mit 69 – noch arbeiten gehen, da seine Rente hinten und vorn nicht reicht. Kein Gewinner unserer Gesellschaft. Hart ist er geworden, aber nicht bitter.

Hier wird zu schnellerer Reproduktion eingeladen

Warum fällt mir ausgerechnet jetzt mein Großvater ein? Der meinte: *Die eigentlich weiterführenden Ideen entstehen auf dem Land, nicht in der Stadt.*

Während ich hier durch Thüringen vagabundiere, macht meine Frau zu Hause Nägel mit Köpfen, wie ich erfahre: In der Nähe unseres Dorfes entsteht gerade eine Erzeuger-Verbraucher-Gemeinschaft. Eine Familie baut einen kleinen landwirtschaftlichen Betrieb auf. Andere Teilnehmer der Gemeinschaft zahlen ihnen regelmäßig einen monatlichen Beitrag und bekommen dann einen entsprechenden Prozentsatz der Ernte geliefert. Im Sommer viel Frisches, im Winter auch Eingemachtes.

Romantik im Wandel: Boppernder Traktor ersetzt röhrenden Hirsch

Das klingt bei Weitem nicht so effizient wie die Agroindustrie, wirkt aber recht robust und bodennah.[32] Es bedeutet, dass zum Beispiel vierzig Familien dem Gärtner monatlich einen festen Betrag zahlen und dann jede Woche ein Vierzigstel der Ernte bekommen. Ist die Ernte gut, haben alle Glück, ist sie etwas schlechter, tragen alle gemeinsam das Risiko. Den monatlich zu leistenden Beitrag benennt jeder individuell einmal im Jahr in einer ersten Bieterrunde anonym. Wenn der Gärtner dann meint, dass er mit der gebotenen Gesamtsumme leben kann, ist es gut. Wenn nicht, dann gibt es eine weitere anonyme Bieterrunde, bis sich Angebot und Bedarf decken. Dabei kann es durchaus sein, dass der eine fünfzig Euro im Monat beisteuern kann und der andere hundert. Als Bieter erfährt man zwar die durchschnittlich gebotene Summe, aber nicht die Gebote der einzelnen Teilnehmer. So kann man in den weiteren Bieterrunden einschätzen, wo man mit seinem Gebot liegt.

Initiativen, bei denen alle Teilnehmer ihr Gemüse zum Discountpreis bekommen wollen, gehen in der Regel von selber ein. Es geht

---

32 www.solidarische-landwirtschaft.org

also nicht darum, Gemüse zu kaufen, sondern darum, den Gärtner am Leben zu halten. Wenn die Kinder des Gärtners bei einer Klassenfahrt aus finanziellen Gründen nicht mitfahren können, wird man bei der nächsten Jahresversammlung vermutlich etwas mehr bieten. Kauft er sich wenige Tage nach der Jahresversammlung einen Porsche Cayenne, kann man sich bei der nächsten Bieterrunde etwas zurückhalten.

Hier im Elstertal erfahre ich, dass die Existenzbedingungen für kleine bäuerliche Betriebe recht gut sind, da sich die großen Agrargenossenschaften nicht für die kleinen und zum Teil unebenen Flächen interessieren.

In diesem Tal wohnen weder Luxus noch Zukunftsangst

Jetzt wird es steil. Nach den letzten Bachläufen, die die Elster speisen, erwartet mich der Anstieg nach Obergeißendorf, von dem ich später erfahre, dass er immerhin schon als Strecke für die Bergwertung der Thüringer Radrennsportlerinnen diente. Langsam kommen Zweifel auf: Warum tu ich mir das an, ohne dass mich jemand drum gebeten oder gar dazu gezwungen hat? Eine Kiste, die mit zwei bescheuerten Ohren gut über 120 Kilo wiegt, hier den Berg hochzuwuchten?? Brauche ich Schlagzeilen? Muss ich mich meiner selbst über Artikelchen in lokalen Anzeigenblättchen vergewissern? Ist diese Aktion hier DaDa oder gaga? Was verspreche ich mir von der körperlichen Anstrengung, die ich mit der Frage nach den Rettungsbooten an unserem Luxusdampfer verbinde? Beim Kreisen um das Wort *bescheuert* fällt mir die Reibung ein, mit der statische Elektrizität erzeugt wird. Das kommt meinem Anliegen schon näher: ein Thema gesellschaftlich aufladen, es durch Reibung mit einer gewissen Spannung zu elektrisieren. Damit den Leuten angesichts unserer Verletzbarkeit die Haare zu Berge stehen? Nein, das nicht. Eher nachdenklich, wie *Sting: How fragile we are.* Wie zerbrechlich wir doch sind.

Hier – etwa dreihundert Meter vor dem Ende des Anstiegs – sollte ich jetzt mal nach etwas Wasser für die Trinkflasche fragen. Was ist das für ein Schild: *Keramikatelier*?! Als Ludwig Laser mich an diesem Steilhang mit dem Ohrenwagen sieht, schafft er es vor Lachen kaum noch, seine Frau aus dem Haus zu holen. Zusammen stehen sie vor ihrem Tor und lachen und lachen und lachen, wie keiner sonst vorher und nachher auf dem Fußmarsch. Was auch immer der Sisyphus da am steilen Hang in ihnen für Assoziationen auslöst: Die Vergeblichkeit menschlichen Mühens, die Freude am Zweckfrei-Skurrilen? Komm rein, komm rein, was willst du denn mit Wasser? Komm, wir trinken einen Wein und kochen dir einen Kaffee. Hast du Hunger, machen wir dir einen hübschen kleinen Imbiss. Keine Widerrede. Und während Ludwigs Frau am Tisch auf dem Hof ein Essen vorbereitet, zeigt er mir in der von außen eher unscheinbaren Scheune eine Ausstellung seiner Keramiken, die mir dann doch die Augen übergehen lassen. Das sind Formen, Glasuren, Strukturen und Farben, wie ich sie noch gar nicht gesehen habe. Besonders die Glasuren beherrscht Ludwig, wie kaum einer sonst. Drei kobaltblaue sehr große Teller, die einen Blick ins Universum freigeben. Ikonen. Ich bin versucht, einen davon als Beifracht mit durch Thüringen zu schieben. Seine Biografie beschreibt Ludwig kurz und lakonisch: *1960 in Plauen geboren. Ärger mit der Obrigkeit, Hilfsarbeiter. Töpferlehre in Crinitz und Berlin. 1988 Meisterprüfung.*

Inzwischen hat seine Frau einen mediterranen Imbiss auf den Tisch im Hof gezaubert. Ein Picknick aus und bei heiterem Himmel. Und ich hatte gestern ganz kurz gezögert, ob ich meinen gesamten Wochenendvorrat an Wurst und Brot wirklich den Künstlern am Lagerfeuer zum Fraß vorwerfen sollte. Die Lebensmittelläden sind

Töpfermeister Ludwig Laser

in dieser Gegend nämlich dünn gesät. Meine kurze Sorge um die Nahrung wurde jedoch geflutet von einer unbestimmten Zuversicht, dass sich auch am Sonntag bestimmt etwas Essbares finden wird. Und da kannte ich Lasers noch nicht.

Jetzt habe ich die Zeit vergessen. Um zwei bin ich an der Krebsmühle bei Wolfram Schiller mit einem katholischen Familienkreis aus Jena verabredet, der den Fußmarsch ein Stück begleiten will. Das ist zu Fuß nicht mehr zu schaffen. Also tritt Plan B in Kraft, das Falträdchen wird vorgespannt und nach den letzten Metern Steigung beginnt eine flotte Schussfahrt, bei der ich dankbar bin, dass ich den Ohrenwagen separat bremsen kann. Er neigt sonst zum Überholen.

Wolfram von der *Krebsmühle* bei Neumühle/Elster kenne ich nur als Gerücht und von ein, zwei Telefonaten. Man kann ihn wohl ohne zu übertreiben zur *Avantgarde des Unbürgerlichen* in Thüringen zählen. Als ich etwas verspätet bei der Krebsmühle ankomme, sitzt er schon mit den Jenaer Katholiken in großem Kreis an seinem Fischteich und schildert – im Habitus eines uneitlen Gurus – Details seines ziemlich alternativen Lebens. Er versorgt sich weitgehend selbst, betreibt eine kleine Landwirtschaft, einen Fischteich, hat sich von dem Wasser- und Abwassernetz und dem System der öffentlichen Müllabfuhr verabschiedet. Trinkt sein Wasser aus einer Quelle, bringt seine und der Tiere Fäkalien aufs Feld. Lebt sehr, sehr einfach. Nicht einmal im Internet ist sein Leben ordnungsgemäß dokumentiert. Das grenzt an soziale Selbstauflösung. Keine Ahnung, ob er in irgendeiner der unzähligen Versicherungen ist, die unser Leben vor Unvorhergesehenem bewahren sollen. Dieses

Maß an Unsicherheit und innerer Freiheit scheint für den Jenaer Familienkreis schwere Kost zu sein. Provozierend, ohne großes Getöse. Da stehen allerlei Selbstverständlichkeiten des normalen Lebens infrage.

Jenaer Familienkreis an der Krebsmühle

Dann brechen wir gemeinsam mit den Kindern des Familienkreises auf in Richtung Südosten durch das große Waldgebiet nördlich von Greiz. Alle wollen den Ohrenwagen mal schieben oder mit dem Pferdegeschirr bergauf ziehen. Das kann mir nur recht sein. Nachdenkliche Gespräche. Markanter Mittelpunkt dieses Waldes ist das Waldhaus, eine kleine Ansiedlung von Häusern, ein Tiergehege, eine Gaststätte mit Biergarten.

Das passt allen in den Kram. Die Kinder der Familien aber sind müde und wollen heim. So ziehe ich von hier wieder allein weiter, um am Abend etwas verspätet zur Gesprächsrunde einzutreffen, zu der Lisa und Matthias Hohmuth eingeladen haben. Die Landrätin des Landkreises Greiz lässt sich aus terminlichen Gründen entschuldigen. Hohmuths sind eine fromme Familie, sie ist selbstständige Landschaftsgärtnerin, er selbstständiger Landwirt. Im ehemaligen alten Kuhstall betreiben sie gelegentlich ein informelles kleines Kulturzentrum. Heute geht es unter anderem um das Spannungsfeld zwischen konventioneller und biologischer Landwirtschaft und das weite Spektrum an Mischformen dazwischen. Der Opa, mit dem Matthias seinen Ackerbaubetrieb führt, wiegt nachdenklich den Kopf: *Wir müssen in Schritten zurückgehen, um unsere Fallhöhe zu verringern. Nicht ruckartig. Bio –* sagt er *– geht nicht.* Was soll jetzt der Hinweis, dass es funktionierende Bio-Betriebe gibt? Seine Erfahrung ist anders. Mir scheint, wir versuchen dem Boden in der Landwirtschaft nicht nur unseren Lebensunterhalt abzugewinnen, sondern auch noch den Erst- und Zweitwagen, einen Kapitaldienst und eine jährliche Fernreise. Kann es sein, dass der Boden da stöhnt?

Fröhlicher Landmann auf seiner Scholle

Lisa schreibt später dazu: *Der Hörende Fußmarsch wirft ja nicht nur die gestellten Fragen auf, sondern auch die nach der Freiheit und dem Mut, sich Zeit für die eigenen Fragen zu nehmen, ihnen nachzugehen, die (vermeintlichen) Zwänge den ganz persönlichen Wünschen zumindest zeitweilig nachzuordnen.*

Glücklicher Eierlikör – 22. April

Mit Macht zieht mich am Morgen nach dem Frühstück meine Karre zu Tal nach Greiz. Zunächst freut mich das, bis ich merke, dass es aus der Greizer Senke zumindest in meine Richtung – kein Entkommen gibt, wenn man sich diese Höhenmeter nicht wieder mühsam zurückerobert. Am Ortseingang macht mich ein Schild auf die traditionelle *Blaudruckerei Schwinkowski* neugierig. So stoße ich auf einen Laden, der neben allerlei Mittelalterzubehör auch selbst

Blaudruckerei in Greiz

hergestellte Blaudruckstoffe anbietet. Eine traditionelle Drucktechnik. Eigentlich in Zeiten der Textilfabriken und der asiatischen *Sweatshops* ein Fall fürs Heimatmuseum – möchte man meinen. Aber es gibt Kundschaft und in Mühlhausen arbeitet offenbar der letzte deutsche Formstechermeister, sozusagen der Werkzeugmacher für den Blaudruck. Der ist mir entgangen, als ich dort durchkam.

Vorhin kam ich wie schon gelegentlich in den letzten Wochen an der *Dialogannahme* eines Autohauses vorbei. Welcher Dialog wird hier angenommen? Das Wort hat für einen Hörenden etwas Anheimelndes. Man möchte seine Ohren gleich mal zur Durchsicht reinfahren. Einmal Spülen, Frottieren und Wachsen bitte.

Gesprächsbereites Autohaus

Greiz begegnet mir unauffällig. Der Anstieg nach Kurtschau aber ist eine Viecherei mit dem Wagen. Fünfzig Schritte und Pause und fünfzig Schritte und Pause und so weiter, es nimmt und nimmt kein Ende. Das wird nach den zwei Monaten der heftigste Anstieg der ganzen Tour gewesen sein. Wie wär's denn, bei diesen zwölf Prozent Steigung, die Bergwertung der Radsportler mal hier abzunehmen? Endlich oben im Ort, steht an der Schwengelpumpe *Kein Trinkwasser*. Ein Nachbar sagt mir, diese Aufschrift ist mehr so für's Amt. Sie selber trinken das Wasser. Ich auch und gern und viel davon.

In Naitschau stolpere ich in den Hofladen von Matthias Frantz. Er produziert und vermarktet mit seiner Familie glückliche Hühnereier, Suppenhühner, Honig, selbst gemachte Nudeln und Kartoffeln aus kontrolliertem und umweltgerechtem Anbau. Was auch immer das bedeuten mag. Er sagt, dass nur wenig und gezielt Dünger und andere Chemie eingesetzt werden. Ein Glas Honig kaufe ich als

Gastgeschenk und ein Fläschchen Eierlikör von ausgeglichenen Landhühnern aus eigener Produktion schenkt er mir noch dazu. Eigentlich habe ich vor, dieses Fläschchen meiner Frau mitzubringen. Es wird jedoch die nächsten Tage nicht überstehen. Zu viel Gepäck im Wagen und zu lecker.

Im Hof des großen verlassenen Forsthauses von Neuärgerniß lässt mich die Frage nicht los, was hier während des Dritten Reiches geschah. Es wirkt etwas duster und der Innenhof schirmt gegen Blicke ab. Gibt es eine Ausstrahlung des Ortes oder ist diese Vorstellung ein reines Fantasieprodukt?

Etwas verspätet laufe ich in Zeulenroda ein. An einem Glascontainer spricht mich Thoralf Schulze an und befragt mich nach dem Sinn des Ohrenwagens und des Marsches. Er ist Vorstand des hiesigen Ortsverbandes des VdK und ich nehme zunächst an, es hier mit dem Verband der Kriegsgräberfürsorge zu tun zu haben. Dafür scheint er mir etwas zu jung. Später lerne ich, dass das VdK ursprünglich für *Verband der Kriegsbeschädigten, Kriegshinterbliebenen und Sozialrentner Deutschlands e.V.* stand. In Ermangelung eines nennenswerten Krieges hat sich dieser Verein inzwischen zu einem veritablen Sozialverband ausgewachsen, der

Wasser für alle – auch bei Stromausfall

Geht eigentlich noch was ohne Zuschüsse aus Brüssel?

133

das VdK aus traditionellen Gründen noch im Namen mitschleppt. Heute bietet er, neben vielem anderen, Tipps zur Selbstverteidigung für Senioren an.

Am Marktplatz warten schon der Pastor Michael Behr, Bettina Ulrich, seine Mitarbeiterin, und eine Frau von der Presse am *Karpfenpfeifer-Brunnen*. Karpfenpfeifer ist der Spitzname der Zeulenrodaer. Ein kleiner Strauß von Legenden rankt sich bereits seit dem Mittelalter um diesen Namen. Auf alle Fälle waren die Zeulenrodaer seit jeher stolz auf ihre guten Karpfen und zeigten den Greizer Fürsten von ihrer Hochebene aus gern mal selbstbewusst die kalte Schulter. Ein bisschen pfeifen sie offenbar auch heute noch auf die Greizer Herrschaft im Landratsamt.

Bei der abendlichen Gesprächsrunde, zu der auch der Bürgermeister in die Kirche kommt, fühlt mir Thoralf Schulz etwas fester auf den Zahn: Was denn im Letzten mein Anliegen bei dem *Hörenden Fußmarsch* sei, was ich damit erreichen will? Also da gibt es schon eine Berührung zu seinem VdK. Ich glaube nicht, dass man den Krieg per Dekret abschaffen kann. Aber ich sehe es als ständige Herausforderung der Menschheit an, die Wachstumsbedingungen für militärische Konflikte zu verschlechtern, sie, wo immer möglich, auszutrocknen. Deshalb kann man, wenn sich internationale Spannungen abzeichnen, ins Feindesland ziehen und unter Feinden Kollege sein. Man versucht, die eigene Abhängigkeit von Rohstoffen zu verringern, deren Verknappung zu Spannungen führen kann. Man kann dem aus Unkenntnis gespeisten Entstehen von Feindbildern entgegenwirken, indem man dafür sorgt, dass Feinde einander persönlich kennenlernen. Und man kann sich für die regionale Fähigkeit zur Selbstversorgung einsetzen, um zu vermeiden, dass wir unsere Existenz nur durch weltweite Beutezüge sichern können. Damit wir nicht unsere jungen Männer in Uniform losschicken müssen, um in aller Welt unsere lebensnotwendigen Ressourcen zusammenzuklauben. Von mir aus: *Verband der Kriegsgräbervermeidung*.

Anschließend sehr netter Empfang und Abendessen mit dem

Pastor und seiner Frau. Sie hat meine Wäsche gewaschen, was bitter nötig war. Und gleich noch maschinell getrocknet.

Boxenstopp – 23. April

Beim Aufbruch liegt am Morgen ein feiner würziger Holzfeuerduft über dem Ort. Zum ersten Mal wird mir mulmig beim Gedanken, dass alle Städte Thüringens – so vorbildlich wie ich – mit einheimischem Brennholz heizen. Arme Wälder. Das kann bestenfalls funktionieren, wenn wir pro Haus nur einen Raum heizen und wenn der Anspruch auf beheizte Wohnfläche pro Person nicht stetig weiter ansteigt.[33]

Der chronische Gegenwind vertreibt heute die letzten Reste meiner magischen Hoffnung, der *Hörende Fußmarsch* habe immer Rückenwind. Kein Wunder, im Vergleich zu den ersten drei Wochen führt mich mein Weg jetzt vorwiegend nach Westen und von dort kommt der Wind statistisch gesehen häufig. Immer wieder begegnen mir Erdkeller, die in Sachen Stromverbrauch auch die modernsten Kühlschränke alt aussehen lassen.

A+++++ Kühlschrank mit höchster Energieeffizienz und extra Resilienzfach

Rund um die Talsperre Zeulenroda verlaufen die Wege des ersten *Nordic Walking Zentrums*

---

33 Allein zwischen 1998 und 2013 ist die Pro-Kopf-Wohnfläche in Deutschland von 39 auf 45 m² angestiegen. (Bundesinstitut für Bevölkerungsforschung).

des Deutschen Skiverbandes in den Neuen Bundesländern. Und tatsächlich stochert mir auch schon ein Ehepaar in den besten Jahren mit ihren Lanzen entgegen. *Nordic Walking?* Da muss ich leider passen. In Sachen Trend-Sport kann ich nur *Thuringian Ear-Pushing* anbieten.

Ein Straßenschild verbietet die Durchfahrt von Tanklastern mit giftigen Flüssigkeiten nahe der Talsperre. Der Mensch hantiert mit Flüssigkeiten, die er lieber nicht trinken will. Die Talsperre Zeulenroda diente bislang der Fernwasserversorgung. Jetzt nicht mehr. Warum? Später ruft mich ein leitender Angestellter der Thüringer Fernwasserversorgung zurück und erklärt, dass die Talsperre Zeulenroda als Trinkwasserspeicher aufgegeben wurde und das Wasser jetzt ersatzweise aus der Talsperre Leibis/Lichte im Thüringer Wald komme, die noch Lieferkapazitäten frei habe. Das Wasser von dort sei einfach besser, weicher und weniger belastet. Durch den Dünger- und Pestizideinsatz der Landwirtschaft? Ja. Der Reinigungsaufwand für das Wasser aus Zeulenroda sei zu hoch. Da liefere man lieber das gute weichere Wasser aus dem Thüringer Wald.

Klingt gut zunächst. Aber gibt man damit nicht die Option auf eine regionale und lokale Wasserversorgung für den Bedarfsfall auf Jahrzehnte hin auf? Einen Ausfall der Fernwasserversorgung hält er für völlig unwahrscheinlich. Ob er es nun gut findet oder nicht, mir scheint, aus seiner Sicht kann gar nicht genug Chemie auf die Äcker ausgebracht werden. Es hilft lokalen Wasserversorgern, sich früher oder später für Fernwasser zu entscheiden. Eine Million Thüringer versorgt er schon mit Fernwasser. Die anderen 1,2 Millionen interessieren ihn natürlich als weitere Kunden. Als ich die Eichsfelder erwähne, die sich gegen Fernwasser und für eine regionale Versorgung entschieden haben, wirkt er etwas gereizt. Na, dafür müssten sie ja nun auch ihr eigenes bretthartes Wasser trinken. Eine Stadt wie Jena mische etwa ein Drittel Fernwasser ihrem eigenen lokalen Wasser bei. Das Fernwasser sei nur teurer, wenn man sich den Luxus leiste, gleichzeitig die eigenen Wasserquellen betriebsbereit zu halten. Wer sein lokales Wasser aufgibt, wird treuer Fernwasserkunde. Ein nachvollziehbares Geschäftsmodell. Hormone, wie zum Beispiel das Östrogen aus der Pille, sagt er, seien nur schwer völlig aus dem Wasser zu filtern. Sie spielten jedoch bei dem Thüringer Trinkwasser kaum eine Rolle. Eher in Siedlungsräumen an großen Flüssen, wie dem Rhein, bei denen das Flusswasser im Laufe der Fließstrecke mehrmals zu Trinkwasser aufbereitet werde.

Was hier gepostet wird, kommt an, auch wenn der Handyakku leer ist

Hier in Pahren setzt man auf lokale Kommunikation über das *Angerbrett*. Auch diese Technik ist unschlagbar in ihrem niedrigen Energie- und Ressourcenverbrauch. Und sie kann zur Folge haben, dass man vor dem Angerbrett ganz analog ins Gespräch kommt. Der Gemeindearbeiter spendiert mir, auf meine Bitte um etwas Leitungswasser, eine große Wasserflasche aus den Vogesen. Zu Stärkung dienen uns die ersten von 18 Müsliriegeln. Wer hat mir die denn schon wieder zugesteckt? Ein Opa füttert gemeinsam mit seinem Enkel die Karpfen im Fischteich.

Auf ihre alten Tage beschützt die Schädeldecke eines Trabbi noch ein paar Schafe

In Tegau komme ich endlich dazu, Thomas und Gudrun Kretsch-
mer zu besuchen. Sie sind etwas außerhalb des Ortes in der Mühle
weitgehende Selbstversorger. Sie Landwirtin, er Holzbildhauer. Er
saß zu DDR-Zeiten vier Jahre im Gefängnis, weil er in der Bausol-
datenkaserne abends unbotmäßige Gesprächsrunden veranstaltete.
Sie saß derweil mit vier kleinen Kindern daheim. Das ist – scheint
mir – innere Freiheit für Fortgeschrittene. Im Moment schnitzt er
gerade an einer beinahe lebensgroßen Skulptur. *Schweigen und Hören.*
Für ihn eine Ergänzung zum *Fries der Lauschenden* von Barlach. Etwas hätte dem *Hörenden Fußmarsch* gefehlt ohne diese Skulptur der
Aufmerksamkeit und Wachheit. Das Mittagessen bei ihnen erinnert
mich daran, was Essen sein kann: eigene Kartoffeln, eigenes Gemüse, eigenes Rindfleisch. Bei aller Einfachheit eine Geschmacksfülle,
wie ich sie selten erlebe.

In Lohma schließlich grüßt mich die Güldequelle als *fröhlichen
Wanderer.* Stolz verweist die Tafel von 1902 auf einen täglichen Was-

Starker Born

serausstoß von 600.000 Litern an einem Tag. Eine Gemeinde, die über einen solchen Schatz verfügte, konnte sich glücklich schätzen. Auch in sehr trockenen Jahren führt die Güldequelle Wasser. Eine ältere Frau schlurft herbei. Ob sie denn das Güldewasser hier auch trinken, frage ich. Nein, man habe jetzt doch das Fernwasser. Sie wisse nicht, ob man das eigentlich noch trinken kann. Auch hier sehe ich einen jungen Mann mit einer Schubkarre, darin abgepackte 2-Liter-Flaschen Wasser von anderswo. Später erfahre ich, dass der Nitratgehalt des Güldewassers in den letzten hundert Jahren von vierzig auf hundert Milligramm pro Kubikmeter angestiegen ist. Der Grenzwert für eine dauerhafte Nutzung als Trinkwasser liegt bei fünfzig Milligramm.

Vor ein paar Tagen quoll seitlich aus dem hinteren Reifen meines Faltrades ein Stück des Schlauches. Das erste Problem: Die 16-Zoll-Reifen bekommt man nur in ganz ambitionierten Fahrradläden von der Stange. So hat mir unsere Tochter netterweise einen Ersatzmantel in das Pfarrhaus von Zeulenroda geschickt. Bisher hatte ich mir noch nicht die Zeit genommen, um die Reparatur selbst zu machen. Da kommt mir der Fahrradladen am Stadtrand von Schleiz gerade recht. Das zweite Problem: Der Termin mit dem Landrat ist in einer halben Stunde und hinlaufen muss ich auch noch. Kaum habe ich den Jungs im Fahrzeughaus *Korneli* meine missliche Lage erklärt, da liegt auch schon ein Hauch von Boxenstopp in der Luft. Die drei sehen den Ohrenwagen, gucken sich kurz an, nicken, schnappen sich das Faltrad und in wenigen Minuten ist mit geübten Griffen das Hinterrad demontiert und der Mantel gewechselt. Passt schon, Junge, klopfen sie mir auf die Schulter und wollen von Bezahlung nichts wissen. So viel Spontaneität und Hilfsbereitschaft fühlt sich gut an. Beflügelt ziehe ich weiter zum Landratsamt des Saale-Orla-Kreises. Der Chef persönlich wurde kurzfristig von der Landesmutter einbestellt, und ich werde ersatzweise von zwei Abteilungsleitern des Landratsamtes empfangen, bei denen ich mir nicht ganz sicher bin, ob sie sich auf unsere Gesprächsrunde nach Feierabend freuen. Katrin Gersdorf, eine sehr engagierte CDU-Kreistagsabgeordnete, stößt dazu, ein wohlwollender Reporter des *Oberlandblick* (Motto: *Regional ist ideal*) und Lutz Kinmeyer, den wir schon aus Gera kennen. Die Gesprächsrunde kommt in Gang und die beiden Abteilungsleiter finden sichtlich Geschmack am Thema Resilienz. Wissen Sie was, Herr Huhn, wenn's mal anders kommt, hier im Keller des Landratsamtes liegen massenweise Lebensmittelmarken, deren Bestand regelmäßig kontrolliert wird! Wie, staune ich, und die dazugehörigen Lebensmittel haben Sie auch gleich im Keller? Nein, die werden im Bedarfsfall im gesamten Kreis beschlagnahmt und per Karten rationiert. Ich bin beeindruckt. Hier scheint es ohne viel Aufsehen einen Plan B zu geben.

Mein Gastgeber ist heute Lutz Kinmeyer, der mich im ansonsten unbewohnten katholischen Pfarrhaus einquartiert. Apropos: Der persönliche Referent des Landrats ist mit dem Nachnamen *Herrgott* versehen. Sicher ein Schicksal, das einen schon in früher Kindheit gegen Frotzeleien abhärtet. Als er mich aber am 28. Februar anrief, um die Details des Treffens mit dem Landrat zu besprechen, fiel mir fast der Hörer aus der Hand, als er seinen Nachnamen nannte. Gerade hatte ich erfahren, dass am Vormittag Papst Benedikt zurückgetreten war.

Strampeln für Licht und Freiheit – 24. April

Am nächsten Morgen geht's unter der Autobahn durch, die sich aus der Ferne anhört wie die Schwebungen eines sehr, sehr weit entfernten Glockenläutens. Das fiel mir schon öfter auf. Merkwürdig, entweder mein Gehör hat einen kleinen Defekt oder es gibt tatsächlich eine – vermutlich unfreiwillige – Verwandtschaft zwischen diesen beiden Geräuschen. Das eine ist Einladung zu Besinnung und

Ruhe. Das andere ist Äußerung einer chronischen Fluchtbewegung. Auf der A 4 fährt man locker in zwei Stunden längs durch Thüringen. Ich hingegen laufe schon seit drei Wochen und bin noch lange nicht durch. Je länger ich laufe, desto größer wird mir Thüringen.

Wen würde es wundern, wenn in dieser Werkstatt die Instrumente für die Landmaschinenkonzerte bei den nahe gelegenen *Stelzenfestspielen bei*

Schnelle mechanische Hilfe

Reuth gestimmt werden. Diese Festspiele sind ein Juwel in der Krone Thüringer Kultur. Gerade noch so. Wenige hundert Meter weiter liegt schon der sächsische Ort Reuth, der diesem Auftauchen großer Kunst in kleinem Dorf mit dem Zusatz *bei Reuth* den Anschein von Wagnerschem Pathos verleiht.

In Naundorf verrät mir ein alter Mann, dass hier trotz des Fernwassers jeder noch seinen eigenen Brunnen hat und auch nutzt. Nicht aber für die Wäsche, schränkt eine Nachbarin ein, die nebenan in einem Meer von Narzissen steht. Das Wasser ist zu eisenhaltig. Die Wäsche wird braun. Der Hofladen im Dorf bietet in erster Linie Hausgeschlachtetes in allen Formen an und Limo und Bier. Ich nehme eine Luftgetrocknete.

Auf dem Höhenzug vor Plothen beschleicht mich ein klei-

Verrückter auf dem Hügel?

nes *Fool-on-the-hill*-Gefühl[34]. Was mache ich mit dem Ohrenwagen hier eigentlich? Ist das halbwegs gesund? Müsste ich direkt mal meine Frau anrufen. Die kennt sich als Nervenärztin da aus … Dann ist es aber auch schon wieder vorbei. Alles in Ordnung.

Das Plothener Teichgebiet ist seit dem Mittelalter ein traditionelles Fischzuchtrevier. Werden die Teiche abgelassen, zerklüftet sich das Oberflächenprofil des Teichbeckens bald zur Anmutung einer Dürrekatastrophe.

Hier kommen Andreas Blümel und Sibylle Reichel mit dazu. Er ist Ordnungsamtsleiter in Pößneck, sie ist Künstlerin und hat sich vorgenommen, ihre Eindrücke vom *Hörenden Fußmarsch* in einem abstrakten Bild festzuhalten.

Dürre im Fischteich bei Plothen

In der gut geführten und gut besuchten Kantine der Agrofarm Knau berichtet uns Steffen Kind über das energetische Konzept der Genossenschaft. Man hat ein eigenes kleines Blockheizkraftwerk errichtet und nutzt sowohl die Wärme als auch den erzeugten Strom. Ungewöhnlich, dass sich die Agrofarm gleich auch den Hut für das kulturelle Leben in der Region aufgesetzt hat. Sie haben ein Bauerntheater und laden zu einer bunten Palette von Konzerten, Vorträgen und Festessen ein. Hundert Bauernfamilien des Oberlandes sind in dieser Genossenschaft zusammengeschlossen. Sie betreiben nicht nur Feld- und Viehwirtschaft, sondern verarbeiten die Erzeugnisse auch in Bäckerei und Fleischerei und vermarkten sie weitgehend selbst in sechzehn Fachgeschäften und einem Verkaufsmobil. Ein starker Akteur in der Gegend.

---

34   Nach dem Lied Beatles frei übersetzt: Der Irre auf dem Hügel.

Hier fällt auch das Stichwort *Solarbier* aus der Schlossbrauerei Schwarzbach, ein Qualitätsstandard, bei dem darauf geachtet wird, den Brauprozess möglichst energieeffizient und emissionsarm zu führen. Saufen gegen den Klimawandel? Man sollte nichts unversucht lassen. Jeder kämpft auf seinem Platz.

Eine Journalistin fragt nach meiner Meinung: Die EU plane eine Verordnung, die die Verwendung von nicht zertifiziertem Saatgut auch im Privatgarten untersagen würde. Das heißt, auch die private Verwendung selbst gezogenen Saatgutes wäre damit vom Tisch. Ja, was soll ich dazu sagen. Ich bin kein Gartenfachmann. Aber es kostet mich ein erhebliches Maß an Selbstbeherrschung, hier nicht vorschnell an eine gelungene Lobbyarbeit von Konzernen zu denken, die offenbar gern die komplette Natur patentieren und zum Verkauf anbieten würden.

Bei Bodelwitz treffen wir Freunde von Andreas in einem Neusiedlerhof. Sie haben die oft knifflige Frage der Hofübergabe an die nächste Generation in Form einer *Vater Sohn GbR* gelöst.

Auf der Anhöhe vor Pößneck pausieren wir an einem Verteilerbauwerk des Fernwassernetzes. Hier verläuft eine der Arterien unserer Gesellschaft. Später trinken wir dann am Stadtrand aus einer freien Quelle sehr gutes Wasser. Andreas berichtet, dass alle Brunnen der Stadt verschlossen sind, da das eigene Wasser mit zwanzig Grad deutscher Härte schon ziemlich hart sei. Sie seien aber im Bedarfsfall reaktivierbar, falls das Fernwasser ausfällt. Das nenne ich einen Plan B für die Eigenständigkeit der Region. Nach solchen Maßnahmen suche ich auf dieser Wanderung.

Ungebremstes Wachstum steht menschlicher Muße im Wege

Aufgeständerter Fahrradhelm in Pößneck

Kurz vor Pößneck schließen sich noch zwei Kolleginnen von Andreas aus der Stadtverwaltung mit an. Das heutige Treffen findet im Jugendtreff *mittendrin* statt. Dessen Slogan *Kommen – Reden – Hören* klingt ziemlich maßgeschneidert.

Anregender Abend. Ein junger Mann berichtet von einem Freund, der in Brasilien gerade eine Strafe – wofür auch immer – im Gefängnis absitzt. Die Stromversorgung des Gefängnisses liegt in eigener Regie der Gefangenen. Sie strampeln auf Hometrainern, um die elektrische Energie für ihre Zellen zu erzeugen. Ansonsten wäre es dunkel. Da sie mit der erzeugten Energie auch die Dauer ihres Aufenthaltes verkürzen können, ist das Gedränge um die Plätze auf den Hometrainern groß. Dieses Gefängnis könnte vermutlich auch noch existieren, wenn es den dazugehörige Staat und dessen Infrastruktur nicht mehr gäbe ... Erfahrungsgemäß ist es schwierig, mit einer längeren Inhaftierung im Lebenslauf einen Job zu bekommen, aber hier sehe ich Chancen im Radrennsport. Ich jedenfalls möchte gegen diese energiegeladenen Muskelpakete nicht ins Rennen gehen.

Später am Abend sehr herzlicher Empfang bei Andreas' Frau Natalia zu Hause, die uns mit ukrainischer Gastfreundschaft flutet.

Kloßstampfer & Kräutergenossen – 25. April

Heute in Pößneck sind Sibylle und Loréne mit am Start. Später wird Axel mit einem witzigen kleinen *Mobiky*-Falträdchen zu uns stoßen. Andreas führt uns noch zu dem Architekten Martin Raffelt, der in der Krautgasse eine Baulücke zu einem ganz ungewöhnlichen Stadtgarten umgestaltet hat. Gleich gegenüber wurde der Altstadtplatz, auch eine Brache, zu einer Art Literaturarena umgebaut. Immerhin hat sich der *Graphische Großbetrieb Pößneck* inzwischen zu einer der größten Offsetdruckereien Europas gemausert. Hier liefen neben *Harry Potter* auch noch andere Bestseller vom Band. Und 2012 wurde den Leipziger und Frankfurter Buchmessen hier ein kleines vitales Schwesterchen geboren: die Mitteldeutsche Buchmesse.

Majestätisch grüßt die Kathedrale der Rosenbrauerei am Morgen die stocknüchternen Wanderer. Wir grüßen etwas beiläufig zurück. Heute ist, wie sich später herausstellen wird, Tag des Kräutertees.

In Krölpa stolpern wir über *Andreas Freund*, einen Spielzeugmacher aus der Sonneberger Schule. Gute Güte, wie schafft der es, gegen eine Konkurrenz aus Billiglohnländern zu bestehen? Aber es scheint zu laufen. Eigenes Holz, eigenes Haus, eigenes Sägegatter, keine Kredite, dann mag's gehen.

Ein paar Häuser weiter stoßen wir dankbar auf einen Getränkemarkt. Die Betreiber, ein älteres Ehepaar, berichten uns freimütig, wie sie

Thüringer Spielzeug

sich nach der Wende auf eigene Füße gestellt haben und wie sie mit Service und Kundenorientierung gegen die großen Getränkemärkte überleben.

Obwohl gerade keine Erntezeit ist, lässt in den Hallen der *Agrarprodukte Ludwigshof eG* in Rockendorf ein dichte schwere Wolke ätherischer Öle keinen Zweifel daran, was hier produziert wird. Die ehemalige LPG baut hier auf über siebenhundert Hektar Heilkräuter, Tees und Arzneipflanzen an. Die Belegschaft macht gerade Mittag und lädt uns an den Tisch in der Frühlingssonne. Stolz erklärt uns Birgit Dick, wie der Laden hier läuft. Sie bevorzugt einfache robuste Technik. Uns schwinden fast die Sinne bei diesem olfaktorischen Überangebot, das aus den Trocknungshallen quillt. Naheliegend, dass die warme Luft zum Trocknen der Kräuter aus einem Blockheizkraftwerk kommt, das aus Erdgas sowohl Strom als auch Wärme erzeugt. Bei diesen sogenannten BHKW ist die Wärme im Sommer häufig Abfall. Hier nicht. Bei dieser Produktionskapazität an Kräutern und Heilpflanzen überrascht mich, dass die Genossenschaft die gesamte Produktion über einen einzigen Großhändler im Fränkischen vermarktet. Warum nehmen die das nicht selbst in die Hand?

Gleich gegenüber entdecken wir die Becken der Fischzucht Rockendorf. Fische aller Art, wahlweise zum Ansehen oder Aufessen. Immerhin: Die müssen keine halbe Weltreise machen, um von ihren Fanggründen auf unseren Teller zu kommen.

Beim *Gasthof zur Grünen Linde* in Oberwellenborn ist die Frage nach den Stärken der Region Chefsache. Im prächtigen Ornat eines Kochs kommt Eckard Wagner auf die Terrasse, wo wir gerade ein Häppchen zu uns nehmen. Wäre der Kloß eine Gottheit (ich habe da eine Art Kartoffel-Buddha vor Augen), so wäre dieser Koch Thüringer Bischof, zumindest aber heißblütiger Missionar und die *Grüne Linde* eine Art *Kloßter*. Er berichtet, wie er vor den Augen seiner Gäste in nur zehn Minuten (!) echte Thüringer Klöße frisch zubereitet. Nicht zuletzt mithilfe seines selbst entwickelten Kloßstampfers aus Edelstahl. Selbst Schulklassen gibt er Nachhilfe in der Kloßkunst. Und streitet für Qualitätsstandards für *Hausgemachte Thüringer Klöße*. Hier hat Heimat einen Geschmack. Hier hat ein Mann seine Mission gefunden. Ganz beschwingt ziehen wir weiter von diesem Ort des kulinarischen Enthusiasmus.

Gasthof zur Grünen Linde – Oberwellenborn

In Röblitz bei Unterwellenborn versuchen wir vergeblich, Baldur Haase aufzutreiben. Anscheinend wohnt er schon länger nicht mehr dort. So Ende der Sechzigerjahre bekam er von einem Freund aus Bielefeld das Buch *1984* von *George Orwell* zugeschickt. Ein Roman, der dem Stalinismus – auch bei flüchtigem Hinsehen – mit beiden Füßen auf dem Schlips stand. Das hätten die Kollegen von der Beobachtung vielleicht noch durchgehen lassen. Dass er das Buch aber an einen Freund weitergab und sich mit ihm darüber unterhielt – was auch nicht unbeobachtet blieb –, überschritt die Humorgrenze der Organe und trug ihm den Vorwurf der *staatsgefährdenden Hetze* und des *Sammelns von Nachrichten* ein. Letzteres klingt ja gar nicht so unartig, aber insgesamt machte das dann doch in Summe drei Jahre und drei Monate Zuchthaus in Gera. Danach verstummte er bis zur Wende. Dabei versichert er – junger Druckerlehrling damals –, er hätte von diesem Buch sofort die Finger gelassen, wenn ihm sein Lehrmeister damals im Vertrauen gesagt hätte, dass solche Literatur gerade nicht so angesagt ist. Hier wurde aus ängstlicher Ideo-

Auf diversen Schleichwegen kommen wir nach Saalfeld

logietreue verspielt, was väterliche Fürsorge des Staates oder des Lehrmeisters hätte für den Sozialismus gewinnen können: das Wohlwollen der Bürger. Falls eine der Diktaturen der Zukunft mal vergessen haben sollte, wie man sich stumme Feinde schafft: So geht's.

Im vereinbarten Quartier, einem Gemeindehaus, ist niemand zu Hause. Dann aber finde ich Ingetraut ein paar Hundert Meter weiter im Garten ihrer Kinder, grillend. In stiller Gastfreiheit werden mir ein feines Rostbrätel und ein Bierchen zugeteilt. Später bittet mich der Pastor dann noch spontan zu einer kleinen Gesprächsrunde mit seiner Jungen Gemeinde. Ich schlafe in einem Zimmer mit Blick über das Saaletal.

Stadt Wald Fluss – 26. April

Der heutige Freitag ist als Ruhetag vorgesehen. Am späten Vormittag lädt die Stadtverwaltung jedoch in den Wald hinter den Feengrotten zum *Dialog*. Thema: Die Wechselbeziehung von Stadt und Wald. Neben dem sehr angenehmen und uneitlen Oberbürgermeister und dem Stadtförster nehmen noch etwa fünfzehn weitere Interessenten an diesem öffentlichen Wald- und Wiesengespräch teil. Wir sitzen in einem grünen Klassenzimmer, das zwar gegen den Regen schützt, aber durch sein völlig offenes Fachwerk den Blick in den umgebenden Wald freilässt.

Sibylle und ihr Partner Frank leiten den *Dialog* nach bestimmten Regeln. Nur der spricht, der sich einen Stein aus der Mitte des Kreises geholt hat. Wenn er fertig ist, legt er den Stein wieder zurück in die Mitte. Weniger eine Diskussion, als ein gemeinsam in die Mitte denken. Ich bin überrascht, *wie* intensiv ein so ereignisarmes, langsames und pausenreiches Gespräch sein kann. Dem schnellen belanglosen Einwurf steht die Mühe entgegen, sich den Stein erst holen zu müssen, bevor man spricht. Man prüft seinen Beitrag darauf, ob er wirklich nötig ist, ob er hier (noch) passt. Niemand muss um die rhetorische Lufthoheit kämpfen. Das Zuhören fällt leicht und die Worte der anderen haben Zeit nachzuhallen. Wir kommen gemeinsam voran. Eine der angenehmsten Gesprächsrunden auf dem Fußmarsch.

Stadt – Wald – Wasser. Saalfeld zumindest hat einiges an Stadtwald. Wofür braucht eine Stadt den Wald? Hier kommt die sächsische Forstwirtschaft zu Ehren, als Erfinderin der Nachhaltigkeit. Der Leiter der Staatsförsterei warnt, dass der Wald nicht nur dem Profit dienen darf. Dass er als Trinkwasserschutzzone, Sauerstoffquelle und in Maßen als Energie- und Baustoffquelle dient.

Die Wasserstelle als Kommunikationsquelle, als Informationsquelle im Dorf. Das scheint vor Zeiten zumindest eine weniger verletzbare (also resilientere) Quelle für Dorfklatsch und -tratsch gewesen zu sein als Twitter und SMS, die immerhin eine ausgeklügelte und störbare elektronische Infrastruktur voraussetzen. Die traditionsreiche *Gralsquelle* direkt neben den Feengrotten füllt ihre Limonaden zwar nicht mehr hier ab, zahlt jedoch weiterhin eine Prämie an die umliegenden Landwirte, damit sie im Einzugsbereich der Quelle nicht 'rumgifteln. Es hat seinen Reiz, dass man mit dem Verzicht auf Brunnenvergiftung Geld verdienen kann. Die Bestrebungen, die Wasserversorgung weltweit zu privatisieren, werden stirnrunzelnd angesprochen. Wasser sei ein Gemeingut. Zum Abschluss lädt die Stadt noch zu einem kräftigen Eintopf im Wald ein.

Eintopf im Stadtwald

Auf dem Rückweg nach Saalfeld werden Frank und ich mit dem Ohrenwagen von Anja aufgegabelt. Was seid denn ihr für Gesellen? Gerade kommt sie mit ihrer Tochter und einem Schwung Wasserkisten vom Auffüllen der Flaschen von einer Quelle im Stadtgebiet. Als Homöopathin wird sie wohl wissen, ob das Wasser taugt. Sie lädt uns zum Kaffee ein, Frank aber muss weiter. Ich sage nicht Nein und darf hier auch gleich meine Mails abrufen. Ein Glück, der Kaffee ist weder homöopathisch verdünnt noch verschüttelt, sondern hübsch kräftig. Sie berichtet, dass viele ihrer Patienten sich ausgebrannt fühlen, vielleicht auch, weil sie nicht tun, wozu es sie drängt, oder weil sie in einem Meer aus hausgemachten Verpflichtungen versinken. Ich mache ihr noch eine Kopie des satirischen, aber letztlich doch sehr warmherzigen Zeitungsartikels, den ich zufällig dabeihabe: *In zehn Schritten zu ihrem persönlichen Burn-out.*

In der Stadt sehe ich die Ankündigung eines Vortrags zur Gemeinschaft Sant' Egidio für den Abend. Das lasse ich mir nicht entgehen. Diese Gemeinschaft scheint mir einer der Orte zu sein, an denen sich Kirche als Dienerin der Menschheit zeigt.

Ingetraut, meine Gastgeberin, die ich wegen ihrer Spätschicht heute Abend nicht mehr treffe, hat mir – als Einstimmung auf den morgigen Tag? – noch ein Fläschchen Bier vors Zimmer gestellt.

Regentag des Bieres – 27. April

Der Landrat des Landkreises Saalfeld-Rudolstadt ist etwas enttäuscht, als er mich heute früh im Nieselregen allein mit dem Ohrenwagen vor dem Landratsamt antrifft. Er hätte sich ein paar mehr
Mitwanderer gewünscht. Dafür kann ich nicht garantieren, schon
gar nicht bei diesem Wetter zum Daheimbleiben. Unverdrossen
brechen wir auf und kommen in ein lebhaftes Gespräch. Als Fuhrunternehmer hat er bei den letzten Wahlen etwas überraschend
seine Vorgängerin im Amt abgelöst. Diese galt als strenge Genera-
lin im Landkreis. Schulhausmeister zuckten zusammen, wenn auf
einer meiner Baustellen in diesem Landkreis ihr Name fiel. Mich
hatte immerhin beeindruckt, dass sie die Bauingenieure im Landratsamt an ihr Diplom erinnerte und gelegentlich verlangte, dass sie
selbst eine Baumaßnahme projektieren sollten und Planungsleistun-
gen nicht nur über Ausschreibungen nach außen verlagern. Eine so
straffe Hand schafft vielleicht Ordnung und Effizienz im Haus, aber
nicht unbedingt nur Freunde und Wähler.

Ihrem Nachfolger wird vorgeworfen, dass er durch Weiterbetrieb
seines Fuhrunternehmens möglicherweise von seinem politischen
Amt geschäftlich profitiere. Er ist ein sympathischer Kerl mit sehr
viel Bodenhaftung und wer bin ich, dass ich für das notwendige
menschliche Format eines solchen Amtsträgers einen Maßstab setze?

Als Ortskundigem überlasse ich ihm gern die Führung der heutigen Etappe. Auch er hält – nebenbei – die Peak-Oil-Idee vom
baldigen Rückgang der weltweiten Ölförderung für ziemlich abwe-
gig und geht davon aus, dass sich die Erdölvorräte im Erdinneren
abiotisch regenerieren. Dass also, entgegen der herkömmlichen
Lehrmeinung, Erdöl und Erdgas nicht über Jahrmillionen aus ver-
sunkener, überlagerter und komprimierter Biomasse entstanden
sind –, wie wir es alle artig in der Schule gelernt haben – sondern

dass sich diese Substanzen in der Reaktorhitze der Erdkernnähe immer wieder neu bilden. Mit dieser Theorie steht er – nicht ganz, aber fast – allein als Teil einer sehr kleinen Minderheit in der Fachwelt da. Nun ist ja erfahrungsgemäß die geringe Anzahl von Anhängern einer Sichtweise alles andere als ein schlüssiger Beweis eines Irrtums. Auch ich habe mich schon gelegentlich gefragt, wie denn derart viel Biomasse in derart tiefen Schichten landet. Oder aber, woher denn das ganze Gestein kam, das sich darüber abgelagert hat. Zu vieles wurde schon gelehrt und wieder widerrufen, als dass wir uns der Unfehlbarkeit heutiger Erkenntnis allzu sicher sein können. Und in der Tat beobachtet man in manchen erschöpft geglaubten Ölfeldern einen leichten Wiederanstieg des Pegels. Jedoch scheint mir auch das kein schlüssiger Beweis für die abiotische Entstehungstheorie zu sein. Denn meines Wissens lagert das Öl dort unten nicht in quadratischen Edelstahltanks, die definitiv leer sind, wenn man sie ausgepumpt hat, sondern in Kavernen und auch mehr oder weniger porösen Gesteinsschichten, aus denen mit zeitlicher Verzögerung auch mal etwas in Richtung Bohrloch nachsickern kann. Selbst wenn sich Erdöl und Erdgas in einem uns nicht näher bekannten physikalisch-chemischen Prozess dort unten immer wieder von selbst neu bilden, bleiben für mich zwei Fragen offen. Erstens: Regenerieren sich die Ölvorräte wirklich schneller, als wir sie abpumpen? Und zweitens: Wollen wir diesen ganzen Kohlenstoff wirklich in unserer Atmosphäre haben? Zugegeben, die Vorstellung und der Wunsch, die Quelle unseres Wohlstandes möge nie versiegen und alles könne so weitergehen wie gewohnt, ist verlockend.

Und schon sind wir etwas durchnässt in Remschütz, dem Heimatort des Landrats, angekommen und sitzen ein Stündchen zum Trocknen im Hofcafé eines mit ihm befreundeten Musikers und Keramikers.

Am Ortsrand von Schwarza fallen wir in den Werksverkauf der *Herzgut Landmolkerei* ein, die zu den bekannteren Thüringer Lebensmittelmarken gehört. Das ist eine der Stärken der Region. Warum Milchprodukte von weit herholen, wenn sie doch in der Nähe produziert werden. Auch wenn die Milch und ihre Derivate zurzeit aufgrund der geringen Stücktransportkosten fröhlich in alle Lande hin und her chauffiert werden, haben wir hier zumindest das Potenzial zur regionalen Versorgung. Die Verkäuferin erkennt ihren Landrat nicht gleich, so wasserfest und freizeitgemäß wie er heute verpackt ist. Dann aber freut sie sich umso mehr über den hohen Besuch. Es geht doch nichts über eine Obrigkeit.

Wird auf diesem Felsen die Augenhöhe mit Hollywood gesucht?

Als wir in Bad Blankenburg die Brücke über die Schwarza überqueren, winkt uns aus dem zweiten Stock eine Dunkelhaarige heftig aus dem Fenster zu. So ist es dem einsamen Wanderer recht, nur weiter so. Meine lädierten Augen geben jedoch auf diese Entfernung keine weiterführenden Informationen mehr ab. Sie aber hört nicht auf zu winken und so beschließt der Landrat, dass dieses Haus auf der Suche nach dem Grund für diese Freundlichkeit betreten werden muss. Oben begrüßt uns Irmtraut, meine Gastgeberin des letzten Quartiers, die in diesem Altersheim eine Clique von Betagten betreut, für die schon vieles nicht mehr selbstverständlich ist, was es früher einmal war. Trotzdem scheinen alle guter Dinge zu sein und freuen sich über den unerwarteten Besuch. Zur Feier des Zusammentreffens müssen wir einen Schnaps trinken, der das Beste ist, was einem Himbeerbonbon passieren kann.

Etwas zäh zieht sich der Weg durch den Regen bis nach Watzdorf. Dort aber erwartet uns gegen Mittag Doktor Rögner. Der Chef der dortigen Brauerei hatte schon im letzten Jahr den Fußmarsch spontan eingeladen. Kommen Sie bei uns vorbei! Wir haben zweihundert Sitzplätze und Bier ohnehin genug. Heute ist er Gastgeber zum *Tag des Bieres*. Allein der Regen und das Bier tragen dazu bei, dass man diese Versammlung ein rauschendes Fest nennen kann. Die vielen Bänke im Freien bleiben weitgehend leer und das überschaubare Publikum versammelt sich in einer Halle. Der Landrat wird mit gewissem Hallo begrüßt. Man bespricht dies und jenes. Kleine Reden werden über einen ebenfalls berauschenden Lautsprecher in den Hopfendunst entlassen. Reden, die im Wesentlichen die vorteilhafte Zusammenarbeit von Landwirtschaft und Braukunst hervorheben und loben. Der Bauer und der Brauer müssen zusammenhalten. Prost.

Auch die Chefin der *Herzgut-Landmolkerei* hat hier als regionale Produzentin ihren Auftritt. Der Braumeister widerspricht dem neuen Landrat: Hier wird alles Bier am Ort gebraut. Die Brauerei gehört zu keinem der großen oder gar internationalen Braukonzerne. Vom ersten Bier schon etwas umwölkt, gelingt es mir gerade noch festzustellen, dass dieser Ort hier unbedingt eine Stärke der Region ist.

Nach dem zweiten Bier – danke übrigens – wird mir klar, dass mein Tag noch nicht zu Ende ist und ich verabschiede mich von dem beschäftigten Landrat und dem promovierten Braumeister in die ernüchternd regenfrische Luft.

Auch wenn er mir nicht begegnet, schwebt über diesen Senken und Hügeln um Keilhau der Geist des Friedrich Fröbel, der immerhin den Kindergarten erfand und dessen pädagogische Ideen noch heute ihre Freunde haben.

Auf dem etwas verschlungenen Weg nach Bechstedt wird mir ein junges Ehepaar als Lotse entgegengeschickt. Sie bringen mich wohlbehalten zum nächsten Etappenziel. Hier bereitet Burkhard Kolbmüller dem Fußmarsch einen großen Bahnhof. Vielleicht kann man diesen Leiter des *Thüringer Heimatbundes* als ländlichen Denker Europas bezeichnen. So völkisch der Name *Heimatbund* auch klingen mag, so wenig rückwärtsgewandt und bieder scheint er mir zu sein. Burkhards Anliegen ist, neben anderem, die Stärkung der Regionen und deshalb liegt seine dörfliche *Kulturscheune* auch an meinem Weg.

Ein hübsches Grüppchen Interessenten hat er für den heutigen Abend eingeladen. Als Erstes gibt's eine Führung durch ein Blockheizkraftwerk, das mit Holzhackschnitzeln ein kleines Nahwärmenetz im Dorf versorgt und darüber hinaus noch Strom aus Holzgas produziert. Hier wird nicht nur die Unabhängigkeit von Öl und Gas geprobt, da scheint auch ein jung gebliebener Rentner des Dorfes eine erfüllende Aufgabe gefunden zu haben. Das kleine Heizkraftwerk wurde im Rahmen einer Genossenschaft gebaut, große Teile des Nahwärmenetzes haben die Bechstedter in Eigenleistung verlegt.

Als praktische Ergänzung zur Kulturarbeit haben Burkhard und seine Angelika in ihrer Scheune eine professionelle Mosterei eingerichtet, in der dem Obst aus der Region gegen eine kleine Gebühr der Saft abgepresst wird. Der Zuspruch der Nachbarn und Mostfreunde aus der Umgebung ist groß. Das scheint abseits der großen Saftläden eine Marktlücke in der Gegend zu sein. Immerhin bekommt man hier den Most aus den eigenen Äpfeln. Eng wie selten liegen in dieser Scheune die Begriffe Pflanzenkultur und geistige Kultur beieinander.[35]

Später versammelt sich in der Scheune eine Runde von gut zwanzig Interessenten. Aus dem Dorf, aus der näheren und weiteren Umgebung. Sogar zwei Mitarbeiter des *Wuppertal-Institutes für Klima, Umwelt und Energie* haben sich hierher verlaufen. Kristin Glatzel, die Vorsitzende des Fördervereins Schloss Schwarzburg, sagt etwas Schönes an diesem Abend: *Das eine ist eben der Rückhalt in der Familie. Das andere ist die Kommunikation mit Menschen. Gemeinsam etwas mit Menschen zu machen, auch ein Feedback zu haben dadurch als Person.*

---

35 www.kulturnaturhof.de

Man ist ja nicht unabhängig, man lebt ja nicht autark nur aus sich selbst heraus. Durch meine langjährige Beschäftigung mit Geschichte habe ich die Gewissheit, dass Menschen in der Lage sind, auch schwierige Situationen zu meistern und ein Leben immer wieder zu schaffen … Da sind wir mitten im Gravitationszentrum des Stehaufmännchens.

Später am Abend spricht mich mit strahlenden Augen noch Michael Köhler an, ein studierter Ingenieur, der sich auf die Landwirtschaft verlegt hat und jetzt hier in Bechstedt Tiere hält, seltene Getreide und Ölsaaten anbaut und selbst gepresste Öle verkauft. Beim ersten Blick auf die Preise denke ich, oha, ist ja sündhaft teuer. Aber wer weiß, ob nicht unser Salatöl für neunundsiebzig Cent der Liter sündhaft billig ist.

In dieser Gegend werden gerade zwei weder nahe beieinander liegende, noch eng befreundete Kommunen zusammengelegt – Rottenbach und Königsee – und morgen ist die Stichwahl zum Bürgermeister. Hier wird von den zwei bisherigen Bürgermeistern nur einer übrig bleiben. Einer der beiden Kandidaten, der mir heute schon auf einigen Plakaten begegnete, bedauert in unserer Runde, dass durch solche Fusionen die Regionalität und Verwurzelung im Ort verloren geht. Da mag was dran sein. Das Problem scheint mir aber eher in den Kosten für hauptamtliche Bürgermeister in kleinen Gemeinden zu bestehen. Wie kann die öffentliche Hand das stemmen und welche Aufgaben wären eher im Ehrenamt – zum Beispiel mit Aufwandsentschädigung – unterzubringen?

Burkhards Mutter war überzeugt davon, dass zu jedem Haus ein Holunder gehöre. Als Heilpflanze und überhaupt.

Schlafen, aber wo? – 28. April

Sehr gut geschlafen, hier in Bechstedt. Vielleicht auch ein bisschen auf Vorrat. Heute steht der Anstieg in den Thüringer Wald an und ich habe noch kein Nachtlager. Zwar hat Ronald Marschall dem Fußmarsch schon vor Längerem sein *Hotel am Rennsteig* in Schmalenbuche angeboten. Er konnte jedoch nicht wissen, dass Hotels schon aus finanziellen Gründen besser nicht die Regel sein sollten.

Jetzt geht's erst mal im Frühtau zu Berge, begleitet von Burkhardt und Andreas, einem Energieberaterkollegen aus dieser Gegend. Unser erstes Ziel ist die Talstation der Oberweißbacher Bergbahn, bei der wir uns ein paar Höhenmeter auf dem Weg nach Neuhaus am Rennweg einkaufen wollen. Die Straßen hier im engen Schwarzatal mit ihren schwierigen Uferbefestigungen und Hangsicherungen haben ihren Dienst vom 18. Jahrhundert bis Ende des 20. recht tapfer geleistet. Jetzt aber unter der Last der Lkws geben sie nach – und klein bei. Ein Zwanzigtonner ist eben kein Buckelapotheker, wie sie hier vor dem Zeitalter des Transportismus ihre Kiepe schulterten, um Heilkräuter und Olitäten[36] in's Land zu tragen.

Großer Bahnhof für uns an der kleinen Talstation der *Oberweißbacher Bergbahn*. Peter Möller, der Chef der Bergbahn, empfängt uns persönlich und erläutert die technischen Details so eingehend, dass das hier zum Fachbuch für Ingenieure wird, wenn ich alles wiedergebe. Diese Bergbahn, inzwischen stolze neunzig Jahre alt, sollte man als Thüringer mindestens einmal im Leben besucht haben. Und als Mensch aus anderen Gegenden der Welt sollte man spätestens dann hierher kommen, wenn man die anderen vierzig Sehenswürdigkeiten Deutschlands schon gesehen hat.

Rainer Albrecht, der Fotograf und persönliche Berichterstatter

Die hörende Bergbahn

---

36   Pflanzenextrakte und ätherische Öle.

des Landrats, ist mit am Start, als die hörende Bergbahn in die Höhen des Thüringer Waldes davonzieht.

Von diesem Bild habe ich schon seit Wochen geträumt: Große Ohren an Bergbahn belauschen an steilem Hang über allen Wipfeln die Waldesruhe. Sie hören das Gras wachsen und die Zukunft rascheln.

Oben angekommen gibt's noch einen Kaffee in der Bergstation und einen ausgiebigen Plausch über die Stärken der Alten, die es zu entdecken, zu fördern und nachzufragen gilt. Wir tasten gemeinsam die Beschaffenheit des sozialen Netzes ab, jenseits von Versicherungsnummern, ABM-Mitteln und EU-Zuschüssen. Das soziale Gefüge macht – diesseits und jenseits der Sozialsysteme – zu einem guten Teil die Robustheit einer Region, einer Kommune aus. Und Tourismusförderung und Vermarktung der Region als Urlaubs- und Ausflugsziel kommen zur Sprache. Interessant, aber mir scheinen Urlaub und Tourismus noch fester Bestandteil vom Plan A einer Gesellschaft zu sein. Ein Plan B dreht sich vermutlich eher um die elementare Grundversorgung der Bevölkerung. Hier oben wird noch eben eine Strophe des Lobliedes auf den Böhlener Dorfladen gesungen. Nachdem der ursprüngliche Betreiber den Dorfkonsum über die Wende gerettet hatte, schloss er ihn später aus Altersgründen. Um eine Einkaufsmöglichkeit und einen Treffpunkt im Ort zu erhalten, gründete sich ein Verein *Bürger für Böhlen*, der den Laden noch drei, vier Jahre weiter betrieb. Später erfahre ich, dass dieser Gemeinschaftsladen Ende 2013 endgültig geschlossen wurde. Die Umsätze waren zu gering, der Discounter im Nachbarort war zu nah und zu billig.

Dann ziehen wir weiter bergan. Noch kurz aufgehalten vom *Porzellanatelier Kati Zorn*, in dem versucht wird, dem Material Porzellan ein Maximum an Frivolität abzugewinnen. Dralle Porzellandamen – vor Jahrhunderten noch in weiten Meissener Reifröcken verborgen – recken und strecken sich mir in jeder anatomisch erdenklichen Pose völlig entpackt und mehr als fortpflanzungswillig entgegen. Und buhlen brachial um meine männliche Aufmerksamkeit. Dem einsamen Wandersmann gelingt es nicht, dieser kalten glasierten Oberfläche des Porzellans die erwünschten Gefühle entgegenbringen. Vor lauter Furcht, es könne als verklemmt gelten, wer diese Galerie verlässt, ohne etwas zu kaufen – immerhin haben wir die Künstlerin auch eine Weile von ihrer Arbeit abgehalten –, erwerbe ich eine nette kleine Schnecke aus Porzellan, die wenigstens ihr Haus anhat.

Inzwischen mussten Burkhard und Andreas wieder umkehren, und nach wenigen hundert Metern verschlingt mich der Thüringer Wald. Am Waldrand bekomme ich in der Sportlerwirtschaft des SV Cursdorf-Meuselbach an einem bescheidenen Bolzplatz noch ein Malzbier. Heute Nachmittag ist Spiel gegen den Nachbarort. Wenig später verweist jedoch schon ein Schild *Wüstung Bischofshain* darauf, dass die Majestät des Waldes hier schon ganz andere menschliche Initiativen geschluckt und überdauert hat.

Bei dem Schild nach *Meuselbach* wird mir etwas weh ums Herz. Diesen Ort hätte ich gern noch besucht, er passt aber nicht mehr in die Tagesstrecke. In diesem Bergdörfchen versteckt sich nach meiner – in *dieser* Frage maßgeblichen – Ansicht die beste Bäckerei Thüringens. Die wirklich schon sehr alten Eheleute Jäger halten dort einen altdeutschen Backofen mit Holz und

Hier wohnte mal wer. Der Wald trägt's mit Fassung.

Briketts unter Feuer und fabrizieren täglich zwei Sorten Brot – rund oder eckig – und vielleicht drei verschiedene Kuchen oder Gebäckstückchen für ihren ergebenen Kundenkreis. Wenn sie noch am Leben und am Ofen sind: Mögen sie es noch lange bleiben.

Nach längerer Wegstrecke spendet mir ein kleines Rinnsal Wasser, mit dem ich meine PET-Flasche vom *Thüringer Waldquell* auffülle. Plätschern. Stille. Waldesdunkel. Schritte. Gedanken verebben. Die Aufmerksamkeit sinkt auf den Herzgrund.

Wie schlimm ist es denn wirklich mit unserer Zivilisation, fragte mich gestern Burkhardt Kolbmüller. Ja, kann ich auch nicht so genau sagen. Ich habe nur festgestellt, dass viele aus meiner Generation sich angewöhnt haben, in ständiger Alarmbereitschaft zu leben. Seit Jahrzehnten ist es fünf vor zwölf, erst der Atomkrieg, dann die Umweltverschmutzung, die Überbevölkerung, der Klimawandel, die Ressourcenverknappung und so weiter. Wenn wir aber unsere Brille putzen, müssen wir zugeben, es ist inzwischen halb vier und wir sitzen recht gemütlich bei Kaffee und Kuchen. Die eine oder andere Katastrophe, um die wir uns sorgten, ist allerdings ausgefallen oder hat sich zumindest ins Ungewisse vertagt. Noch nicht einmal der Weltuntergang läuft so richtig nach Plan. Kein Grund – finde ich –, vorschnell Entwarnung auszugeben. Aber Alarmismus als chronisch aufgeregte Grundhaltung kann auch zur Marotte werden.

Vorbei am Pechhüttenquell, in dessen Nähe in vorsilikonischen Jahrhunderten Köhler harzigem Holz ein Pech abschwelten, das vorwiegend zum Abdichten von Booten und Fässern diente. Angewandte organische Chemie in den Siedetöpfen des Waldes. Die Entdeckung des Erdöls macht dann später noch ganz andere Tiegel auf.

Die Schutzhütte *Am Wallendorfer Weg* bietet ein Musterbild der *Allmende*[37]. Alles Nötige für eine Notunterkunft bei einem Unwetter liegt bereit. Hier ist Schutz für den Fremden und hier hackte Holz und stapelte es auf, wer seine Würstchen wohl kaum selbst über dieses Feuer halten wird. Vielleicht hat man diese Vorsorge für

---

37 Allmende bedeutet Gemeingut, früher häufig: gemeinsam genutzte oder beweidete Grundstücke.

einen fremden Wanderer in der Hoffnung getroffen, auch einen solchen Unterschlupf zu finden, wenn man einmal in Fremde und Unwetter gerät. Eine Gesellschaft, die diese filigrane Wechselwirkung, diesen Zauber der *Gratuität*[38] erkennt und verinnerlicht, könnte man glatt Kultur nennen.

Die Schutzhütte als Allmende

Zur Rast am Rand der alten Poststraße öffne ich einen Kräuterlikör aus dieser Olitäten- und Schnapsregion, den ich gestern geschenkt bekam, und genieße eine Aussicht, die man auf einem Foto vielleicht kitschig nennen müsste. In Wirklichkeit betrachtet und unter dem Einfluss der zahlreichen Kräuter liegt sie einfach nur da, in stiller Würde. Die Natur – das Original. Eben noch hatte mich ein Rudel ziemlich großer Hirsche auf einer Lichtung überrascht – oder ich sie. Nachdenklich hatten wir einander aus kurzer Entfernung lange angesehen, bis sie sich trollten, vermutlich weil sie den Ohrenwagen weder gefährlich fanden, noch so recht wussten, was sie damit anfangen sollten.

Nicht zuletzt eigne ich mir mit diesem Marsch *mein* Thüringen an. Mein Großvater ist in Weimar geboren und mein Vater in Eisenach. *Was du ererbt von deinen Vätern hast, erwirb es, um es zu besitzen.* Und von ihm wieder besessen zu werden. Weniger im Sinne von Besessenheit, sondern eher im wachsenden Gefühl, Thüringen zu gehören. Zum Westdeutschen wurde ich vermutlich nur, weil irgendwann in den Fünfzigern ein russischer Kommandant anordnete, dass das Getreide auf den Feldern meines Großvaters heute geerntet wird

---

38 Freigiebigkeit, Großzügigkeit, „Umsonstheit".

und nicht erst in drei Wochen, weil in Russland auch heute geerntet wird. Obwohl die Halme noch grün waren. Das sei ein Befehl. Da hatte mein Großvater den Eindruck, dass das schlechte Spielregeln für die Landwirtschaft sind. Und er verzog sich mit seiner Familie in den amerikanischen Sektor.

In den Fischteichen vor Neuhaus wird sportlich geangelt und die Fische beschweren sich nicht mit ausgefransten Mäulern. Andererseits bieten diese Teiche auch eine feine Nahrungsergänzung für den Bedarfsfall. Am Ortseingang von Neuhaus umweht mich plötzlich ein betörender süßlicher Duft. Instinktiv suche ich einen früh blühenden Strauch oder Ähnliches als Quelle dieser betäubenden Wolke. Nichts dieser Art, bis nach einigen Metern das Abluftgebläse eines Friseursalons im Augenwinkel auftaucht.

Artefakt am Wegesrand

Solche rätselhaften Artefakte am Wegesrand erinnern mich wieder nachdrücklich an Tarkowskis Film *Stalker* und an die Romane der Strugatzki-Brüder. Die stille Melancholie der Vegetation, von der alles menschliche Mühen um Aufstieg und Beständigkeit letztlich wieder eingefangen wird. Das Vergehen und Werden scheint einer der ganz stabilen Faktoren zu sein.

An der Hauptkreuzung in Neuhaus am Rennweg frage ich nach dem Weg und werde von einem jungen Mann und einer Frau meines Alters mit einem so sympathischen wie unverständlichen Wortschwall in verschiedene Richtungen gewiesen. Möge der hiesige

Zungenschlag dem Duden so unzugänglich bleiben wie der Thüringer Wald der Gewerbeansiedlung großen Stils.

Heidi Büttner, die zunächst vorhatte, mich hier oben in den Dienströumen des Deutschen Wetterdienstes einzuquartieren, kommt zu Recht auf den Gedanken, dass das vielleicht nicht ganz im Sinne ihres Arbeitgebers sein könnte. Der Wetterdienst ist ja keine Jugendherberge und wir wollen auch kein innerbetriebliches Unwetter heraufbeschwören. Jetzt will sie sich nach einem Ausweichquartier umhören. Derweil suche ich unter Preisgabe wertvoller Höhenmeter das Feuerwehrhaus. Diesen Raum hat die Stadtverwaltung für den Gesprächsabend vorgeschlagen, wobei die Bürgermeisterin urlaubshalber verhindert ist. Sogar im Amtsblatt wurde auf die Veranstaltung hingewiesen. Leider hat man versäumt, einen nennenswerten Teil der Bevölkerung unter Androhung milder Strafe zum Besuch der Gesprächsrunde zu verpflichten, sodass ich dort auch nach längerem Warten außer einem freundlichen Feuerwehrmann mit Schlüssel niemanden antreffe.

Für meine vergebliche Mühe belohne ich mich umgehend mit einem Bauernfrühstück im Wirtshaus *Zum alten Köhler*. Inzwischen hat Heidi ein Nachtlager für mich gefunden. Sie bringt mich bei Baldur Schönfelder und seiner Frau Marianna unter. Ein Hauptgewinn. Schönfelder ist einer der bekannten Maler auf dem Höhenzug des Thüringer Waldes. Er greift in naiver Manier und voller Inbrunst die Bildmotive der kargen Bergwelt hier oben auf. Hin und wieder schweben Menschen, Tiere, Dinge durch den Luftraum, wie von Chagall eingeworfene Papierflieger. Sein Haus ist gleichzeitig seine Galerie und sein Atelier und er macht mir eine komplette Führung. Mit seinem drahtigen Thüringer Patriarchenbart erinnert er mich an meinen Großvater. Alle Anstrengung dieses steilen Tages ist vergessen in dieser Sammellinse des Thüringer Berglebens. Heute Morgen wusste ich nicht einmal, wo ich übernachten werde. Jetzt aber beim Einschlafen überrollt mich eine warme Welle von Dankbarkeit.

Glasauge und Haubitzen – 29. April

Zum Frühstück bei Schönfelders stößt Marco Schreiber dazu, der seinen Namen zu Recht trägt. Er ist freier Journalist und Reporter für das *Freie Wort*. Heute möchte er einen halben Tag mitlaufen und was er journalistisch daraus macht, zeigt mir, dass er das Anliegen und den Tenor des Fußmarsches sehr fein erfasst hat. Sein ganzseitiger Artikel mit einem hübschen Bildchen vom Ohrenwagen öffnet mir in den kommenden zwei Wochen in Thüringen allerlei Türen. In Südthüringen weiß man jetzt, was es mit den großen Ohren auf sich hat.

Mit dem Wort *schollig* fasst Baldur Schönfelder beim Frühstück seine Kunst und sein Leben zusammen. Er hat kein Auto und hat folglich auch im Winter keine Probleme mit dem Schnee. Außer vielleicht mit dem mühsamen Schneeschippen und Schneefräsen. Wo aber im Winter kein Schnee liegt, möchte er nicht leben. Hier aber mit der kargen Scholle, auf der kaum etwas gedieh, wo man früher ein Kuh, eine Ziege und ein paar Hühner hatte, wo man zum Holz- und Pilzesammeln durch die Wälder zog, da lebt alles in und aus der Verbundenheit mit dem armen Boden, dem strengen Wetter. Mir scheint, unter diesen widrigen Bedingungen gedeihen nicht die schlechtesten Leute. Nach dem Krieg tauschte sein Vater eine Pfaff-Nähmaschine im Fränkischen gegen eine Ziege, die dann die Familie mit ihrer Milch ernährte und sorgsam gehütet wurde.

Schon kurz hinter Neuhaus, auf der Höhe von Ernstthal fallen wir Herrn Richter in die Hände, dem Moderator des *Lauschaer Tourismus Stammtisches*. Gerade sticht er einen Korb voll Löwenzahn. Mit seiner Ernte bereitet er den anstehenden *Mellichstöckdooch*[39] am 4. Mai vor, und berichtet uns mit dem Schwung eines echten Missionars von den Tourismus fördernden Aktivitäten rund um Lauscha. Zehn Gasthäuser in der Gegend bieten am 4. Mai *traditionelle und neu*

---

39 Vermutlich: Milchstocktag, Milchwurzeltag.

kreierte Löwenzahngerichte. Hier wird aus bäuerlicher Not eine kulinarische Tugend.

Ein alter Gärtner am Wegesrand bestätigt die Beschreibung des kargen Lebens und berichtet, mit welcher Mühe man sich früher über die schweren Jahre brachte. Bis zur Wende wurden hier gläserne Injektionsspritzen für den Export hergestellt, die dann der Einwegspritze weichen mussten.

Das Glasauge wurde in Lauscha erfunden

In Lauscha, dem Kerngebiet der Thüringer Glasbläser, laufen wir Ludwig Müller-Uri über den Weg, der hier im 19. Jahrhundert das Glasauge erfunden hat. In der *Augenprothetik Lauscha GmbH* ist man zu beschäftigt, um uns etwas mehr über die Herstellung der Glasaugen zu erzählen. Der einzige Fußmarschteilnehmer mit Glasauge – ein Landtagsabgeordneter aus Erfurt – wird erst in zehn Tagen zu uns stoßen und diese Informationslücke sorgfältig schließen.

Wenige Schritte weiter nötigt uns die Lauschaer Bäckerei zu einem Päuschen. Dort geraten wir in lebhaftes Gespräch mit Steffen Flessa und seinem Kollegen, die gegenüber eine offenbar gut gehende Glasbläserei betreiben und ihren zerbrechlichen Christbaumschmuck in die halbe Welt vertreiben. Die andere Hälfte der Welt könnte vermutlich auch noch beglücken, wer fein geblasene Halbmonde anbietet und in der islamischen Welt den Trend etabliert, Palmen damit zu behängen. Die beiden zeigen uns ihre Werkstatt und ihr Sortiment. Stilprägend für die meisten Modelle an Kugeln und figürlichem Glasschmuck, denen man einen selbstbewussten Kitsch nicht absprechen kann, ist auch hier der König Kunde, der vorwiegend in einer befreundeten Großmacht in Übersee residiert. Geblasen wird, was sich verkauft, bis hin zum kompletten Kriegsgerät aus dem Ersten Weltkrieg – von Granaten, Mörsern, Haubitzen bis hin zu martialischem Fluggerät – das dann den anspruchsvollen nostalgischen Christbaum ziert.

Mag der Krieg vielleicht auch nicht der Vater aller Dinge sein, für ein mangelndes Engagement bei der Steigerung der Nachfrage nach Glasaugen braucht er sich nicht zu schämen. Und warum sollte man seinen Weihnachtsbaum dann nicht auch mal in stiller Dankbarkeit mit Kriegsgerät schmücken …

Die Meinung der beiden Glasbläser über ihre Innungsgenossen und die Lauschaer im Allgemeinen relativiert meine Thüringer-Wald-Romantik etwas: *Wer nie gespürt den Lauschaer Spott, / der rühme sich einer Gnade vor Gott.*

Ein Gießereifacharbeiter, der in seiner Firma nur noch als Hausmeister gebraucht wird, freut sich, dass ihm jemand zuhört. Ungefragt zieht er mir den Zahn, die Spielzeuge dieser traditionellen Spielzeugregion würden noch hier gefertigt. China und Tschechien übernehmen die Fertigung. Nur die heimischen Aufkleber werden vor Ort angebracht. Ernüchternd, aber Wegsehen hilft wohl nicht weiter.

Auch die Steinacher *Bäckerei Gherorgiju* muss einer eingehenden Prüfung unterzogen werden, die sie gut besteht. Kaum sieht die Verkäuferin den Zettel zum Fußmarsch, schon bricht sich ihr Entsetzen Bahn über den Zustand, in dem die sogenannten Harvester, also industrielle Holzerntefahrzeuge, den Wald hinterlassen, wenn sie mit ihrem Planquadrat fertig sind. Ein Bild der Verwüstung – sagt sie.

Am Ortsausgang von Steinach machen gerade zehn Rentner vom *Gartenbauverein 1897* den Frühjahrsputz in ihrem gemeinsamen abschüssigen Steingarten. Großes Hallo zum Ohrenwagen. Ich will sie nicht weiter von der Arbeit abhalten. Gegenüber warnt der Knoblauchsbrunnen mit einem Schild *Kein Trinkwasser* vor sich selbst. Ich lösche meinen Durst trotzdem an ihm, nachdem mir einer der Männer unter der Hand verrät, dass er das Wasser auch trinkt. Weiter hinten bricht gerade ein wortkarger Greis mit einer geschulterten Kiepe auf, um Futter für seine Karnickel zu holen. Was braucht so eine Kiepe auf hundert Kilometer?

In Summe ist heute mit dem Weg vom Rennweg herunter bis Sonneberg Zahltag, an dem ich die ganzen mühsam erworbenen Höhenmeter wieder in kleiner Münze und leichtem Gefälle zurückerstattet bekomme. Und das auch noch in milder Frühlingssonne. Es geht gut und es geht mir gut.

Links etwas abseits des Weges betreibt ein älterer Mann ein sehr kleines Sägegatter. Er hat eigenen Wald und schneidet sich alle Bretter für den Eigenbedarf selber. Das wirkt im Vergleich mit den Hochleistungsgattern der Industrie nicht effizient, aber robust. Gleich danach bietet sich die Gelegenheit, in der Getränkegenossenschaft Steinacher Obstsaft zu untersuchen. Zumindest für den Apfelsaft kommt das Obst aus der Gegend. Auch wenn der Saft nicht hier, sondern irgendwo unten im Fränkischen gepresst wird.

Nicht ganz ohne Neid, dass ich mir den Luxus einer solchen Wanderung leiste, fragt man, was mich denn dieser zweimonatige

Fußmarsch kostet. Keine Ahnung. Ich habe das weder vor- noch nachkalkuliert. Ich übernachte meistens bei gastfreien Leuten mit meinem Schlafsack und Matte. Manchmal lädt man mich zu einer Mahlzeit ein, manchmal lade ich ein. Wie es sich gerade ergibt. Den Luxus, zwei Monate einfach loszuwandern, kann ich mir vermutlich nur erlauben, weil ich in dieser Zeit nicht arbeiten muss, um ein Automobil zu finanzieren. Keine Frage, manche Freiheiten kann man sich mit Geld kaufen. Andere Freiheiten lassen sich durch tiefer gehängte Bedürfnisse erwerben.

Der Weg nach *Sumbaarch*[40] wird mir beschrieben und meine Aufmerksamkeit schwankt zwischen der eigentlichen Wegbeschreibung und meiner stillen Freude, diesen nahezu unzugänglichen Dialekt beinahe zu verstehen.

Alpenwasser vor Thüringer Waldquellen

Vor der sanften Silhouette des Thüringer Waldes schiebt sich Wasser aus noch höheren Bergen in den Vordergrund.

In Sonneberg erinnert mich eine Gedenktafel zum Todesmarsch der KZ-Häftlinge 1945 daran, dass das, was ich mir hier vorgenommen habe, nicht gerade eine Tortur ist. Hier rang vor knapp siebzig Jahren richtiges Leben mit echtem Tod.

Jetzt tauchen wieder die Fragezeichen auf, die mich seit Beginn der Reise begleiten: Vor Längerem bereits hat eine Gruppe, die mir als *Reichsregierung* bezeichnet wurde, den Fußmarsch zu sich nach Sonneberg eingeladen. Reichsregierung? Was habe ich da verloren?

---

40   Sonneberg.

Gibt es hier irgendwo noch ein Deutsches Reich? Soll es das etwa wieder geben? Ist das eine Art Schattenkabinett, falls unser System mal schwächelt? Mit welchen Ohren hören sie das Motto: *Was machen wir eigentlich, wenn Selbstverständlichkeiten einmal nicht selbstverständlich sind?* Welche Erwartung hat man da an mich? Eignet sich der inhaltlich so wenig festgelegte Fußmarsch

Todesmarsch durch Sonneberg

eigentlich als Projektionsfläche für *alles*? Im Nachhinein erweist sich, dass die Gruppe sich nicht Reichregierung, sondern *Initiative Volks Selbstbestimmung, Direkte Demokratie, Thing Gemeinschaft* nennt.

Nach der ersten halben Stunde unseres Gesprächsabends, zu dem sie in den Irish Pub *Bügeleisen* einladen, will ich es wissen: Sagt mal, seid ihr eigentlich Nazis? Nein, das auf keinen Fall, man habe seitens der nationalsozialistisch orientierten Reichregierung (*aha, gibt's also auch!*) versucht, sie anzuwerben, aber das sei – sagt ihr nachdenklicher Vordenker – mit ihnen nicht zu machen. Nein, man bezweifelt eher, dass die Bundesrepublik ein rechtsfähiges Staatssubjekt ist. Man hält die „BRD" – dieses Kürzel wird mit ähnlich spitzen Fingern angefasst wie die „DDR" zu heißen Zeiten des Kalten Krieges von der BILD-Zeitung – nicht für einen Staat, sondern für eine GmbH, was man allein schon daran sieht, dass die BRD und ihre Organe in einer Schweizer Wirtschaftsdatenbank als Firmen geführt werden. Äh, ja. Nun gut, eine vom Volk beschlossene Verfassung ist das Grundgesetz tatsächlich nicht. Und an der Souveränität unseres Staates gegenüber unserem großen Freundesland mag auch die Mutter der Nation inzwischen gelegentlich Zweifel hegen. Andererseits sind Vasallenverhältnisse, die von beiden Seiten als vorteilhaft angesehen werden, auch nichts Neues in der Geschichte.

Ansonsten möchte ich von den Einzelheiten dieser Gespräche, aus Rücksicht gegenüber meinen Gastgebern, nicht weiter erzählen. Da mir diese Begegnung auf der ganzen Tour das meiste Stirnrunzeln bereitet hat, habe ich ihnen meinen Bericht zum Gegenlesen geschickt. Und sie hatten nicht den Eindruck, dass ich ihr Anliegen verstanden habe.

Bei der Gesprächsrunde hatte ich noch behauptet, im Gegensatz zu den Königen vor zweihundert Jahren habe heute doch so gut wie jeder ein Bad mit fließend warmem Wasser in der Wohnung. Meine Gastgeber haben das nicht. Sie sind ziemlich arm an Mitteln. Ihr Reichtum liegt in ihrem Weltbild, das dieser intelligente ältere Herr mit der Stimme eines jungen Mannes und dem Feuer eines Privatgelehrten entwickelt und kultiviert. Wofür ihn wiederum seine Frau uneingeschränkt bewundert.

Stromausfall bei Sumbaarch – 30. April

Nach dem Frühstück breche ich im einsetzenden Regen auf. Noch immer bewegt von der Entschlossenheit dieser Leute, unter Zuhilfenahme verschiedenster Verschwörungsideen, unserem Gesellschaftsmodell eine Alternative entgegenzuhalten. Dass sie mir so wenig tragfähig erscheint, kommt hier erst an zweiter Stelle. Und wer kann schon garantieren, dass ausgerechnet unsere Gesellschaft davor gefeit ist, bei äußerlicher Erhaltung des Normalbetriebes zu einer Karikatur ihrer eigentlichen Idee zu verkommen. Wurde nicht auch zu DDR-Zeiten mancher, der sich von der Staatssicherheit verfolgt fühlte, für mental etwas entgleist gehalten? Wie weit sich dieser Staatssicherheitskäfer zwischen Baum und Borke schon vorgearbeitet hatte, wurde erst sichtbar, als mit der Wende die Rinde abplatzte.

Die Landrätin des Landkreises Sonneberg, die heute mitlaufen möchte, kennt kein schlechtes Wetter, sondern den vereinbarten

Termin und schließt sich mir – bewaffnet mit nichts als einem großen Regenschirm – für den Vormittag an. Immer wieder staune ich, dass sich mittelrangige Würdenträger nicht zu fein sind, an so einer etwas verschrobenen Aktion teilzunehmen. Christine Zitzmann, gelernte Krankenschwester, macht die akademische Bildung, mit der sich manch anderer Würdenträger zu schmücken versucht, mühelos wett durch Entschlossenheit und Entscheidungsfreude. Und ihre Zierlichkeit durch sprühende Energie. Ihre letzte Entscheidung war vor vierzehn Tagen ein furioser Austritt aus der CDU, der auf der – nach oben offenen – Richterskala für politische Erdbeben in Thüringen mindestens den Wert sechs erreichte. Sie erklärt mir ihre Entschlossenheit, die Gründe für diese Entscheidung wenn schon nicht mit ins Grab, so doch mindestens verschwiegen mit in den Ruhestand zu nehmen. Aber man hört doch heraus, dass der Kamm des Thüringer Waldes aus Erfurter Sicht eine Art Tellerrand darstellt, über den es ganz schwer ist, hinweg zu schauen, selbst wenn man sich auf das Dach der Staatskanzlei oder des Landtages stellt. Gerüchte über kleine politische Liebeleien ins Fränkische kursieren zeitgleich. Man könne sich durchaus vorstellen, als Landkreis dem Freistaat Bayern schöne Augen zu machen, wenn man von Erfurt so großzügig ignoriert wird. Immer wieder fällt bei ihren Ausführungen mit Betonung auf jeder Silbe und voller Entschiedenheit das Wort *ab-so-lut!* Und nicht ohne liebevollen Stolz bezeichnet sie die Bewohner ihres Reviers als *zänkisches Bergvolk.*

Als wir zum Thema des Fußmarsches kommen, berichtet sie mir von einer der großen Herausforderungen ihrer bisherigen Amtszeit. Ein Stromausfall, ein paar Tage nur und nur in ein paar Dörfern. Wo das elektrische Nervengeflecht unserer Zivilisation ausfällt, da liegen schnell die Nerven blank. Da ist zu klären, ob in den betroffenen Orten Menschenleben an der Funktion von elektrischen Geräten hängen. Da wird dann auch schon mal gestorben vor der Zeit. Da fallen im Winter Heizungssysteme in privaten und öffentlichen Gebäuden mal eben aus. Leitungen frieren ein, die Wasserversorgung stockt. Hat da jemand noch einen Ofen 'rumstehen und ein paar Meter Ofenrohr? Da wird die Ölförderung vom Tank in die Zapfsäule – mit elektrischen Pumpen – zum Problem. Da ist Ersatz zu beschaffen, Notstromaggregate sind aufzutreiben, Transporte zu organisieren … Man schläft als Landrätin wenig in solchen Tagen. Das Blaulicht dreht im Kopf. Und noch in Erinnerung daran stehen ihr ein paar Schweißtropfen auf der Stirn.

Immer wieder spricht sie Passanten an oder grüßt sie in fehlerfreiem *Itzgründisch*, mit dem sich die Hiesigen vor dem Verstandenwerden durch Auswärtige schützen. Viele kennen und schätzen ihre Landrätin. Mir gegenüber schaltet sie netterweise auf ein klares Hochdeutsch um, das aber keinen Zweifel an der Festigkeit und Entschiedenheit lässt, die das karge Leben des Waldes denen abverlangt, die hier oben überleben wollen.

Die Landrätin im Regen

Hier laufen wir ein paar Hundert Meter über fränkischen Boden, bevor uns mitten im Wald an der Landkreisgrenze Rainer Blechschschmidt wieder in Thüringen willkommen heißt. Er ist Bauamtsleiter der Gemeinde Frankenblick, die erst vor Kurzem aus mehreren Dörfern zusammengesetzt wurde. Die Anwesenheit der Landrätin, die ihn vermutlich hierher zitiert hat, erleichtert es ihm sichtlich, den Marsch mit den Ohren als etwas Normales und Seriöses anzusehen. Und er hat einiges zu berichten über die Wasserversorgung und die Stärken der Region. Selbstversorgung, Autonomie und Überlebenswillen scheinen allemal dazuzugehören. Übereinstimmend berichten mir beide von einem historischen Streit, bei dem ihre Gegend mal wieder von den Erfurtern vernachlässigt worden ist. Und sie zitieren so *itzgründisch* wie hintergründig das Erstaunen der Thüringer Landesherren: Nun haben wir den Sonnebergern schon ein halbes Jahr nichts mehr geschickt, *un de Kaal laben imme nuch!*[41] Nicht kleinzukriegen also, die Sumbaarcher.

Die nächste Stärke der Region ist die Herstellung von Tierstimmen bei der Firma Karl. Diese kleinen Döschen, die zu den Eingeweiden jedes echten Teddys gehören, werden außer in Effelder nur noch an einem weiteren – vermutlich fernöstlichen – Ort der Welt hergestellt. Die Landrätin, ohnehin feurige Lobbyistin der traditionellen Spielzeugfertigung, ist in ihrem Element. Aufgrund der rein mechanischen Bauweise zeichnen sich diese Tierstimmen durch eine sehr hohe Energieeffizienz aus. Da brummt der Bär auch noch, wenn mal der Strom ausfällt oder keine Batterien zur Hand sind. Das nenne ich robust und wenig störbar. Wenn man es geschickt anstellt, kann diese kleine Klangdose auf eine herzerweichende Art *Mama* sagen, die bei Vollblutmüttern unverzüglich die Milch einschießen lässt.

Vor dem Rathaus von Frankenblick verabschiedet sich Frau Zitzmann sehr herzlich auf den Sitz neben ihrem dort wartenden Chauffeur. Mir scheint jedoch, dass sie noch etwas unschlüssig in der Frage ist, ob das jetzt das Sinnvollste war, was man als Landrat an einem verregneten Dienstagvormittag so machen kann. Auf mich aber warten in der gediegenen Amtsstube des Bauamtsleiters ein Kaffee, ein Plausch, zu dem sich auch der Bürgermeister kurz setzt, und angenehme 24 Grad Raumtemperatur, bei der meine Klamotten ein paar Wassermoleküle verlieren.

Aus der Sicht eines Tierfriseurs ist die Tanzlinde hier in Effelder der Pudel unter den schlecht frisierten Bäumen des Waldes. Die

---

41 Sinngemäß: Jetzt haben wir denen schon ein halbes Jahr keinerlei Güter und Waren aus der Landeshauptstadt mehr geschickt, und die Kerle leben immer noch.

Die Tanzlinde Effelder

ersten Äste werden im Wachstum straff waagerecht geführt und dienen in drei Meter Höhe als Auflage für den Tanzboden. Der nächste Astkranz bildet das Dach der Tanzfläche. Eine Rarität.

Auf freier Strecke kommt ein Auto vor meinem Schubwagen zum Stehen: Aus steigt Heidi Büttner vom Deutschen Wetterdienst, die mich vorgestern in Neuhaus bei diesem Maler einquartiert hat und die ich bislang nur vom Telefon kannte. Sie ist in Eile, muss mir aber angesichts meiner großen Ohren unbedingt kurz von dem Buch *Das dritte Ohr. Vom Hören der Welt* des Jazz-Papstes Joachim-Ernst Behrendt erzählen. Also da scheint es ja ein ganzes esoterisch-philosophisches Beiwerk zur Kunst des Hörens zu geben, das mir gar nicht so geläufig ist.

Plötzlich hängt ein Duft von Teer, Asphalt, Bitumen und Straßenbelag in der Luft. Das rührt ganz anheimelnde Erinnerungen an meine Kindheit an und auf. Diese zum Teil in der Nase stechenden ätherischen Öle sind unbedingt Teil angenehmer Erinnerung. Auch ich bin ein Kind des Erdöls. Meine ganze Generation ist es. Dieser scharfe Duft erinnert an alten *Lagavulin*, den einzigen Whisky, dem ich etwas abgewinnen kann.

Am Ortseingang lädt ein Plakat des Kulturbundes zur Himmelfahrt auf den Galgenberg. Bewirtung, Musik, gute Laune auf dem Galgenberg …

In Schalkau ist der gesamte Stammtisch von Petras Kneipe auf ein Zigarettchen vor die Tür geschickt worden. Ein kurzer Gedankenaustausch entwickelt sich zwischen uns. Es geht ums Heizen mit Holz als naheliegende Alternative oder zumindest Ergänzung zu Gas und Öl.

In der Einsamkeit des Ortes Weitesfeld komme ich mit einem jungen Landwirt ins Gespräch, der mit seinem Vater zusammen den Hof seit der Wende wieder als Neueinrichter betreibt, aber nebenbei auch studiert. Sie bauen ihr gesamtes Tierfutter selbst an und füttern kein gekauftes Kraftfutter oder Soja. Ohne Zuschüsse ist aber auch dieser Betrieb nicht rentabel. Eine Alternative zu den Subventionen aus Brüssel wäre wohl ein fairer und kostendeckender Preis für die landwirtschaftlichen Produkte. Diesen Preis könnte der Kunde sich vermutlich leisten, wenn weniger Abgaben nach Brüssel abgeführt werden. Oder ist das naiv?

Die Menschen, denen ich begegne, sind so liebenswert, einfach und klug, dass sich immer wieder der Satz: *Ich liebe euch doch alle* in den Vordergrund meiner Gedanken schiebt. Ich nötige mich, ihn wieder zurückzuschieben, weil er den Mundgeruch Erich Mielkes hat und auf unbestimmte Zeit in die Asservatenkammer der Geschichte gehört.

Grumpen sagt NEIN zur 380-kV-Leitung. Wer schon unter einer ICE-Trasse wohnt, hat nachvollziehbare Gründe gegen einen weiteren technologischen Überbau. Das Dilemma zwischen Naturschutz auf der einen Seite und dem Versuch, Alternativen für die knapp und teuer werdenden fossilen Energiereserven zu entwickeln auf der anderen Seite, wird uns vermutlich in den kommenden Jahren mehr und mehr beschäftigen. Und dieses Dilemma besteht aus vielen Einzel- und Detailfragen, die man nicht mit einer starren Ideologie, sondern mit Sachverstand und nüchternem Weitblick entscheiden sollte. Eines aber scheint mir zur Verhärtung dieses Zwiespalts wesentlich beizutragen: *Deutschland sagt NEIN zu einem Stillstand oder Rückgang des Lebensstandards. Alles möge bitte mindestens so bleiben, wie es ist und möglichst noch besser werden.* Das verengt Handlungsspielraum in einer Demokratie.

Die nächsten Kilometer verlaufen in Sturm, Kälte und unscheinbarem Nieselregen, führen mich aber in Sachsenbrunn zufällig zur zweiten Tanzlinde in dieser Gegend. Das Brünnlein unterhalb der Kirche meldet sich mit einem etwas erschöpft klingenden Spruch: *Das ist mein Leben: geben geben geben.*

Mit Axel Trümper ist ein handwerklich und kunsthandwerklich unglaublich begnadeter Steinbildhauer und Restaurator mein Gastgeber in der *Märbelmühle*. Ganz nebenbei baut er hier ein Murmelmuseum auf. Mit allem, was rund ist und kullert. Ich schlafe in einem ziemlich raffiniert auf mittelalterlich gemachten Schankraum auf Tierfellen und verrichte meine Notdurft in einem Abort, dessen wassergespülter Donnerbalken von einer gekonnt gefälschten gotischen Vierung überwölbt ist. Dieser Ort ist einen Besuch wert. Eine gewisse Bereitschaft zum Zuhören ist dafür nicht Bedingung, aber eine gute Voraussetzung.

Mittelalter – 1. Mai

Noch ganz benommen von meiner Nacht in der nachgebildeten Mittelalterspelunke breche ich am Tag der Arbeit früh auf und lasse Axel ausschlafen, wie vereinbart. Unter Mittelalter stelle ich mir weniger die Linnen-, Minne- und Spanferkelromantik vor, sondern eher die Abwesenheit von Strom, Autos, Kühlschränken. Und schon in Brattendorf berichtet mir ein junger Mann respektvoll von einem winterlichen Stromausfall über achtzehn Stunden. Da gab es schon ein bisschen was zu organisieren. Die Gefriertruhen und Kühlschränke schwächelten und man brachte vorsorglich den Inhalt zu den Kühlschränken der Schwester ein paar Dörfer weiter. Die Autos funktionierten ja ohne Strom. Beinahe ehrfürchtig berichtet er von dem Ernst dieser kleinen Notlage.

Die Souveränität, mit der etwas später ein Kutscher seinen Kaltblüter an der Tankstelle vorbeiführt, bestätigt meine Vermutung, dass sich Alternativen zum Öl abzeichnen. Kaiser Wilhelm kam in diesem Zusammenhang ja am 7. April schon zu Wort.

In Eisfeld stoßen drei neue Wanderer zum Fußmarsch. Folke, Uhrmachermeister und als Mitglied von *pro Bahn* eine Kapazität

Der Kutscher lässt die Tankstelle rechts liegen

auf dem Gebiet der Planung öffentlichen Schienenverkehrs. Joachim, Bestatter und Leiter der Evangelisch Freikirchlichen Gemeinde Hildburghausen, der schon im vergangenen Jahr vom *Hörenden Fußmarsch* erfuhr und sich mit besonderem Interesse am Hören und am Verzicht auf fertige Antworten bei mir meldete. Sehr angenehmer Gesprächspartner. Als dritter Thomas, mit dem ich schon mal die Anklagebank drücken musste, weil wir meinten, dass man von Deutschland aus lieber nicht den Irak angreifen solle. Im Prinzip befanden wir uns mit dieser Ansicht damals in sehr prominenter Gesellschaft, nur fanden wir eben, dass man seiner befreundeten Vormacht für solche Unternehmungen auch keine Startrampe zur Verfügung stellen sollte. Das Vorgehen der USA wirkte auch ein bisschen mittelalterlich: mit frommem Vorsatz und mit wenig belastbarem Vorwand in voller Rüstung den Nahen Osten mit einem Kriegszug befrieden. Wer weiß, ob sich nicht, wenn Historiker den Irak-Krieg eines Tages nüchtern bilanzieren, unter dem Summenstrich eine schamrote Null windet?

MILITARY
NVA-BW
USA ua.

Uniformen aller Länder – hängt ab!

Nach meiner Einschätzung waren wir damals vom Gesetz unter Strafandrohung regelrecht verpflichtet, unserer Regierung bei der Unterstützung eines Angriffskrieges in den Arm zu fallen. Die – wie ich finde – juristisch recht haltbare Verteidigungsrede ist erhältlich.

Beeindruckend, wie friedlich hier in Eisfeld die verfeindeten Gewänder des Kalten Krieges nebeneinander in Eintracht und irgendwie altersmilde auf der Stange hängen. Gebraucht zwar, aber irgendwie auch nicht gebraucht.

Im nächsten Ort wechselt ein Hobbygärtner gerade seine Winterreifen gegen sommerliche Gummis. Also, er baut das meiste, was auf den Tisch kommt, selbst an. Äpfel, Kirschen, Erdbeeren, Rote Beete und vieles mehr. Er kocht ein, friert ein, konserviert. Nein, die Vorstellung, dass der Supermarkt einmal für ein paar Wochen schließt, beunruhigt ihn nicht sonderlich. Er sei sein eigener Biogärtner.

Beim Abschied weist der Reifen wechselnde Gärtner uns noch den Weg zu einer Quelle, an der wir guten Gewissens unsere Flaschen auffüllen können. Auf der Suche danach versumpfen wir in einem morastigen Auwald, aus dem der Gärtner uns wieder herauspult, da er sah, dass wir falsch eingebogen sind. Die Quelle lag viel näher als wir dachten.

Nach einem Kilometer fällt mir auf, dass mir jetzt auch noch die letzte Brille abhandengekommen ist. Eine habe ich ja schon in Saalfeld verloren. Das ist ganz schlecht. Ich hatte nicht vor, mich beim Fußmarsch *ausschließlich* auf das Hören zu verlegen. Wenig später ist zumindest diese Selbstverständlichkeit wieder selbstverständlich: Meine Vermutung, dass sie mir beim Liegestütz über der Quelle, aus der Hemdtasche fiel, bestätigt sich. Nach dem erfrischenden Bad schwingt sie sich wieder guter Dinge auf meine Nase.

Folke hält mir einen Fachvortrag zu Verkehrskonzepten in Südthüringen, der als Ganzes über mein Begreifen geht, dessen Hauptanliegen jedoch ist, eine Gleisanbindung zwischen Eisfeld und Coburg als Lückenschluss zu schaffen, die die Region via Eisenbahn viel effizienter an Bayern und somit an die große weite Welt anbinden würde. Na denn. An mir soll's nicht scheitern. So sehr ich ein Freund des Bahnfahrens bin – das freilich vor über hundert Jahren von Ökofreaks als Teufelswerk verdammt wurde – sehe ich doch auch, dass die Reisekosten häufig einen Ausschlag bei der Wahl des Verkehrsmittels geben. Und wenn man sich selbst freundlicherweise verschweigt, welche Kosten bei einem Automobil für Anschaffung, Versicherung, Reparatur, Steuer und Ähnliches anfallen, sind die reinen Spritkosten pro Kilometer gegenüber dem Bahnpreis häufig günstiger. Ganz abgesehen davon, dass mancher es schätzt, mit dem Pkw seine Privatsphäre dabeizuhaben. Man kann wünschen, dass weniger Auto gefahren wird – und da schließe ich mich gern an –, aber der Faszination der individuellen Mobilität stellt man mit diesem Wunsch nicht wirklich ein Bein. Gut gefällt mir Folkes Formulierung, dass man die Reisegeschwindigkeit der Bahnverbindungen erhöhen muss, weil man ansonsten unter *Zugzwang* gegenüber dem Autoverkehr steht.

Gegen Mittag kommt uns – besonders aber unserem Verkehrsexperten – kurz vor Schwarzbach das *Gasthaus Eisenbahn* gerade recht. Der letzte Zug hielt hier vermutlich vor Jahrzehnten.

Das Gasthaus Eisenbahn kommt uns gelegen

Man hat sich umorientiert und die Gäste kommen nur noch mit dem Pkw oder einem Schubwagen. Unser Glück, dass hier bewirtet wird, denn das Lokal der gerühmten Schwarzbacher Brauerei liegt so friedlich da wie der Bahnanschluss.

Der Gesprächsabend in der evangelischen Gemeinde Schleusingen ist lebhaft, besonders durchquirlt von einem ehemaligen Journalisten der WAZ-Zeitungsgruppe, Berufsoffizier a. D., der manches anders sieht als die meisten Beteiligten, ziemlich genaue Kenntnis über die Funktionsweise der Welt hat und durchaus zuhören kann. Schon auch mal gern sich selbst.

Dankbar nehme ich in der Dunkelheit des späten Abends das Übernachtungsangebot der sehr angenehmen Familie Hotop an, die zwar noch ein paar Kilometer außerhalb wohnt, aber die Richtung passt für die morgige Tour.

Stille hören – 2. Mai

Im *Kleinen Thüringer Wald* südlich von Suhl, in den ich von Hotops aus in Richtung Bischofrod aufbreche, stehen eindeutig mehr Bäume als Menschen. Von dieser Wegstrecke habe ich keine Karte und bin froh, wenn ich mal jemanden treffe, den ich nach dem Weg fragen kann. Noch immer bereue ich nicht, keine elektronische Orientierung dabeizuhaben. War es nicht so, dass dieser ganze GPS-Apparat vom Pentagon im Bedarfsfall für die zivile Nutzung abgeschaltet werden kann? Keine schöne Vorstellung, dann sehenden Auges mit dem Blindenstock dazustehen.

Die Stille des Waldes überwölbt mich so unauffällig wie vollständig. Das Zwitschern der Vögel ist Teil der Stille. Vor mir lässt sich mit kaum hörbarem Rauschen eine Schleiereule (?) von einem Ast gleiten. Jetzt liegt ein fadenfeines Fähnchen von Holzfeuer in der Luft. Kaum da.

Wie hören? Zunächst mal möchte ich alles hören, was Leute mir sagen. Erst mal alles für wahr halten. Dann versuche ich zu spüren, aus welcher Gefühlslage, aus welcher Haltung mein Gegenüber spricht. Welche Atmosphäre ihn umgibt. Welche Wünsche, Ängste und Sehnsüchte aus ihm sprechen. Darin folge ich meinen Gesprächspartnern fast bis zum Opportunismus. Sehr weit auch bis in Ansichten hinein, die ich nicht teile. Dann wichte und wäge ich vorsichtig anhand meiner Werte und Sichtweisen. Wo zeigt sich Übereinstimmung, wo Befremden, was halte ich für gefährlich, was sehe ich als liebenswerte Marotte an?

Jetzt bleibe ich stehen, um diese zwitschernde Stille mit meinem Aufnahmegerät zu begreifen. Lange, lange, lange hört man nichts, gar nichts. Sogar der Gesang der Vögel vertieft die Stille. Dann von ganz ganz weit die Ahnung eines Brummens. Eine Einmotorige kommt in aller Ruhe. Ein unglaublich flaches Crescendo über Minuten. Dann fliegt sie irgendwo in mittlerer Entfernung vorbei, immer noch sehr leise, und ihr Brummen verebbt ebenso flach und langsam, wie es kam. Dann wieder umfassende Stille. Und noch mal Stille. Und immer noch. Wäre ich John Cage oder Arvo Pärt,[42] würde ich versuchen, diese Szene in eine Partitur zu bringen. Gewidmet unserer Hochkultur.

Vor Bischofrod erinnert mich das eindeutige Hupen eines Verkaufsautos daran, dass mein Kuchenspiegel schon gefährlich gesunken ist. Als ich näherkomme, sehe ich, dass es ein Fleischer auf Rädern ist. Ach nein, bitte nicht schon wieder Fleisch.

Der Abend im Einkehrhaus Bischofrod teilt sich in eine Gruppe, die zum Thema Resilienz tanzt und in eine Gesprächsrunde zum gleichen Thema. Diese Aufteilung hatten wir nun noch gar nicht und ich bedaure etwas, nicht beim Tanz dabei gewesen zu sein. *Tanz das Stehaufmännchen.*

---

42 Zwei zeitgenössische Komponisten, die keine Furcht vor Stille oder Einfachheit haben.

Zwei fallen in der Gesprächsrunde auf: Frank Schellhorn, Ofenbauer und ein begnadeter Pomologe – also Apfelkundler – und Bernd Weiß aus Suhl, ein ebenso erleuchteter Erfinder praktischer Hilfsmittel für den Alltag. Ein Talent, das vermutlich nie zur Ehre der Patentämter und zur industriellen Produktion gelangt, das aber in aller Stille seinen Klecks zur Farbigkeit der Welt beitupft.

Im diesem Rahmen fließen auch die beiden Kräuterschnäpse, die ich von der Agrofarm Knau und von Burkhard Kolbmüller bekommen und bis hierher geschoben habe, ihrer Bestimmung entgegen.

Frank, der Pomologe, sorgt sich um die zunehmende Industrialisierung der Landwirtschaft. Wer Land besitzt, könne dem entgegenwirken, indem er die Pachtverträge mit den großen Agrarunternehmen löst und sein Land nicht an diese verkauft.

Baum des Jahres ist der Wild-Apfel, unter dem ich heute Nacht schlafe. Meinem Sohn zuliebe, der mir zur Sicherheit einen Biwaksack für die Tour geschenkt hat, campiere ich mal im Freien, obwohl es genug Betten gäbe. Auch nicht schlecht.

Überlebenskultur – 3. Mai

Sauerstoffsatt wache ich am nächsten Morgen unter dem Baum auf, um als Dank für das Quartier noch einen Schwung Brennholz zu spalten. Gute Güte, ist so ein elektrischer Holzspalter stark und praktisch. Das merke ich mir fürs Alter, wenn meine Arme die Axt nicht mehr so recht schwingen mögen. Der mechanische Spalter zwingt einen derben Klotz auseinander, dessen beide Hälften bis eben noch durch einen gurkenstarken Ast verbunden waren. Unter stillem Ächzen löst sich der Ast aus seiner Passung. Da tun mir die beiden Hälften unwillkürlich leid. Sie hatten es doch vermutlich recht schön miteinander, bis eben. Der Gedanke an einen Heimaturlaub reift in mir heran.

Der Hausherr versteht nicht, welche Vision die rechtsradikalen Gruppen haben. Ich finde, das kann man leicht verstehen. Ich fasse mal eigenmächtig zusammen: *Die Welt funktioniert und gedeiht nur, wenn der Stärkere sich durchsetzt. Und der Stärkere, das sind wir. Alles, was in Richtung Barmherzigkeit, Weichheit, Milde und Nachsicht geht, ist Fäulnis und führt unsere Kultur zum Untergang. Wir müssen das Schlechte ausrotten, damit das Gute – nämlich wir in diesem Fall – übrig bleibt. Wir sind die Vollstrecker der kalten Göttin der Optimierung. Und da ist kein Opfer zu groß, weder bei uns, noch bei denen, die dem Besseren weichen müssen.* Ein verlockender Gedanke, wenn man ein Freund der totalen Sauberkeit ist.

Sollten Sie je vorhaben, mit einem Schiebewagen von Bischofrod über Keulrod und Altendembach nach Suhl zu laufen, machen Sie es lieber nicht. Nehmen Sie ein Taxi, einen Pferdewagen oder lassen Sie den Schiebewagen zurück. Steigung. Ohne Ende.

Motorschubkarre in Altendembach

Oder Sie nehmen eine motorisierte Schubkarre in Altendembach. Die gibt's weder beim Landmaschinenhandel noch bei *manufactum.* Aber es gab in dieser Bergwelt offenbar ein Problem und man hat es gelöst. Und dass ich hier oben, wo das Rennsteiglied das erste Mal das Ohr der Welt erreichte, vorbeikommen darf, ist dem Fußmarsch natürlich eine besondere Ehre.

Dieses Gefälle nach Hirschbach kann ich mir nicht entgehen lassen, spanne mein Fahrrädchen vor und lasse rollen, dass die Ohren wackeln. Im Tal stößt Rainer Gunkel dazu und begleitet mich bis Suhl. Er ist einer der Initiatoren der Initiative Überlebenskultur,[43]

---

43   www.ueberlebenskultur.de

die hier in Südthüringen einiges unternimmt, um die Gesellschaft robuster und widerstandsfähiger zu machen. Unter der Bezeichnung *Kommune im Wandel* sind sie sehr mit der *Transition-Town*-Bewegung verbunden. Sie holen solche Platzhirsche wie Niko Paech nach Suhl, dessen Vortrag zur Postwachstumsökonomie man sich nicht entgehen lassen sollte. Bei *Postwachstumsökonomie* geht es weniger um die Frage der Umsatzsteigerung bei einem großen deutschen Briefzusteller, sondern eher darum, welche tragenden Strukturen und Maßnahmen uns fit machen für einen absehbaren Abstieg vom Gipfel der weltweiten Energie- und Rohstoffförderung. Bei allem Ernst des Themas sind seine Vorträge so geistreich wie kurzweilig.

Beim Gesprächsabend in *Congress-Centrum-Suhl* – na gut, nicht im großen Saal – taucht die Frage auf, ob eine oder mehrere Wiederholungen des Fußmarsches geplant sind. Hatte ich eigentlich nicht vor, zumindest nicht jährlich. Andererseits leuchtet mir die Überlegung ein, dass manche Impulse durch Wiederholung stärker werden.

Beim Tauschring Suhl, der sich *Zeit geben* nennt, hat jeder Teilnehmer ein Heftchen, in das alle Tauschvorgänge eingetragen werden. Was in seinem Heft als Einnahme eingetragen wird, das verbucht sein Tauschpartner wiederum in seinem Heft als Ausgabe. Keine zentrale Organisation, keine computergestützte Abrechnung. Oma kann mitmachen. Klingt interessant und scheint – zumindest als Übungsfeld für einige der Wirtschaftsprozesse des Alltags – zu funktionieren. Zum Abschied schenkt mir Tauschringer Mario, der eine Keramikwerkstatt betreibt, eine sehr hübsche Tasse. Rein in den Schiebewagen damit. Jedes Gewicht verbessert die Straßenlage.

Übers Knie gezerrte Kameruner

In Suhl wirbt ein Neuhäuser Bäcker mit einer Tafel für seine *Ausgezogenen* oder *Kameruner*. Mich beeindruckt der ganzkörperliche Einsatz dieses Bäckers, der nicht im Traum dran denkt, sich irgendwelche halb-fertig-tiefgefrorenen Backlinge kommen zu lassen und sie in seinem Ofen aufzuwärmen. Dieses Bild aber weckt im einsamen Wanderer, der normalerweise mit Backwaren zufriedenzustellen ist, jedoch zu viele andere Assoziationen: *Begehren, Ausgezogene, übers Knie zerren, Machs mit, in der Kammer ruh'n* … Also Leute, ich fahr' jetzt mal für drei Tage auf Heimaturlaub. Bis zum 7. Mai dann.

Zu Hause im Briefkasten erwartet mich noch eine nette Postkarte, auf der das Statistische Bundesamt ein gravierendes demografisches Problem anschneidet: *Auf jedes Wasserhuhn kommen in Deutschland statistisch mehr als dreitausend Wasserhähne …*

Jüchsener Backhäuser – 7. Mai

Im Zug fällt mir auf, dass ich die Tagesetappe von Suhl nach Römhild mit vierzig Kilometern stark unterschätzt habe. Also hole ich in Suhl meinen Ohrenwagen aus seinem Unterstand und kaufe mir ein paar Kilometer mit der Südthüringenbahn bis Grimmenthal. Der Schaffner lässt angesichts meines *Handgepäcks* stirnrunzelnd Gnade vor Recht ergehen. Schubwagen mit großen Ohren sind in seiner Dienstanweisung als Gepäck vermutlich weder ausdrücklich erlaubt, noch so richtig verboten.

In Grimmenthal: Sozialistische Ästhetik vor biblischem Spruch

In Grimmenthal beschreibt eine typische Chronik die Entwicklung der Wasserversorgung. Regionale Brunnen weichen früher oder später dem praktischen Fernwasser. Lokale Versorgung unterliegt der Abhängigkeit vom industriellen Wasserangebot. Die Tafel am Brunnen von Neubrunn, später dann, ist mit *1917 Kriegsjahr* beschriftet. Den werden wohl die Greise und Frauen gebaut haben.

Der Hörende Fußmarsch unterläuft die Geschwindigkeit in Jüchsental

Wenn die innere Stimme immer nur sagt *Erfülle Deine Pflicht! Erfülle Deine Pflicht! Erfülle Deine Pflicht!* und gar nichts anderes mehr, dann lohnt es sich vielleicht doch, mal nachzusehen, ob nicht der Anrufbeantworter dran ist.

Langes Gespräch mit dem Schmied in Neubrunn. Bauschlosserei und Hufbeschlag. Er hat den Betrieb schon früh an seinen Sohn übergeben, arbeitet aber – noch gut im Saft – voll mit. Wenn man die jungen Leute halten will, sagt er, muss man auch beizeiten Verantwortung übergeben. Seine Frau betreibt den Garten und die Kleinviehhaltung hinterm Haus. Sie kochen ein, schlachten selbst und tauschen mit den Nachbarn nach Bedarf. Lebensmittel kaufen sie wenig ein. Hat er eine Auftragsflaute, kann er in der Hauswirtschaft Wert schöpfen.

Am Ortseingang von Jüchsen verspricht ein großes matronenförmiges Schild, dass man in diesem Imbiss *Futtern wie bei Muttern* könne. Wohl wahr. Alles wirkt selbst erarbeitet, selbst aufgebaut. Die Wirtin betreibt den Imbiss schon seit siebzehn Jahren, wurde zwischendurch schwer krank, hat sich wieder aufgerappelt, hält ihren Laden zusammen. Respekt.

Vor dem einsetzenden Nieselregen fliehe ich in eine Bushaltestelle und erledige
meine Korrespondenz. Jetzt hat – wenn
man das Bushäuschen als Zuschauerraum
nimmt und die Straße als Bühne – Rolf
Trautwein seinen Auftritt.

Auf einem Dreirad rollt er langsam vor
mein Versteck. Er ist halbseitig gelähmt,
und hat seinen rechten Fuß ans Pedal
gezurrt. Vor ein paar Jahren hat ihn die
Lähmung wegen eines Unfalls oder einer
Krankheit aus dem normalen Leben gerissen. Er lacht unhaltbar vergnügt über
beide Backen, nein, über eine. Die andere funktioniert nicht. Seine verschmitzten
Augen lassen aber keinen Zweifel daran,
dass die zweite Gesichtshälfte auch lacht.

Rolf auf seinem Dreirad

Von den großen Ohren habe er in der Zeitung gelesen und er ist
begeistert, dass sie durch seinen Ort kommen. Auf seinem Gepäck-
korb stehen zwei eindeutige Piktogramme: ein durchgestrichener
Rollstuhl, und ein Pfeil hin zu einem Fahrrad. Und ein Schriftzug:
Steig doch um. Voller Enthusiasmus erklärt er mir, welche Freiheiten
und welchen Bewegungsradius er gewonnen hat, seit er vom Rolli
auf sein Dreirad umsattelte. Und welche Touren er schon gemacht
hat. Ein Ausbund an ansteckender Freude. Wem nach den bisherigen Buchseiten noch unklar blieb, was das Wort Resilienz bedeutet:
Rolf ist die Resilienz in Person. Er denkt gar nicht daran, sich un-
terkriegen zu lassen.

Drei schmucke Backhäuser hat Jüchsen, alle mit Holz zu beheizen. Sie werden von Vereinen nur gelegentlich zu festlichen Anlässen und zum Räuchern geschürt. Egal, dass sie im Moment nur der
kulinarischen Folklore dienen. Denn so ein Grabfelder *Bookhaus* steht
auch bereit, wenn die Stromversorgung mal Betriebsurlaub macht.

In einer unscheinbaren Hofeinfahrt verbirgt sich die komplett eingerichtete *Hausschlachtung Rommel*, die hier vor Ort auf den Höfen der Bauern schlachtet. Für den Eigenbedarf ihrer Kunden dürfen sie selbst schlachten, aber für alles, was sie über die Ladentheke verkaufen, müssen sie Schweinehälften aus dem Schlachthof beziehen. Die EU will es so. Jüchsen verlasse ich in Hochstimmung: Dieser Ort hat in Sachen Robustheit was zu bieten.

In dem Wäldchen vor Haina nimmt mich Gerlinde in Empfang. Sie hat mit ihrem Mann schon einiges unternommen, *um einen gewissen autarken Lebensstil zu erreichen.* Ihre Einladung an den Fußmarsch schon im vergangenen Jahr war einer der Gründe, warum die Route hier in Südthüringen noch eine kleine Extraschleife macht.

Ostprodukte in Römhild

Bei ihrer Tochter, die in Römhild einen Laden für *Ostprodukte* betreibt, werde ich in einem Pensionszimmer einquartiert und später haben wir dann einen anregenden Gesprächsabend im *Altfränkischen Hof*, bei dem ein Bio-Bauer, der LPG-Vorsitzende, ein Vertreter der *Permakultur* und eine studierte Landwirtin als Vertreterin der solidarischen Landwirtschaft durchaus unterschiedlicher Meinung zur angemessenen Form der Nahrungsmittelproduktion sind. Alle aber sehr vernünftig. Aus meiner Sicht geht Dietmar May, der Landwirt, der seine Tiere liebt, heute mit einem Punktsieg vom Platz.

Permakultur – 8. Mai

Beim Frühstück in Sigrids Küche kommen Jan und Ruth dazu, die heute mitlaufen wollen. Sigrid erklärt uns, warum sie neben dem Ceran-Kochherd noch einen guten Holz-Küchenherd – für den Fall der Fälle – stehen hat, mit dem man im Bedarfsfall heizen, kochen und auch backen kann. Ein zwei Tage dauernder Stromausfall, damals vom Orkan *Kyrill* verursacht, sei für sie und ihren Mann der Auslöser für diese Anschaffung gewesen. Der Muntermacher – wie sie sagt. Damals ging plötzlich gar nichts mehr. Kein Herd, kein Kühlschrank, keine Kaffeemaschine. Wenn sie von ihrem *Öfele* spricht, strahlt sie Zuversicht aus und man ahnt, dass sie im Fall der Fälle nicht ganz so tief fällt. Die Fragen des gestrigen Abends werden beim Frühstück noch mal wiedergekäut. Dass wir mit der industrialisierten Landwirtschaft zwar das Doppelte an Ertrag erwirtschaften, aber dann die Hälfte der Lebensmittel wieder wegwerfen. Und was es im Fall eines Stromausfalls bedeutet, wenn die ganze Unterhaltungsmaschinerie von Fernsehen bis Computer plötzlich still ist.

Sigrid hat sich von der Erwerbsarbeit als einzigem Lebensinhalt abgewendet. Sie gärtnert und kocht ein und sieht ihre Arbeit als einen Dienst an der Erde. Von jedem Kraut und Unkraut darf ein Exemplar in ihrem Garten stehen. Sie rottet nicht aus, was allgemein als wertlos angesehen wird. Ich staune, was der *Hörende Fußmarsch* bei Menschen auslöst, die in einer eher esoterischen Gedankenwelt zu Hause sind. Jetzt sollten wir aber langsam aufbrechen, sonst schaffen wir es heute nicht bis Rieth.

Noch kaum losgelaufen, geraten wir am Ortsrand von Römhild schon in die Betriebsräume des *Töpferhofs Gramann*. Mit energisch klackernden Absätzen kommt Manuela Spittel auf uns zu. Sie führt diese traditionsreiche Werkstatt mit innerem Feuer und gutem Erfolg weiter. Vor der Wende war dies einer der großen, renommierten Keramikbetriebe in der DDR. Inzwischen stehen

Töpferhof Gramann

einige der Fertigungshallen leer. Die Produktion und der Absatz haben sich stabilisiert, wenn auch auf niedrigerem Niveau. Keine Ein-Mann-Klitsche, aber auch kein Industriebetrieb mehr. Eher so eine Art Manufaktur. Hier bekommt man also die Thüringer Keramik mit den charakteristischen flammend roten Glasurfarben.

Schon im nächsten Ort erfahren wir, beim unausweichlichen Besuch der Backstube, dass der Bäcker sein eigenes Getreide anbaut, es in der nahe gelegenen Mühle mahlen lässt und alles selbst verbackt. Jetzt will er auch noch selber Hühner halten, um zu wissen, welche Eier er verwendet. Sogar einen eigenen Mähdrescher hat er für die Ernteschlacht. Das nenne ich regionale Fertigungstiefe. Alles vor Ort. Das macht einen robusten Eindruck. Nur essen müssen seine Kunden das Brot selber.

Jan, Ruth und ich schieben den Ohrenwagen abwechselnd über die kleinen Sträßchen des Grabfeldes. Ausführlich legt Jan mir seinen Lebensentwurf dar, geprägt von den Büchern Wladimir Negres, der Familien-Landsitz-Idee und den Grundsätzen der Permakultur. Dieses Wort könnte man vielleicht in etwa übersetzen mit *sich selbst organisierende wilde Gärten*, die für den Menschen bei geringem Pflegeaufwand Obst, Beeren, Nüsse und Gemüse abwerfen. Diesen Schlenker in das südlichste Eck des Grabfeldes macht der Fußmarsch nicht zuletzt, weil Jan mich mehrmals einlud, *La Paloma verde*, seinen *grünen Hügel*, sein Permakultur-Paradies, kennenzulernen.

In Linden aber stoßen wir neben dem intakten Backhaus erst mal auf den mobilen Kleintierverkauf aus Apolda, der gerade hier Station macht. Ein gackernder, zwitschernder Lkw, der von sachkundigen Anwohnern mit Kennermiene umkreist wird. Hin und wieder wechseln ein paar aufgeregte Jungtiere den Besitzer und werden in Kisten oder Käfigen ab

Mobiler Kleintierverkauf

geführt. Wann und wo diese Guerilla-Zoohandlung auftaucht, steht am Tag zuvor in der Zeitung. Im Viertelstundentakt geht es von Dorf zu Dorf weiter. Ein Baustein der unkomplizierten ländlichen Selbstversorgung. Das Geschäft scheint zu laufen.

Wenig später lockt uns ein Schild links vom Weg ab, zur Hermann-Lietz-Schule Haubinda. Ich weiß von dieser Internatsschule, hatte aber keine Ahnung, dass sie am Weg liegt. Gerade werden die Kinder zum langen Wochenende nach Hause abgeholt. Die Lehrer, die wir ansprechen, wissen vom Fußmarsch und erklären uns bereitwillig, wie ihr Laden so tickt und was ihnen hier wichtig ist. Immerhin wird hier mit den Schülern gemeinsam gegärtnert. Pferde und Schafe haben hier auf dem weitläufigen Gelände ihren Platz und in verschiedenen Werkstätten wird neben dem Theorie-Unterricht handwerklich gearbeitet. Stolz

Dieser Pavillon wurde von Schülern geplant und eigenhändig gebaut

zeigen uns die Lehrer einen voll funktionsfähigen kleinen Unterrichtspavillon in Lehmbau-Technik, den die Schüler weitgehend selbst geplant und errichtet haben.

Werden solche Fähigkeiten eigentlich auch in der PISA-Studie berücksichtigt? Wenn nicht, scheint mir, dass da etwas schief läuft. Ein Hauch von Hogwarts liegt über dem Gelände, als wir die Schule dann – die magischen Ohren quer über eine Wiese schiebend – verlassen.

In Gompertshausen empfängt uns vor dem Frischwaren-Markt Bürgermeister Raimar Sakautzky. Kurz darauf sitzen wir auch schon im Sozialraum seiner Baufirma bei Kaffee und Kuchen. Gastfreundschaft allerorten.

Jans Nachbar in Rieth betreibt eine Vollkornbäckerei. Das ist eine Geschichte für sich. Wolfgang Vey ist gelernter Schlosser und hat lange Jahre als Lkw-Fahrer auf dem Bock gesessen. Als er erfährt, dass sein Enkelchen eine Weizenallergie hat, lässt er sich von Jans Frau Yvonne das Backen beibringen und fängt an, Vollkornbrot mit Dinkel für den Enkel selbst zu machen. Immer frisch gemahlen, immer das ganze Korn, ohne auszusieben. Dem Enkel bekommt's und auch das Dorf kommt auf den Geschmack. So baut er Stück für Stück seinen Keller zu einer professionellen Backstube aus. Eine Widrigkeit jagt die andere. Aber er schafft es, sich gemeinsam mit seiner Frau selbstständig zu machen. Die Kostprobe, zu der er uns einlädt, beantwortet alle Fragen nach dem Grund für seinen Erfolg. Das Gespräch mit ihm nehme ich auf Band auf. Aber man versteht nur wenig, weil alle Beteiligten gerade kauen, schmatzen und genießen. Muss ich erwähnen, dass sie mit fünfzig Hühnern und einem großen Garten weitgehend Selbstversorger sind? Als er später seinen Garten zeigt, läuft uns der Braumeister des Dorfes über den Weg und die beiden streiten sich in gespielter fränkischer Empörung darüber, ob Bier biologisch gebraut werden kann und ob eigentlich Bier aus konventionell gespritztem Getreide dem Reinheitsgebot entspricht.

Und dann zeigt uns Jan, dessen Elternhaus im alten Ortskern steht, im milden Abendlicht, ein paar Hundert Meter von seinem Haus entfernt, seinen grünen Hügel, seine Landschaft werdende Utopie. Alles, was er hier in organischen Landschaftsformationen geschaffen hat, anbaut und noch plant. Obststräucher, Beeren, Nüsse, Gemüse, Naturalien-Tausch so-

Paloma verde – Der grüne Hügel

wie Erholung für Mensch und Boden. Und obwohl mir manche esoterischen Begleitgedanken fremd sind, ist es beeindruckend, zu sehen, was Jan da mit seinen schwieligen Händen geschaffen hat. Dieser gelernte Modelltischler verändert das Angesicht der Erde. Wer will, kann sich aus dem Weltall ansehen, wie seine respektvolle Idee vom Wesen der Natur sich von dem Entwurf der industriellen Landwirtschaft unterscheidet. Wäre ich die Natur, hätte ich lieber ihn zum Freund.

Auch wenn Helmut Schmidt die Ansicht vertrat, dass, wer Visionen habe, zum Arzt solle: Dieser Mann hier hat eine Vision und er gibt ihr Gestalt. Und er muss ziemlich sicher nicht zum Arzt.

Beim Gesprächsabend auf der Terrasse seines weitgehend selbst gebauten Hauses wird Yvonnes Flammkuchen verspeist, viel Nachdenkliches gesagt und manche Weltanschau-

Jan und Yvonnes Haus

ung wird vorgebracht, die mir fremd ist. Wohl fühle ich mich hier trotzdem. Die *Freie Energie* hat wieder ihren Auftritt. Unter anderem wird ein Fusionsreaktor für den Hausgebrauch zum Kauf angeboten. Ich dachte immer, an der Kernfusion beißt sich die Wissenschaft seit Jahrzehnten die Zähne aus. Außerdem habe ich den genannten Geldbetrag gerade nicht passend und verzichte somit auf die Anschaffung. Dann geht's zu Bett in diesem so gediegen wie fantasievoll gebauten Haus.

Die vor schädlichen Strahlen oder Magnetfeldern schützende Spezialabsicherung der elektrischen Hausanlage quittiert die feinstofflichen Signale beim Einstecken meines Computer-Netzteils mit einer Totalabschaltung des kompletten Hausstroms. Wenige Minuten später brennt das Licht wieder. Ich beschließe, dass mein Akku heute Nacht mal fasten muss.

Himmelfahrt der Schwalben – 9. Mai

Gestern Abend kam Martin Hesse dazu, ein gedankenvoller Student aus Erfurt. Es scheint, er kommt wirklich zum *Hörenden Fußmarsch*, weil er zuhören will und weniger, weil er möchte, dass ihm zugehört wird. Gemeinsam mit Jan und einem jungen Physiker brechen wir an diesem Himmelfahrtstag in Richtung Hildburghausen auf, immer wieder johlend begrüßt von Männergruppen auf alkoholischer Selbsterfahrungstour, die heute ebenfalls mit merkwürdigen Fahrzeugen unterwegs sind.

Martin, der junge Physiker, der gestern Abend schon die These vertreten hatte, Krebs sei keine Krankheit, sondern ein Heilungsvorgang, setzt mir diese Theorie im Detail auseinander. Im Großen und Ganzen orientiert er sich an der Theorie eines Dr. Hamer, der vor den Nachstellungen des deutschen Gesundheitswesens sicherheitshalber nach Norwegen geflohen ist. Es geht um Steuerungs-

und Regulierungsprogramme, die gleichermaßen im Gehirn, in den Organen und in der Psyche des Menschen ablaufen und einander in diesen drei Bereichen widerspiegeln. Sie dienen der Wiederherstellung der natürlichen Funktion des Körpers. Und auch der Krebs sei ein solches Programm, das – in der Regel zumindest – der Regenerierung des Körpers diene. Gute Güte, denke ich mir im Stillen – dem netten jungen Mann höflich zuhörend –, das klingt ja hanebüchen. Das stellt, scheint mir, die Sichtweise der Schulmedizin doch ein bisschen auf den Kopf. Zumindest kann ich mir vorstellen, dass, wenn diese unkonventionelle Therapie vielleicht nicht immer funktioniert, es für den Arzt Sinn macht, gelegentlich das Land zu wechseln. …

Dann wieder denke ich mir, dass es ja nun wirklich ein ganz unwahrscheinlicher Zufall wäre, wenn ausgerechnet meine Generation in einer Zeit lebte, in der die Menschheit das Endstadium ihrer Erkenntnis erreicht hätte. Und wenn ich mir ansehe, mit welcher jovialen Überheblichkeit wir heute die Medizin und viele andere Erkenntnisse und Sichtweisen des 17. Jahrhunderts belächeln, dann kann ich mir zumindest vorstellen, dass man in zweihundert Jahren über unser heutiges Leben ähnlich verständnislos die Stirn runzelt. Also Huhn, sei vorsichtig in deinem Urteil. Du bist hier als Hörender unterwegs und nicht als medizinischer Fachmann.

Der *Ökohof Westhausen*, an dem wir gestern schon vorbeikamen, hat von außen die Anmutung eines industriellen Hochsicherheitsgeländes. Das Gelände wird von scharf geschliffenen stählernen Zaunelementen umfasst, über die ich weder als Mensch noch als Tier fliehen möchte. Aus einer der großen Industriehallen mit klar definierten Auslaufzonen schaut eine Kuh. Alles ist piccobello gepflegt nach der Art eines Golfplatzes. Kein versehentliches Blümchen – nirgendwo. Wer meint, er sollte von dem romantischen Bild eines Ökohofes Abschied nehmen, dem wird das hier leicht gemacht. Vorsichtig schwenken wir mit dem Ohrenwagen durch das offenstehende automatische Schiebetor auf das aseptische Gelände. Niemand zu sehen, nichts Zufälliges, kein Mensch. Hier herrscht Ordnung. Schüchtern drücken wir die Klingel am Wohnhaus. Nach längerem Warten öffnet uns ein smarter junger Bankangestellter, der sich als Chef des Hofes entpuppt. Er hat nicht viel Zeit, da er gleich abgeholt wird. Trotzdem lässt er sich wohlwollend auf ein Gespräch ein. Mit seiner Familie und ein paar Angestellten bewirtschaftet er tausend (!) Hektar Land. Getreide und Fleischwirtschaft. Er verkauft nur an den Großhandel und die Lebensmittelindustrie. Ein Direktverkauf ab Hof ist auf seinem Betriebsgelände schon aus hygienischen Gründen nicht möglich und auch nicht vorgesehen. Ich hatte schon immer irgendwie geahnt, dass das Getreide für die Bio-Kekse bei ALDI nicht mehr mit der Sense geerntet wird. Hier ersetzt die Betriebswirtschaftslehre die Mistforke. Öko 2.0.

Beendet wird unser im Grunde freundliches Gespräch durch einen Schwarm vorbeiziehender *Schwalben*. Mag sein, dass eine Schwalbe noch keinen Sommer macht, aber diese zwölf bis fünfzehn knatternden *Schwalben* machen sich und ihren Piloten ganz offensichtlich einen schönen Männertag. Wir werden ihnen heute gelegentlich wieder begegnen.

Einer aus unserer Gruppe berichtet, dass von tausend Tankstellen nur vierzig technisch auf den Anschluss eine Notstromaggregates eingerichtet sind und dass nur acht von tausend ein eigenes Notstromaggregat haben. Der Sprit aber lagert in unterirdischen Tanks und kommt ohne Pumpe nicht so recht in den Fahrzeugtank. Also, das könnte man eigentlich auch schon vor einem größeren Stromausfall ändern. Nachher würde man ohnehin auf diese Idee kommen.

Wenig später begegnen uns vier Männer. Einer von ihnen arbeitet bei der regionalen Wasserwirtschaft und hat kürzlich gerade ein Seminar besucht: Wie bekommen wir eigentlich die Wasserversorgung hin, wenn der Strom und somit das Fernwasser mal eine Woche ausfallen? Er wirkt sehr vernünftig. Die vier sind noch nüchtern genug, um uns in verständlicher Form das Hohelied auf ihre Heimat zu singen. Was nützt es dir, wenn du in der Ferne in einer tollen Stadt mit enormem Einkommen lebst, aber deine Freunde sind woanders. Nämlich zu Hause. Dieses Abwägen zwischen monetärem Reichtum und sozialem Reichtum gefällt mir. Schönen Tag euch noch.

In Westhausen hinterlassen wir einen kleinen Gruß an Bernd Schreiner, den Thüringer Festlandpiraten, der letztes Jahr versuchte, mich von den Vorteilen des Bloggens und der sozialen Netzwerke im Zusammenhang mit dem Fußmarsch zu überzeugen. Ohne Erfolg. Mag sein, das er recht hat, aber ich sehe mich einfach nicht in der Lage, am laufenden Band tagesaktuell etwas Brauchbares abzusondern. Und ich würde das dann auch nicht lesen wollen.

In Streufdorf treffen wir im hübsch restaurierten *Eiscafé im Hof* zufällig Horst Gärtner auf ein Bierchen, den langjährigen Bürgermeister und jetzigen *Botschafter* der *Initiative Rodachtal*, die sich hier grenzübergreifend den Hut für die Entwicklung regionaler Strukturen aufgesetzt hat.

Die kleine Molkerei in Heldburg, sagt Jan, ist schon längere Zeit geschlossen. Sie hatte die Milch aus einem Umkreis von zwanzig bis dreißig Kilometern verarbeitet. Das scheint nicht mehr rentabel zu sein. Ist meine Vorstellung, dass eine Agrargenossenschaft sich eine eigene Mühle, Bäckerei, Molkerei und Fleischerei und ein paar Verkaufsstellen leistet, realistisch? Einige Ansätze dazu sind mir ja schon begegnet.

In Bedheim, eher bekannt durch Schloss Bedheim, sind wir zu Gast bei Thomas Geisler. Möbeltischler, Selbstversorger, politischer Aktivist. Sympathischer Kauz. Der aufmerksame Leser kennt ihn von der Etappe zwischen Eisfeld und Schleusingen am 1. Mai. Haben Sie jemals Marmelade aus Rosenblättern gegessen? Ich bekomme so etwas hier zum ersten Mal und bin ganz beseelt. Es stellt sich so ein Schwebezustand zwischen Edelgastronomie und Parfümerie ein.

Thomas vor seinem Anwesen

Dessen ungeachtet entwickelt uns Thomas seine Theorie zur Mechanik und gesellschaftlichen Funktion des Geldes. Er vergleicht die Dogmen und Lehrmeinungen der landläufigen Volkswirtschaftslehre mit den Grundmustern einer Religion. Er weist darauf hin, dass unser Geld nur zu einem Bruchteil durch materielle Werte gedeckt ist und schon lange nicht mehr durch Gold. Dass also das Geld, das zum Beispiel von der Bundesbank ausgegeben wird, immer in Form von Schulden in die Welt kommt. Und dass die Zinslast für diese Schulden letztlich der Motor ist, der unsere Wirtschaft zum Wachstum zwingt. Ruckzuck sind wir in einer Debatte über die Geldwirtschaft, von der ich nur die Hälfte verstehe.

Der *Grabfelder* kommt ins Spiel, eine regionale Währung, mit der hier in der Gegend einiges bezahlt werden kann. Er schrumpft, das heißt, er verliert an Wert, wenn man ihn zu Hause hortet. Das ist ein Anreiz, ihn in Bewegung zu halten. Diese Umlaufsicherung durch Schrumpfung macht ihn unbrauchbar für den gängigen Volksglauben, Geld könne selbst irgendwie arbeiten, man müsse es dazu nur irgendwohin anlegen. Schrumpfgeld klingt kompliziert, ist es auch. Und ich habe bis heute nicht verstanden, was der Unterschied zwischen Schrumpfgeld und einer herkömmlichen Inflation ist. Selbst gehöre ich mit meiner Firma zur Regionalwährungs-Initiative *Landmark*, habe aber noch keinen einzigen Auftrag darüber abgewickelt. Sechs Flaschen selbst gemachten Apfelweins habe ich im Schwung des Anfangs erworben und meine Rechnung schließlich, mangels entsprechender Einkünfte, dann lieber in Euro beglichen. Ich konnte es schwer aushalten, mit einer unsichtbaren Währung in den Miesen zu sein. Vor Längerem haben wir dann den Schrumpfungsmechanismus abgeschafft, weil es organisatorisch zu aufwendig war, dieses Geld quartalsweise durch Aufkleben kleiner Märkchen wieder auf den aufgedruckten Wert zu heben. In anderen Gegenden Deutschlands, zum Beispiel im Chiemgau und offenbar auch hier im Grabfeld, scheint das gut zu funktionieren.[44] Erfolgreich oder nicht, sind diese Versuche gute Übungsfelder für Situationen, in denen die offizielle Währung mal nicht mehr das halten kann, was auf ihren Scheinen steht. Dann kann die Erfahrung mit Regionalwährungen helfen, regionale Versorgungsstrukturen aufzubauen und zu betreiben.

Wir ziehen weiter, verstärkt durch Folke Ebert und einen nahezu sprachlosen Mitarbeiter des Schlosses Bedheim. Wieder landen wir in einer Bäckerei mit unseren Fragen nach Kuchen und Resilienz. Der wortkarge Juniorchef taut während des Gesprächs auf und freundet sich mit dem Anliegen des Fußmarsches regelrecht an. Zum Abschied gibt er uns noch seine Essenz mit auf den Weg: Leute, lest nicht so viel Zeitung, hört weniger Radio, seht weniger fern. Die vielen schlechten Nachrichten machen euch nur schlechte Laune und ihr müsst mehr verdauen, als gut für euch ist.

Werner Scholz mit Hut

---

44   www.der-grabfelder.de, www.chiemgauer.info

So kann man das auch sehen. Vielleicht überlasten wir unsere mentale Ausstattung tatsächlich diesem medialen Bombardement und riskieren eine Art seelischer Abstumpfung.

Eine Freude aber ist es, gemeinsam vor Hildburghausen in den Frühsommer hinein zu laufen und dort Werner Scholz in seiner Gartensparte[45] zu treffen. Er hatte uns schon in Bischofrod angedeutet, dass er sich fast ausschließlich aus seinem Garten ernährt und mich beeindruckt, mit welcher Konsequenz und Gelassenheit er das macht.

Folke vor stillgelegtem Bahnhof

Am ehemaligen Bahnhof missbilligt Folke Ebert von *pro Bahn* etwas wehmütig das Ende der Eisenbahn, bevor wir dann in seiner *Häselschul* zum Gesprächsabend einlaufen. Eine stillgelegte Schule, die er bewohnt und als Kulturzentrum betreibt. Eine gute Gesprächs-

---

45   Schrebergarten, Kleingarten.

runde mit einem seltenen Mix aus frommen, esoterischen und sehr bodenständigen Anschauungen. Hier kommt auch Theresa dazu, die bis Meiningen mitlaufen wird und deren Anblick eine Freude ist.

Eine sehr freundliche ältere Dame erzählt von den unvorstellbaren Härten ihrer Kindheit und wie sie als Waisenkind später zum christlichen Glauben kam. Das was Sie da von Resilienz erzählen, sagt sie mir, dieses immer wieder Aufstehen-Wollen und Aufstehen-Können, das ist für mich ausschließlich im Glauben an Christus begründet. Ich kann ihr das abnehmen.

Wieder bin ich einerseits überrascht, andererseits erfreut, wie sehr sich der inhaltlich so offene *Hörende Fußmarsch* offenbar als brauchbare Projektionsfläche für die verschiedensten Weltanschauungen eignet. Einerseits ist der Fußmarsch mit manchen Erwartungen überfordert, andererseits öffnet er scheinbar auch Schleusen.

Da das Wohnzimmer des Uhrmachermeisters Folke Ebert mit einer Unzahl von mechanischen und mitteilungsfreudigen Standuhren, Wanduhren, Regulatoren und anderen historischen Uhrwerken angefüllt ist, ziehe ich es vor, mich zum Schlafen in das stillgelegte Klassenzimmer der Schule zu verkrümeln. Ich muss nachts um halb drei nicht wissen, wie spät es ist.

Mühlenorgel – 10. Mai

Beim Aufwachen fällt mir auf, dass in diesem geräumigen Schulsaal ein Blech vor ein Loch im Kamin geschraubt ist. Und schon habe ich sie vor mir, die Dorfschule vor hundert Jahren, in der kein Kultusministerium das Heizöl bestellte, sondern jeder Schüler ein bisschen Brennholz oder Kohle mit zum Unterricht brachte, damit die Tinte nicht in der Feder einfror. Möchte ich diese Art von Resilienz und lokaler Energieversorgung idealisieren? Nein. Die Situation stand mir nur gerade so vor Augen.

Gemütliches Frühstück im tickenden und läutenden Wohnzimmer des Uhrmachers. Ein Spruch, am Eingang der *Häselschul* akkurat in eine Buchenplatte geschnitzt, verdient es, erwähnt zu werden:

Ein Gott zerbrach dem Volke seine Fesseln
Das Volk – das war ein Schaf.
Es ließ die Könige in ihren Sesseln
Und setzte sich daneben in die Nesseln
Und blieb – ein Sklav.
                    Joseph Meyer (1848)

Da lag was in der Luft damals, oder?

Heute laufen wir zu siebt los, unter anderem ist Frank wieder dabei, Ofensetzer und Pomologe, also Obstkundiger, und als solcher – behaupte ich mal – führend in Südthüringen.

Dem Schlosser- und Schmiedemeister Winfried Wachs am Ortsrand von Hildburghausen gehorcht sein Material und was man an seinem Haus und drum herum an Metallarbeiten sieht, hat Ideen und reichlich Witz. Wer je die *Schlossmühle* im nahegelegenen Reurieth besuchen will, sollte diesen Schlosser nicht verpassen.

Daran, dass man die *Schlossmühle* der Familie Martin in Reurieth einmal gesehen haben sollte, möchte ich hier keinen Zweifel lassen. Ein Dresdner Maschinenbauprofessor im Ruhestand hat dieses Schloss- und Mühlenensemble vor

Schlossmühle Reurieth

Jahren als Schrotthaufen erworben. Es stand zuvor fünfzig Jahre un-genutzt und dem Verfall preisgegeben. Und er hat sowohl das Ge-bäude als auch die ganzen Innereien und technischen Funktionen in eigener Handarbeit derart umwerfend geschickt wieder hergestellt, dass einem schier die Spucke wegbleibt. Eine Turbine erzeugt ganz-jährig mit zehn Kilowatt Leistung Strom und ein unterschlächtiges Mühlrad unterstützt sie dabei je nach Wasserstand mit bis zu acht Kilowatt Leistung. Knapp achttausend Euro könne man mit dem eingespeisten Strom pro Jahr erwirtschaften, verrät uns der Herr der Mühle. Das Geld lande jedoch alles wieder in der Restaurierung und Instandhaltung der Anlage. Die Zähne des Mühlengetriebes seien aus Weißbuche und hielten in der Regel so achtzig bis hundert Jahre. Mit handwerklichem Geschick und Ingenieurswissen ist hier ein funktionierendes privates Mühlenmuseum entstanden, das mich ganz andächtig macht. Allein schon der Gang durch die vielen Eta-gen – auch diese Mühle lebte von ihrer Höhe –, die von hin und her laufenden viereckigen Holzröhren für die Mehl- und Kleieführung durchzogen sind, erin-nert an den Besuch bei einem Orgelbauer.

In der mühleneige-nen Mechanikwerkstatt dreht sich der geniale Hausherr gerade mal einen Stirlingmotor aus dem Block … Die Plä-ne liegen zur Ansicht aus. Dieser Daniel Dü-sentrieb kann offenbar alles.

Mit meinem Tun-nelblick suche ich ja auf dem Fußmarsch

Mühle oder Orgel?

gern nach Ansätzen für einen Plan B. Meistens handelt es sich dann um Methoden, wie man Dinge, die wir heute unter Einsatz von Erdöl tun, auch ohne dieses Elixier bewerkstelligen kann. In dieser Mühle sieht das etwas anders aus. Einen Plan B brauchte man früher, wenn kein oder zu wenig Wasser floss, aber trotzdem Getreide gemahlen werden musste. Dazu hat man sich seinerzeit einen Einzylinder-Dieselmotor geleistet, dessen Kolben in etwa das Format eines Zehnlitereimers hat. Muss ich erwähnen, dass der Hausherr diese Maschine in über achthundert Arbeitsstunden eigenhändig restauriert und wieder zum Laufen gebracht hat? Mit schelmischem Blick verrät er uns, dass es nur ganz wenigen gelingt, zu zweit dieses Ungeheuer mithilfe einer Kurbel anzuwerfen. Die Kompressionskräfte eines solchen Monsterkolbens sind einfach zu groß. Und unter bedeutungsvoll herausforderndem Augenzwinkern zeigt er uns eine *sehr* kurze Liste der wenigen Helden, die das bisher geschafft haben. Frank und ich sehen uns nur kurz an und es ist klar: Wir wollen auf diese Liste. Mühsam bringen wir das Schwungrad in Gang. Der Meister dreht kundig an den verschiedenen Ventilen und Stellschrauben, um den Start einzuleiten. Jetzt wird komprimiert, der Kompressionspunkt ist trotz des Schwungrades kaum zu überwinden. Das Schwungrad dreht sich, aber der Kolben wehrt sich gegen jede Umdrehung. Wir geben alles. Haben aber nicht mehr allzu viel. Der Meister wird etwas nervös und nestelt weiter an seinen Stellrädchen und Hebeln. Die Drehzahl reicht, meint er, die Maschine müsste schon längst zünden. Wir geben immer noch alles, obwohl wir nichts mehr haben. Und als seine Frau ihm leise – aber nicht leise genug – zuflüstert, dass der Dieselhahn am Tank noch geschlossen ist, brechen wir unauffällig neben der Maschine zusammen. Für einen zweiten Versuch haben wir nichts, aber auch gar nichts mehr in Reserve. Getröstet von der Vorstellung, dass wir mit geöffnetem Treibstoffhahn zumindest den Hauch einer Chance gehabt hätten, auf diese Liste zu kommen, verlassen wir mit dem Gefühl eines Punktsieges erschöpft das Schlachtfeld.

Als er wieder sprechen kann, schwingt sich Frank zu einem Kompliment für diesen Herrn auf, der keinen Urlaub kennt und seine Pension zu großen Teilen in dieses Projekt versenkt. Eine Art Ritterschlag zur Anerkennung besonderer Leistungen für die menschliche Zivilisation: Dieser Meister Martin sei mit allem, was er da aus freien Stücken für sich, seine Region und

Der Dieselmotor als Plan B

die Nachkommen leiste, ein *Kulturträger*. Er hebe das Niveau. Zum Abschied bekomme ich ein von seinen Gänsen selbst gedrechseltes Ei mit persönlicher Widmung. Wir werden es uns in einem der nächsten Quartiere kochen lassen.

Weiter im Ort stellt Frank uns seinen Schwiegerleuten vor, die hier hart an der Grenze zur Unwirtschaftlichkeit einen Dorfladen betreiben. Die Backwaren kommen aus der Nähe. Frisches Gemüse oder Salat sind ein kaum zu tragendes Risiko. Wenn von zehn Salatköpfen nur zwei gekauft werden, bevor

Stromlose Gegensprechanlage – zunächst horchen, dann erst reden

sie welk sind, wer zahlt die anderen? Bio-Lebensmittel gehen hier schon gar nicht über den Tresen. Die Bananen scheinen nicht aus der Region zu sein, die Äpfel offenbar auch nicht. Unser Pomologe betrachtet ihre Makellosigkeit mit gerunzelter Stirn. Zu wenig Umsatz, zu wenig Ertrag. Es reicht manchmal gerade für die Heizung und die Nebenkosten. Zu attraktiv sind die Preise und das Warenangebot im nahegelegenen Supermarkt. Die Funktion des Ladens als lokaler Nachrichtendienst und soziales Zentrum verliert sich zwischen Twitter und Autobahnanschluss. Um dem Niedergang der Tante-Emma-Läden nicht völlig tatenlos zuzusehen, kauft Frank noch ein paar Bananen, dunkle Semmeln und Käse. Wurst habe ich für die nächste Brotzeit noch genug dabei. Wer hat mir die denn nun schon wieder zugesteckt?

Das Hennebergische Museum Kloster Veßra bietet allerlei Lehrgänge an, unter anderem zu *Maischen und gut Sieden*, zum Gärtnern, zum Lehmbau, zum Brotbacken. Sie nennen es nur eben nicht Resilienz. Egal, das stabilisiert das Henneberger Land.

Kloster Veßra

An der Wand eines etwas klapprigen Hauses wirbt die Firma *Meetseed* mit einem Schild für sich und gibt mir damit Rätsel auf. *Meetseed* soll das etwa *Triff den Samen* heißen? Geht es hier um professionelle künstliche Befruchtung in der Tierproduktion? Wird hier Saatgut für die Feldwirtschaft gezüchtet oder wird gar altes und seltenes Saatgut in Genbanken für die Zukunft aufbewahrt? Ratlos rufe ich die angegebene Handynummer an. Nein, nichts dergleichen. Diese Firma bietet Risikokapital für Start-up-Unternehmen an. Für junge Firmen also, die zwar eine gute Idee oder eine Innovation haben, aber nicht das finanzielle Polster, um ihre Idee zur Verkaufsreife zu bringen und zu vermarkten. Dem hohen Risiko, das ein Geldgeber damit eingeht, stehen im Erfolgsfall ziemlich hohe Gewinne gegenüber. In der Regel verkaufen solche *Venture-Capital*-Geber die jungen Firmen dann nach wenigen Jahren wieder mit hübschen Ertrag. *Meetseed* ist also nur für die erste Wachstumsphase einer Firmengründung zuständig. Warum aber hängt dieses Schild hier im Henneberger Land an einem *lidschäftigen* Häuschen? *Lidschäftig* ist hier im fränkischen Sprachraum das Wort für *lavede*. Wohnte hier die Oma des smarten jungen Glücksritters, mit dem ich telefonierte? Ein bisschen Risikokapital könnten die Statik und die Fassade dieser Kate schon auch gebrauchen.

Einem *Schlachtegemälde* in einer humorvollen Fleischerei am Wegesrand zufolge, muss es das höchste Lebensglück einer Sau sein, in ihre eigenen Gedärme verpackt, so eine Art *wurstige Reinkarnation* zu feiern. Nur die Leberwurst steht etwas gekränkt und unglücklich in der Ecke.

Am Bahnübergang erwartet uns eine Passantin – in diesem Fall Franks Frau – mit einem ziemlich leckeren selbst gemachten Kuchen auf der Kühlerhaube ihres Autos. Ein Hauch von Tour de France kommt auf.

Erschöpft erreichen wir gegen Abend den Ökohof Vachdorf, der den Eindruck macht, als sei er aus einer kurzen Liebelei zwischen einem zarten westdeutschen Biohof mit einer gestandenen Kolchose hervorgegangen. Es scheint, als denke man in diesem Ökohof *Bio* im großen Stil.

Schlachtegemälde

Hier nun stößt endlich Carsten, der Landtagsabgeordnete mit dem Glasauge zu uns, der am nächsten Tag das Geheimnis um dieses augenscheinliche Ersatzteil in aller Ausführlichkeit lüften wird. Er ist wohl einer der wenigen Landtagsabgeordneten, die auch mal ein Auge zudrücken können.

Theresa, Martin und Carsten quartieren sich im Landhotel des Ökohofes ein. Ich werde von Andreas Braun zur Übernachtung nach Marisfeld eingeladen. Er und seine Frau Elena leben dort sehr einfach und fromm. Er arbeitet als Tischler. Sie ist Ärztin, macht aber stattdessen hier den Garten und den Haushalt. Beide sind aktiv im Posaunenchor. Sie wirken sehr einträchtig, sehr zugewandt, sehr aufmerksam, füreinander und für andere. Falls die beiden Uralten *Philemon und Baucis* je jung gewesen sein sollten – so stelle ich mir ihr Leben in etwa vor.

Flutwiesen – 11. Mai

Zum Frühstück verzehren wir das mitgeführte Gänseei, das uns die Küche des Landhotels netterweise hart gekocht hat. Irgendwo zwischen Vachdorf und Untermaßfeld stoßen Ilga und Martin aus Jena zu unserem Grüppchen und begleiten uns für den Rest des Tages mit dem Rad.

Nicht ohne selbstbewussten Stolz erzählt uns ein Passant die Geschichte der Flutwiesen an der Werra. Auf ihnen wurde immer nur Weidewirtschaft betrieben und Heu gemacht, da der Boden, wenn er umgepflügt und beackert wird, im Fall einer gelegentlichen Überflutung schutzlos der Erosion ausgesetzt ist. Die Flutwiesen werden in der Regel von etwa zwanzig Eigentümern an einen Nutzer verpachtet. Kürzlich hatte man einen Pächter aus dem Raum Braunschweig, der die Flutwiesen umpflügte, um mit der Feldwirtschaft höhere Erträge zu erzielen. Die Frage der Erosion des Mutterbodens im Werratal und der wasserstandsregulierenden Funktion der Flutwiesen scheint ihn nicht so sehr beschäftigt zu haben. Die Verpächter und Bewohner des Werratals haben dieser Nutzung widersprochen – *wir sind auf die Barrikaden gegangen* –, woraufhin der Pächter wieder das westliche Weite gesucht hat. Jetzt hat man einen Pächter aus Hannover, mit dem man einigermaßen zufrieden ist. Und man hat die Pachtdauer von zwölf auf sechs Jahre herabgesetzt, um nicht so langfristig an einen Pächter gebunden zu sein. Sagt mal, gibt's denn hier im Werratal keinen, der diese Flächen selbst bewirtschaften will und kann?

Mann mit Kiepe

Am Wegrand steht ein Handlungsreisender aus Stein. Womit auch immer dieser Mann, der vermutlich mit seiner Kiepe über Land zog, handelte, es war sicher kein börsennotiertes Unternehmen. Im günstigsten Fall konnte er bei seiner Subsistenzwirtschaft mit den Produkten seiner Winterarbeit ein paar Taler dazuverdienen.

Ein achtzigjähriger Gartenfreund erzählt uns über den Zaun hinweg, dass er all sein Gemüse und Obst selbst anbaut. Die Schnecken hält er sich mit einem geschlossenen Ring aus Sägespänen, der seine Beete umschließt, vom Hals. Er achtet auf eine sinnvolle Fruchtfolge auf seinen Flächen und hat einen guten Lagerkeller an der Straße. Nein, Äpfel und Kartoffeln sollen nicht im gleichen Keller lagern. Und er kocht ein, friert ein für den Winter. Sein Haus beheizt er mit Öl und zusätzlich mit Holz, um Kosten zu sparen. Das Brennholz bekommt er aus dem Bestand einer Waldgenossenschaft, die hier seit 1935 die Waldnutzung gemeinsam regelt. Muss man diese Waldgenossenschaft jetzt schlecht finden, weil sie unter Adolfs

Oberhoheit begonnen wurde? Ich finde, das wäre ein etwas plumper und schlichter antifaschistischer Reflex, oder? Das Wasser im Ort kann man gut trinken, sagt er, nicht zuletzt, weil viele der Felder hier vom Ökohof Vachdorf ohne chemische Keulen bewirtschaftet werden. Und im Gegensatz zu den Nachbargemeinden sind sie hier nicht ans Fernwasser angeschlossen.

Unter einer Autobahnbrücke beobachtet ein schon nicht mehr ganz junger Fahrlehrer die Beschleunigungs- und Bremsversuche eines jungen Motorradschülers auf einer Teststrecke. Während er seinen Schüler im Augenwinkel behält, kommen wir in ein nachdenkliches Gespräch in Rhöner Mundart, die mich stark anheimelt. Er beobachtet, dass in den letzten Jahrzehnten die Ställe und Scheunen weniger werden. Sie werden abgerissen oder für eine andere Nutzung ausgebaut. Er sieht kaum noch Kleinvieh auf den Höfen, kaum Gänse, kaum Karnickel. Nur wenige betreiben ihren Hof zum Nebenerwerb. Seine Enkel nimmt er gelegentlich mit auf einen funktionierenden Hof in der Rhön, damit sie diese Wirtschaft kennenlernen. Jetzt aber kommt der Fahrschüler von seinem Übungsparcours zurück und platziert sich mit einer Vollbremsung vor seinem Herrchen, in gespannter Erwartung eines Kommentars. Das ist nicht mehr unser Geschäft, wir ziehen weiter.

Eine Tafel gegenüber der Justizvollzugsanstalt Untermaßfeld lässt ahnen, dass es die *Deutsch-Sowjetische Freundschaft* nicht in allen Gegenden der DDR gleich einfach hatte. Uns im Westen hat man nach dem Krieg mit Kaugummis und Gründungskrediten wie-

Die deutsch-sowjetische Freundschaft hatte es nicht überall gleich leicht

der eingefangen und so ein ziemlich solides Fundament für transatlantische Gefolgschaft gelegt. Allerdings hatten die GIs auch etwas mehr Grund zur Gelassenheit. Schließlich standen unsere Truppen in den Vierzigern nicht vor San Francisco.

Sterbehilfe per Bobby-Car

Mit einem mehr als frisierten Bobby-Car führt uns ein junger Mann ungefragt und unbehelmt vor, dass man auf einem Fahrradweg neunzig Sachen fahren kann. Der Fahrlehrer ist schon lange außer Sichtweite. Plan A des jungen Abenteurers: vielleicht überleben. Plan B: der getunte Rollstuhl, Plan C: die Urne. Naja, wenn jemand das dringende Bedürfnis verspürt, sich zeitnah selbst zu entsorgen, ist es vielleicht besser so, als wenn er diese Neigung im Rahmen eines Krieges auslebt, bei dem in der Regel noch etwas mehr kaputt geht als ein Bobby-Car und man selbst.

In Untermaßfeld sind leider die nahezu blinde Birgit Henkel und ihr Mann, der Revierförster, nicht zu Hause. Diese regionalen Aktivposten in der Gegend hätte ich gern noch besucht. Ersatzweise überfallen wir den Biergarten der Kneipe gegenüber, um ein paar leckere Kalorien nachzuladen.

In Meinigen dann ein ausgiebiges Picknick in der Werraaue, zu dem wir viel zu viel eingekauft haben. Später drängt uns Theresa, doch unbedingt mal mit in die katholische Kirche zu kommen, in der sich nun wahrlich nicht alle aus der Gruppe heimisch fühlen. Dieser moderne Raum aber, mit den wenigen vereinzelten flammend roten und Licht durchströmten Glassteinen in der Stirnwand, führt in die Stille. Hier bin ich zu Hause.

Während die anderen dann wieder den Heimweg antreten, erwartet mich Alexander Keiner im Kunsthaus Meiningen zur Gesprächsrunde mit interessierten und interessanten Künstlern und Menschen. Er leitet das Kunsthaus und überlässt mir für die Nacht und den morgigen Ruhetag den Schlüssel für sein Büro. Dankbar trinken wir nach dem Gesprächsabend zusammen noch ein Tässchen Milchkaffee.

Die schiere Masse des in den letzten Tagen Gehörten erschlägt mich etwas: Die Reichsregierung, verschiedenartig drehende Wasserwirbel, nationalistische Wunderdoktoren, Krebs als Selbstheilungsprozess, Freie Energie, Kernfusionsreaktoren für den Hausgebrauch, Ionen, die sich aus dem Nichts oder aus einer der anderen Dimensionen heraus spontan materialisieren und auch wieder dematerialisieren, weltrettende Technologien, die von *denen da* aufgekauft werden, damit *sie* das große Geschäft mit dem Öl weiter betreiben können und die einfachen Leute nicht an die kosten- und endlosen Energiequellen herangelassen werden, die doch jedem zustehen …

Vor dieser Lawine aus Technologien, Erkenntnissen, Sehnsüchten und Projektionen fliehe ich regelrecht in das Hören auf die Stille. Nach dem Vielen, was ich in den letzten Tagen in Südthüringen zu hören und zu sehen bekam, kann ich einen Tag Pause gut gebrauchen.

Hohe Lilie – 12. Mai

Heute ausgeschlafen, gefrühstückt und dann noch mal in die Kirche mit den roten Lichtflecken zur Messe. In der *Hohen Lilie* leiste ich mir ein deftiges Mittagessen. In dieser volkstümlichen fränkischen Kneipe scheint ein grantiger Befehlston zum besonderen Service zu gehören. Man setzt sich keinesfalls irgendwo hin, sondern wird unter der Drohung, dass es möglicherweise überhaupt nichts mehr zu essen gibt, wenn man hier den Kommandos zuwiderhandelt, am

Tresen in die Warteschleife geschickt. Und da ich brav bin, bekomme ich irgendwann einen Platz zugewiesen, der ohnehin schon die ganze Zeit frei war. Es gibt sogar noch Klöße, die hier als *Hütes* aufgetischt werden. Alle Gäste scheinen diesen knorrigen, appetitanregenden Umgangston zu genießen. Man knarzt auch mal zurück, aber letztlich ist klar, dass hier der Koch und sein Büttel kommandieren. Eine milde Form von Sado-Maso Gastronomie. Ich behaupte mal, diese urige Kneipe wäre auch voll, wenn sie im Internet mit einem *shitstorm* von schlechten Bewertungen und *gefällt mir nicht* überzogen würde. Wer sich hier wohlfühlt, der braucht keine Tipps aus der virtuellen Welt.

Scheuersand – 13. Mai

Um mein poröses Hirn etwas zu entlasten, habe ich mir ein Aufnahmegerät besorgt. So habe ich jemanden, der auch mir mal geduldig zuhört. Da dessen Gedächtnis langsam überläuft, möchte ich mir heute Morgen als Erstes eine neue Speicherkarte besorgen. *Im Dom* bekäme man die schon ab acht Uhr in der Frühe, verrät mir ein Passant. Wie bitte, *im Dom*? Ich habe gelernt, vieles für möglich zu halten und setze mich in Richtung Dom in Bewegung. Der auskunftsbereite fränkische Passant hält mich zurück und weist heftig in die entgegengesetzte Richtung. Dort sei der *Doom*. Jetzt erst höre ich das zweite ‚o‘ deutlich heraus. Und als er meinen noch immer skeptischen Blick sieht, erlöst er mich endlich mit dem Zusatz: *Na der Doom Markt.* Verstehe. Das harte ‚T‘ kann ich mir dann auch noch selber ergänzen.

Am Bahnhof stößt für heute Uwe Kapell wieder dazu, der Mitte April den Fußmarsch schon mit seinem Akkordeon und ziemlich arrhythmischer Balkanmusik bespielt hat. Heute stellt mir dieser gelernte Elektroingenieur das Konzept einer Energieversorgung für Deutschland aus hundert Prozent erneuerbaren Energien vor. Eine Computersimulation der Zeitschrift *Photon* ergab, dass dabei die Biomasse und die Wasserkraft nur fünf bis zehn Prozent des Energiebedarfs decken könnten. Die Hauptquellen für die Energieversorgung wären zu zwei Dritteln Windenergie und zu einem Drittel Solarstrom. Das System müsste überdimensioniert sein, damit für Zeiten geringen Windes und geringer Sonneneinstrahlung die Energie über Elektrolyse in Form von Gas im Erdgasnetz gepuffert werden könne. Aus diesem Puffer können dann über Gaskraftwerke auch Zeiten hohen Strombedarfs bedient werden – einschließlich der Mobilität.

Ich bin mal wieder skeptisch. Irgendwo gibt's doch da bestimmt einen Haken. Das würde sich doch durchsetzen, wenn's so einfach wäre. Hierzu würde ich jetzt gern mal die Sichtweise der Gegenseite hören, abzüglich der Argumente, die sie ohnehin aus Gründen gediegener Lobbyarbeit vorbringen müssen, um ihre Geschäftsfelder zu retten. Dieser Plan klingt fast zu schön, um wahr zu sein. Oder sind wir alle nur so fixiert auf die Alternative *Fossile und atomare Energie versus Untergang der Zivilisation*, dass wir solche Lösungen gar nicht zu denken wagen?

Später berichtet mir Uwe, wie seine Eltern am Stadtrand von Berlin ihre Familie mit weitgehender Subsistenzwirtschaft, also in Selbstversorgung, ernährt haben. Unter anderem bekamen die Kleintiere massenweise altes Brot, an dem es wegen des subventionierten Brotpreises keinen Mangel gab. Dieser interessante Bericht ist jedoch leider auf meinem Aufnahmegerät von sehr lauten Windgeräuschen überlagert – die wiederum Uwes Plädoyer für die Windenergie hörbar bekräftigen.

Unfertige Neubauten

Wieder tauchen Bilder auf, die aus einem Film von Andrej Tarkowski stammen könnten. Unfertige Artefakte, die ihre Bestimmung nic erreichten. In diesem Fall ein ratloses Hochhausensemble aus der Vorwendezeit über Baumkronen. Überhaupt scheint mir, dass der Geist Tarkowskis den Fußmarsch wie ein streunender schwarzer Hund begleitet und gelegentlich still und nachdenklich aus dem Gestrüpp am Wegesrand auftaucht.

Kompostierungsanlage

In diese Bildfolge passt nahtlos eine Gruppe dampfender Hügel, auf die wir gerade zulaufen. Beim Näherkommen scheinen das die Reste kompostierten Hausmülls zu sein. Einige Haufen sind schon fast Humus, aber locker mit gehäckselten Kunststofffetzen durchsetzt. Andere Haufen bestehen vorwiegend aus geschreddertem Müll. Merkwürdige Fraktionen zwischen industriellem Kompost und Sondermüll. Sah ich nicht letztes Jahr solche seltsamen Haufen auf den Feldern um unser Dorf?

Dampfende Hügel, unterteilt durch Schlammwege, von großen Fahrzeugen derart aufgewühlt, dass wir gern darauf verzichten, das Gelände zu betreten. Wider Erwarten lernen wir nach dem Umrunden des Geländes vor der Verwaltungsbaracke am anderen Ende des Lagerplatzes den Chef dieser Lagerstätte kennen. Er fließt förmlich über vor Interesse, als er von dem Anliegen des Fußmarsches erfährt. Hasen hat er, Forellen, Hühner, Enten und sogar Esel. Und eine Jagd. Außer dem bisschen Aufschnitt kam ihm in den letzten Jahren kein gekauftes Fleisch auf den Tisch. Alles selbst gezogen. Keine Angst vor BSE oder anderen Krisen. Ich zeig Ihnen mal was, sagt er, und führt uns in das Innere der Verwaltungsbaracke. Neben seinem Büro führt er uns in einen kleinen, sehr warmen

Raum. Unter Wärmelampen und in einem Brutofen zieht er hier den Nachwuchs für sein Geflügel heran. Sind die Küken geschlüpft, schiebt er sie den Hühnern zur weiteren Erziehung unter. Hier leuchten seine Augen im rötlichen Glanz der Wärmelampen. Das ist seine Art der Unabhängigkeit vom Weltmarkt. Sein Jagdhund hält sich gutwillig und still in der Nähe. Und mit den Nachbarn? Tauschgeschäfte mit der eigenen Ernte, dem Geschlachteten, der Jagdstrecke. Je nachdem, wovon man zu viel oder zu wenig hat.

Einen Kaminofen hat er sich schon vor Jahren einbauen lassen, aber nie genutzt. Jetzt sammelt er immer, wenn er zur Jagd in den Wald fährt, Stockholz ein und im letzten Winter hat er mit seinem Öfchen dreihundert Euro beim Heizgas eingespart.

Seine auf den ersten Blick etwas unappetitliche Arbeit mit der Kompostieranlage erklärt er uns: vom Häckseln, von hochkalorigem Folienüberlauf, der dann zur thermischen Verwertung der Restmüllverbrennung zugeführt wird, vom Prozess der warmen Vergärung der Rotte ohne Zusatzstoffe binnen einundzwanzig Tagen. Sein Traum ist ein Fermenter zur Gewinnung von Gas, mit dem er dem Landratsamt samt der benachbarten Plattenbausiedlung Heizwärme anbieten will. Unsereins mokiert sich vorzugsweise über Umweltverschmutzung, wundert sich aber auch gern freudig darüber, dass all der Müll, den er in verschiedene Tönnchen abfüllt, irgendwie geräuschlos aus seinem

Kirchenbrand in Walldorf

Blickfeld verschwindet. Und dieser Mann hier macht aus, sagen wir mal, Stuhlgang Butter.

An einem Gartenzaun treffen wir wieder einen gärtnernden Rentner und an dieser Stelle des Berichts wird mir der Leser vermutlich dankbar sein, wenn ich nicht im Detail aufzähle, was der alles anbaut, schlachtet und einkocht.

In Walldorf löste sich unlängst die Dorfkirche in Rauch auf. Und da kam die Jahreslosung 2013 gerade recht: *Wir haben hier keine bleibende Stadt, sondern die zukünftige suchen wir.* Selbstverständlichkeiten – nicht selbstverständlich. Die Glocke – von den Bauern des Ortes in den Fünfzigerjahren gestiftet – konnte gerettet werden. Sie trägt das Chi-Rho Zeichen, ein altes Symbol für Christus und Frieden, das ich auch auf der *Fertschwäre* versteckt habe, für die, die es erkennen wollen.

Glocke mit Chi-Rho Zeichen

Wir erfrischen uns kurz am doppelläufigen Judenbrunnen mit den zwei Auslässen, an dem seinerzeit am rechten Rohr der Arier seinen Durst stillte und am linken der Semit. Heute zirkuliert in diesem Brunnen Fernwasser. Bei den letzten Tiefbauarbeiten – erklärt uns der Nachbar am Zaun – hatte man die Mühe gescheut, das Quellwasser wieder bis zu diesem Brunnen zu führen.

Wenig später laufen wir dem Chef der Walldorfer Sandsteinhöhle in die Arme, der dieses – mit 65.000 Quadratmetern – ziemlich große Loch, das die Sandmacher vergangener Jahrhunderte in den Berg gebuddelt haben, touristisch, so gut es geht, vermarktet. Dieser feine, weiße und scharfe Sand wurde früher als Scheuer- und Streusand genutzt. IMI sagt er und ATA, und schon sehe ich eine ganze Galerie matt gescheuerter Badkeramik vor meinem inneren

Cola von hier

Auge. Jetzt fristet dieser geologische Hohlraum seinen Ruhestand als Märchenhöhle und Freizeitpark.

Kurz vor Schmalkalden kommen wir endlich zur Tankstelle des *Thüringer Waldquells* und der *Cola von hier.* Eine Fabrik eben. Man ahnte schon, dass auch der *Waldquell* nicht am Inselsberg von Feen in Handarbeit in Flaschen geträufelt wird.

In Schmalkalden schließlich ist für uns ein hübscher kleiner Imbiss vorbereitet und eine lebhafte Gesprächsrunde in der *Galerie an der Stadtkirche.* Sehr ansprechende Ausstellung in einem weitgehend entkernten Fachwerkhaus, dem man diesen riesigen Raum von außen her gar nicht zutraut. Der Abend ist thematisch weitgehend von der *Regionalgeldinitiative Südthüringen* geprägt.

Unser Quartier ist hier ein geräumiges Jugendzentrum. Heute schlafe ich wieder im Schatten eines großen Billardtischs, wie schon in Sondershausen.

Frau Müllerin – 14. Mai

Nach unserem improvisierten Frühstück erwarten uns Peter Heimrich, der Landrat des Kreises Schmalkalden-Meiningen, und der Breitunger Bürgermeister Ronny Römhild auf dem Schmalkaldener Rathausplatz zum Abmarsch. Und sehr bald stellt sich heraus, dass wir hier mit zwei jungen Kommunalpolitikern unterwegs sind, denen ein gutes Maß an kerngesundem Menschenverstand zugeteilt wurde. Frisch, initiativ, zuversichtlich und ohne Dünkel oder demonstrativ zur Schau getragene Würde steigen sie gleich bei den ersten Metern ein in das Gespräch über die Stärken der Region. Selbstkritik scheint ihnen keinen Zacken aus der Krone zu brechen.

Stärken dieser Gegend, die traditionell von Werkzeugbau und Handwerk geprägt ist, seien Innovations- und Improvisationskraft. Man findet hier mit pragmatischem Geschick eine passende Lösung für jedes technische Problem. Eine Schwäche sei, dass manche guten Ideen aufgrund mangelnder Investitionsmittel nicht aus der Knete kommen. Eine weitere Schwäche der Region, meint der Landrat, ist die große Abhängigkeit des Mittelstandes von der Automobilindustrie. Wenn diese mal schwächelt, wie zum Beispiel in der Krise um 2008 herum, dann gehen hier ganze Betriebe in die Knie.

Von Regionalität, sagt Heimrich, wird viel und gern geredet, aber nur selten wird sie konsequent praktiziert. Der größte Globalisierer, meint er, sei der Verbraucher mit seiner Entscheidung für billige Importware. Damit finde eine permanente Volksabstimmung gegen robuste regionale Strukturen statt.

Nach kurzer Etappe verabschieden die beiden sich auf später. Den Bürgermeister von Breitungen treffen wir am Nachmittag noch mal zu Kaffee und ausgiebigem Plausch in seinem Rathaus. Er berichtet dort von Aufgaben, die vom Land zu den Kommunen entsorgt werden. Das Land macht zum Beispiel eine Vorgabe, dass zur angemessenen Kinderbetreuung der Personalschlüssel, also die Anzahl der Mitarbeiterstellen pro Kind, auf ein Maß angehoben werden soll, mit dem Thüringen bundesweit einen Spitzenplatz belegt. Umsetzen und finanzieren müssen diesen Beschluss jedoch die Kommunen, denen dazu häufig einfach die Mittel fehlen.

Er berichtet von Tourismusförderung und dem *Wir-Gefühl*, das es noch weiterzuentwickeln gelte. Und von über zweihundert Wohneinheiten, die der Kommune gehören und die inzwischen mit einer Holzhackschnitzel-Anlage beheizt werden. Das senkt die Heizkosten für die Mieter und wirft für die Kommune noch einen kleinen Ertrag ab. Uwe hatte am Rathaus das Schild einer

Solarpark GmbH gesehen und Ronny Römhild erklärt uns, wie die Kommune mit an einem Projekt für erneuerbare Energien beteiligt ist. Eine mit chemischen Altlasten kontaminierte Fläche, die keine landwirtschaftliche Nutzung mehr erlaubt, wurde für einen ansehnlichen Solarpark verwendet. Das kann Uwe, der aus dieser Branche kommt, nur gefallen. In Sachen Trinkwasser sind sie zwar in einen Zentralverband eingebunden, können jedoch ihre Versorgung jeden Moment auf eigene Wasserquellen umstellen. Ronny Römhild. Den Namen dieses Bürgermeisters kann ich nicht oft genug wiederholen. Diese Alliteration, die seine Eltern ihrem Sohn da mitgegeben haben, hat die Griffigkeit von Bert Brecht, Greta Garbo, Donald Duck oder Fischers Fritze. Das merkt man sich einfach gern.

Unser Toilettenpapier – fest in italienischer Hand

Wenig später treffen wir noch auf den sympathischen und bodenständigen Betreiber eines kleinen Landhandels und wieder auf einen fahrenden Kleintierhändler, der am Tag so um die dreißig Dörfer abklappert. Die Infrastruktur für eine Selbstversorgung scheint nicht schlecht zu sein hier im Werratal.

Werra-Krepp, das Papier, das – allein schon wegen der Regionalität – in unserem Haus seit Jahren in seiner grauesten Form so zuverlässigen Dienst leistet, ist inzwischen offenbar fest in italienischer Hand. Na gut, das nehmen wir, wie es ist, solange es das letzte Produkt in der Recyclingkette bleibt. Nicht überall wo *von hier* draufsteht, ist auch Regionalität drin. Von wegen *Papier von hier*.

Untermühle Breitungen

Die Untermühle in Breitungen ist nun aber wirklich ein Fundstück. Die Müllermeisterin wurde hier im Haus beim Klappern des Mühlrades geboren und hat das Geschäft von ihrem Vater übernommen, ihr Mann hat mitgearbeitet und auch zwei ihrer Töchter haben Müller gelernt. Auswärts leidet sie unter Einschlafstörungen, weil ihr das Mühlenrauschen fehlt. Sehr früh schon hat ihr Vater die Mühle an sie übergeben, um dann jung zu sterben. Nach wie vor mahlt sie den Roggen für zwei Bäckereien und betreibt zusätzlich noch einen kleinen Landhandel und Naturkostladen in der Mühle. Wenn die Mahlsteine nicht laufen, erzeugt sie Strom. Was in der *Schlossmühle* vor vier Tagen technische Leidenschaft eines Maschinenbauers war, ist hier noch die Endmoräne einer jahrhundertealten Handwerkskunst. Ihr Mehl, sagt sie stolz, hält sich maximal ein halbes Jahr frisch, eben weil es nicht chemisch (oder thermisch?) behandelt ist wie das Mehl der Industrie, das viel länger hält. Jede Ernte mahlt und backt sich ein klein wenig anders. Das müssen Müller und Bäcker immer wieder neu austesten, wenn die Ernte eingebracht ist. Diese Frau strahlt eine zuversichtliche Gelassenheit aus und man ahnt, dass sie mit ihrem Beruf glücklich ist. Auch wenn es nicht in großen roten Lettern auf den Unterzugbalken der Mühlenstube geschrieben wäre, spürt man hier dieses Blanco-Angebot in der Luft liegen: *Wer in meine Mühle kommt, ist mein Freund.*

Ihre Töchter werden die Mühle wohl nicht übernehmen. Eine von beiden war immerhin bester Müller-Lehrling der DDR, mit zwei Wochen Ungarn als Belohnung und einem anschließenden Ingenieurstudium. Der Naturkosthandel, den sie in einem nahen Kleinstädtchen betreibt, ist jedoch einträglicher als die Mühle der Familie.

Wenig später laufen wir bei schönstem Wetter im Hof des *Schlosses Breitungen* ein. Der Burgherr Martin Koenitz, ein junger Antiquar aus Leipzig, hatte den Fußmarsch ausdrücklich gebeten, hier Station zu machen. Burgfräulein Isolde empfängt uns mit wehendem rotem Haar in mildem Abendlicht. Dieses Renaissanceschloss stand lange ungenutzt, Auge in Auge mit dem Verfall, bis dieser Antiquar mit guten Referenzen den Zuschlag bekam. Er richtet es vorwiegend mit örtlichen Handwerkern wieder her. Inzwischen

hält er hier ziemlich ausgefallene und stilvoll mit altem Gerät, Mobiliar und alter Kunst eingerichtete Gästezimmer, auch für Seminare, bereit. Das ganze Jahr über legt er hier aus freien Stücken ein Kulturprogramm auf, für das eine Kleinstadt sich nicht schämen müsste. Das hier hat nichts mehr mit Mittelalter zu schaffen. Das ist leuchtende Renaissance.[46]

Schloss Breitungen

---

46 www.schloss-breitungen.de

Zur Gesprächsrunde am Abend taucht der Landrat wieder auf. Er traut seinem Landkreis zu, sich im Bedarfsfall vollständig selbst zu versorgen. Mit drastischen Einschränkungen, versteht sich. Die landwirtschaftlichen Großbetriebe müssten sich erheblich umorientieren, von einer subventionsgetriebenen zu einer nachfrageorientierten Wirtschaft. Früher war die Gegend um Breitungen ideal für Kartoffeln und Tabak. Damit wurden die Felder bestellt. Aus diesem Boden kamen weit und breit die besten Kartoffeln. Inzwischen wird angebaut, was mehr Gewinn bringt oder was höher subventioniert wird. In Krisenzeiten, sagt er, zeigt sich die Stärke einer Region. Als seine Mutter nach dem Krieg aus dem Schlesischen hier anlandete, kamen tausendfünfhundert Umsiedler auf dreitausend Einheimische. Die sind am Anfang behandelt worden wie das Vieh, sagt er. Manche der Bauern, denen es gut ging, dachten gar nicht daran, etwas abzugeben. Bis dann der – offenbar vernünftige – Bürgermeister seine Bauern mit einem Machtwort darüber aufklärte, dass es sich bei den Umsiedlern auch um Menschen handelte und dass sie nun am allerwenigsten für ihr

Erst im Sturme …

Schicksal und für den Verlust der Heimat könnten. Er nötigte die Ortsansässigen kraft seiner moralischen Autorität zum Teilen mit den Neubürgern. Das erinnert etwas an die Essensmarken, die in den Kellern des Schleizer Landratsamtes auf schlechtere Zeiten warten.

Auch das Atomkraftwerk Grafenrheinfeld erwähnt der Landrat. Siebzig Kilometer entfernt, ist es offenbar immer noch nah genug, dass man hier für einen Notfall als Plan B Tabletten zur Jodblockade bevorratet. Sie sollen im Körper die Stellen besetzen, an denen sich radioaktive Isotope gern ansiedeln würden. Sie reichen aber nicht für die ganze Bevölkerung. Alle über sechzig werden nicht mehr versorgt. Soll man sich jetzt wünschen, dass so ein Malheur passiert, solange man noch in den Fünfzigern ist? Eher nicht. Solche Kraftwerke scheren sich im Havariefall ja so gar nicht um Landesgrenzen, wie offen oder geschlossen sie auch sein mögen.

Auf dem Schlosshof hupt es. Der Hausherr hat Pizza für alle bestellt, und unser Gespräch wird in meinen Tonaufzeichnungen durch eine ausgiebige Geschirrklapper-, Schmatz- und Kaupause unterbrochen.

Aus der Perspektive gediegenen Wohlstands wirft der Schlossherr ein, dass die Benzinkosten für die häufigen Fahrten von Leipzig hierher und auch die sechshundert Euro Gaskosten pro Monat zur Teilbeheizung des Schlosses ihm keine nennenswerten Sorgen machen. Immerhin stehen diesem Aufwand ja auch Einnahmen aus dem Gästebetrieb gegenüber. Aber er empfindet diesen Zustand der Abhängigkeit von weltweiten Energiequellen als unnatürlich. Er baut ein Netz von möglichst regionalen und alternativen Ansätzen auf, für Zeiten, in denen man vielleicht einmal mehr aufeinander angewiesen sein wird. Er bekommt immer Sonderkonditionen für seine Bauarbeiten am Schloss. Anders könne er diese Baustelle auch nicht stemmen. Viele Leute verstehen, dass er etwas für die Region tut und unterstützen ihn. Das *Ökodorf Sieben-*

linden in der Altmark ist für ihn ein interessantes Modell. Man bemüht sich dort in Gemeinschaft um Regionalität und darum, mit dem eigenen Leben möglichst geringe ökologische Kratzspuren zu hinterlassen.[47]

Man muss Kompromisse machen im Leben wie in der Gesellschaft, wirft der Landrat ein. Wenn man das nicht macht, sagt er, geht man entweder unter oder man wird verrückt. Oder aber man organisiert sich in Gemeinschaft mit anderen so konsequent selbst, dass man die umgebende Gesellschaft nicht braucht. Diese kleinen Gemeinschaften von Aussteigern würden jedoch häufig belächelt, sinniert er mit einem Blick, der weit über seine Schreibtischkante hinausgeht.

Aber solche kleinen Gemeinschaften, meint ein anderer Gast, hätten die Chance, anderen zu zeigen, dass es auch anders gehen kann. Dass nicht zwangsläufig alles immer so – und nur so – laufen muss, wie wir es zurzeit kennen.

Im Anschluss gibt uns und anderen dazukommenden Gästen Lutz Keller, ein extra angereister Berliner Barde, noch ein fetziges Konzert zur Klampfe. Man ahnt das Niveau, das auf diesem Renaissanceschloss gepflegt wird. Beim anschließenden offenen Feuer auf dem Burghof verleiht der Breitunger Totengräber, der zufällig noch vorbeikommt, mit ein paar Mundartschoten dem Abend unter Sternen ein etwas gruftiges Flair. Uwe und ich schlafen in einem nahe stehenden Bauwagen, um nicht den Eindruck zu erwecken, als könnten wir die Übernachtung in den sehr stilvollen Gästezimmern hier bezahlen. Beim Einschlafen liegen gefühlte zweihundert Meter Luftlinie zwischen mir und dem rotmähnigen Schlossfräulein Isolde.

---

47 www.siebenlinden.de

Dorfliebe – 15. Mai

Die heutige Etappe nach Bad Salzungen ist kurz. Wir frühstücken spät und bekommen noch eine ausführliche Schlossführung. Gegen elf Uhr brechen wir auf und Uwe tritt seinen Heimweg an. Wieder in Breitungen spricht mich eine Frau an, die sich lobend über den Schlossherrn äußert. Er bringe das Schloss in Ordnung und investiere richtig Geld dort oben. Allein was die Renaissance-Fenster kosten. Sie weiß Bescheid, ihr Mann ist der Tischler und hat die Fenster gebaut. Eine andere Frau hat aus der Zeitung von den großen Ohren erfahren und ihr gefallen das Zuhören und die Fragen, die der Fußmarsch stellt. Etwas später am Ortsrand stoppt ein älterer Herr seinen Kleinwagen neben meinem Ohrenwagen am Straßenrand. *Ich hab da mal eine Frage*, meint er mit etwas unklarer Blickrichtung aus dem Auto schauend. Da ich vermute, dass er den Landschaftsgärtner mit der Motorsense hinter mir meint, drehe ich mich, ebenfalls fragend, um. *Nein, ich meine Sie! Wovon leben Sie eigentlich?*, examiniert er mich mit strengem Blick auf die karnevalistischen Ohrskulpturen an *meinem* Kleinwagen. Ja also, ich bin selbstständig im Bereich Wärmedämmung und Energieberatung. Von den Ohren jedenfalls kann ich nicht leben. Jetzt im Frühjahr ist bei mir Nebensaison, Saure-Gurken-Zeit. Da leiste ich mir diesen Fußmarsch. *Aha*, rückt er sich zurecht, *das klingt ja nicht schlecht.* Davor habe er großen Respekt. Das sei ja ganz was Gutes. Er habe von dem Fußmarsch gehört. So was müsse es öfter geben. Und er gibt seiner Begeisterung Futter. Was dieser Herr auf den Fußmarsch projiziert, weiß ich nicht. Mit mir kann das nur bedingt zu tun haben. Einerseits tut so eine warme Sympathiedusche mir auch mal gut, andererseits spüre ich den Drang, ihn mit meiner Frau bekannt zu machen. Manche Eigenschaften, die sie an mir kennt, würden diesen positiven Schnappschuss eines Passanten etwas relativieren. Immer wieder haften Projektionen an diesem offenen Fußmarsch: Da bricht einer auf, da bricht etwas auf, da kommt etwas in Bewegung. Und eigenartigerweise weckt das Hoffnung für die jeweils ganz unterschiedlichen eigenen Anliegen. Auch vor dem Landrat, der gestern mitgelaufen sei, ergänzt der Herr aus dem Kleinwagen, habe er großen Respekt. Das sei ein ganz Bodenständiger.

Uwe hatte mir noch empfohlen, am Beispiel des Fußmarsches zu schildern, wie man sich gelegentlich aus den täglichen Pflichten, aus dem Hamsterrad verabschieden kann. Das ist wohl eine Frage der Schwerpunktsetzung, der Prioritä-ten. Ich bin sicher, dass mich der Fuß-marsch nicht mehr kostet – und zwar Verdienstausfall und Reisekosten zusam-mengenommen – als eine neue Schrank-wand oder ein Kleinwagen.

Am Ortsausgang von Neuhof bemer-ke ich eine merkwürdige Ansammlung von Tischen, Bänken und Schirmen auf einer Wiese neben einer kleinen Kate. Steigt hier jetzt eine private Gartenfe-te? Dazu wirkt es zu offen und zugäng-lich. Oder ist das eine öffentliche Gast-ronomie mit Biergarten? Dazu fehlen mir die einschlägigen Brauereischilder und Biertische. Stattdessen steht neben diesem etwas außerirdischen Ensemb-le ein handgemaltes Schild *Dorfliebe!* am Straßenrand. Gestatten, bin zu Fuß un-

Dorfliebe in Neuhof

terwegs, und was machen *Sie* hier?, frage ich ein Pärchen um die vierzig, das mir aus der Hütte entgegentritt und ein Bier anbietet. Ja also, die beiden stammen hier aus Breitungen, leben und arbeiten seit der Wende in Berlin und verspüren einen Zug zurück in die Heimat. Immer um Pfingsten öffnen sie für ein paar Tage hier ihre Gartenwirtschaft mit Brotzeit, Gebräu und Blick zum Wald. Die Außenwände der Hütte zieren edle Aktfotos von der Berliner Volksbühne, die die Brunft der ersten warmen Frühlingstage vermutlich noch etwas stimulieren sollen. Er ist Fotograf und hat gut zu tun in der Metropole. Vorwiegend Immobilienfotografie. Hier auf dem Dorf sieht er beruflich kaum eine Chance. Trotzdem wollen die beiden wieder hierher.

Zur Liesbeth im Straubinger Hof heißt ihr temporäres Gartenlokal. Das Geheimnis dieses anspruchsvollen Namens erläutert er mir ausführlich: Die vor einiger Zeit mit knapp achtzig Jahren verstorbene alte Bewohnerin hieß Elisabeth oder Lisbeth, und das edel angelaufene gastronomische Silber, aus dem hier der massive Sektkübel und das schwere Besteck sind, haben sie aus dem stillgelegten österreichischen Hotel *Straubinger Hof* sichergestellt, um es für die Nachwelt zu erhalten. Unter welchen Umständen diese Sicherstellung erfolgte, bleibt so unklar wie geheimnisvoll in der lauen Frühlingsluft stehen. In diesem altehrwürdigen Hotel hätten immerhin die Kaiserin Sissy (Liesbeth!) und weitere Größen früherer Zeit logiert und europäische Politik gemacht. Immerhin wurde hier der Gasteiner Vertrag (äh, ja, war da was?) unterzeichnet. Ja, und an diese große Tradition wolle man hier irgendwie anknüpfen. Übernachtungsquartiere sind geplant für den Werra-Radweg und ein weiterer Ausbau von Liesbeths Wohnhaus ist in Vorbereitung. Ein wenig gärtnern wollen sie hier auch. Das Stadtgärtnern sei zurzeit in Berlin ziemlich angesagt. In Berlin Tempelhof zum Beispiel wird Gemüse in transportablen Erdsäcken angebaut. Mit großem Bedauern, mich nicht begleiten zu können – morgen beginnen nämlich die *Dorfliebe*-Tage und es gibt noch einiges vorzubereiten – verabschiedet er mich sehr herzlich. Als Wegzehrung greift er noch eine pralle Orange aus der wuchtigen Silberschale und drückt sie mir in die Hand. Na, das läuft ja heute!

Nach einem lauschigen Gang durch die Werraauen erreiche ich den Einmal-Alles-Laden von Immelborn. Nebenbei werde ich Zeuge einer Paketübergabe am hier ansässigen Paketdienst-Schalter. Das wickeln die beiden beteiligten Frauen in derart burschikoser

Ruppigkeit ab, dass ich zunächst denke, da verkehren zwei Verfeindete miteinander. Bis mir dann klar wird, dass dieser krachende Umgangston hier offenbar ein Attribut der Herzlichkeit ist. Ausführlich erkundigen sich die Frauen im Laden nach den Ohren. Eine sagt, sie wolle einmal den Jakobsweg durch Spanien laufen, ab dreihundert Kilometern sei man anerkannter Pilger. Die zweite ist pragmatischer und beschränkt ihre Pilgerreise auf den Plessberg, den wahlweise die Breitunger und die Immelborner als ihren Hausberg ansehen. Die dritte begnügt sich damit, an jedem Tag zur Arbeit zu pilgern.

An einem Gartenzaun zwischen Immelborn und Bad Salzungen führe ich mit einem Anwohner der B 62 ein interessantes Gespräch zum Thema Verkehrslärm. Das gehe bereits um vier Uhr früh los und sei nicht zum Aushalten, wenn man diesem Lärm Tag und Nacht ausgesetzt sei. Beklemmend, was er da berichtet. Meine Tonaufnahmen zu diesem Gespräch sind leider aus genau diesem Grund so gut wie gar nicht zu verstehen. Ein Lärm, der die Boxen sprengt.

Fachgeschäft für Sterbebedarf

Am Ortseingang von Bad Salzungen versuchen die schwarz beiederten Kundinnen und Kunden des *Cemetery Store* den Ohrenwagen, so gut es geht, zu übersehen. Man kleidet sich schließlich nicht so auffällig nekrophil, um sich dann für anderes zu interessieren. Ich betrete den Laden nicht, aber es interessiert mich schon, ob hier Sterbezubehör oder Vampirbedarf im Angebot sind. Verfallene Blutkonserven etwa als Energydrinks? Oder ist das eine reine Mode-Boutique? Udo Lindenberg raucht mir seinen Song vom wählerischen Vampir ins Ohr: *Null Rhesus negativ, da verzog er sein Gesicht: Ausgerechnet diese Sorte vertrag ich nicht …*

Die zurzeit angesagte Idee der Elektromobilität überzeugt mich nicht. Woher die ganze Speicherkapazität, den Rohstoff für die Akkus nehmen? Aber ich will kein Miesepeter sein. Warten wir's ab. Vielleicht setzt sich diese Form der Fortbewegung ja durch. Könnte klappen, wenn wir von unserer jährlichen Kilometerleistung pro Kopf deutlich 'runterkommen.

Hier kommt der Sprit aus der Steckdose

Kurz vor Feierabend gelingt es mir gerade noch, meine klaffende rechte Schuhsohle beim Schumacher kleben zu lassen und in einem Computerladen meine Mails abzurufen. Mehr Wünsche habe ich nicht für heute. Der Computerhändler ließ mich bereitwillig an sein Kabel und meinte, für Leute, die zu Fuß unterwegs sind, sei das bei ihm umsonst. Öffentliche Toiletten sind für den Wanderer eine feine Sache, aber die Möglichkeit, unterwegs gelegentlich in seine Elektropost zu gucken, ist auch nicht zu verachten. Für die Nacht bin ich in einem Gemeindesaal einquartiert. Noch bevor ich dort meinen Schlafsack ausrollen kann, angelt mich die im Haus wohnende freundliche Kantorenfamilie zum Abendessen ab und bietet mir ein gemütliches Zimmer mit Bett im Dachgeschoss an. Warum nicht. Dankeschön! Beim Abendessen fragt man mich, ob ich das Anliegen des Fußmarsches in wenigen Sätzen so erklären kann, dass es auch die kleinen Kinder am Tisch verstehen. Ich versuche es mit dem anrührenden großen Bilderbuch von der *Steinsuppe* von Anaïs Vaugelade, das ich für solche Fälle mit dabeihabe.

Achtzig Croissants – 16. Mai

Am Ortsausgang von Bad Salzungen komme ich mit einem Automechaniker ins Gespräch, der respektvoll von einem halbstündigen Stromausfall hier in der Gegend berichtet. Er meint, ein Tag Stromausfall sei der totale Zusammenbruch. Naja, das vielleicht nicht, aber zumindest eine hübsche Herausforderung. Mir fällt dazu ein, was ich aus den USA gehört habe.

Bei einem länger anhaltenden Stromausfall war absehbar, dass die gesamten gekühlten und gefrorenen Fleischbestände der Supermärkte in absehbarer Zeit in die Zuständigkeit eines Bestatters, eines Abdeckers oder der Müllabfuhr übergehen würden. Daraufhin entschlossen sich die Geschäftsführer, die Bevölkerung spontan zu einem großen kostenlosen Barbecue einzuladen, einer öffentlichen Grillfete. Das ist eine schöne großzügige Idee, vorausgesetzt, der Strom kommt bald wieder und der nächste Kühllaster mit Nachschub für die Regale rollt schon auf dem Highway heran.

Heute ist TÜV-Tag, sagt der Mechaniker, der Tag der Verrückten. Immer donnerstags kommt der TÜV und dann müsse er noch schnell dieses oder jenes Wehwehchen an den Autos richten, damit die begehrte Plakette auch erteilt wird.

Ein Weihrauch liegt in diesem waldigen Tal, das von Bad Salzungen nach Möhra hinaufführt. Letzte Holzöfen ziehen im schattigen Grund ihre feinen Schleier durch die ohnehin schon von Harz und Tanne getränkte Morgenluft.

Dampfende Datschendächer tauchen in der ersten Morgensonne vor mir auf. Eine alte Frau, die sich nicht mehr zum Brunnen bücken kann, hält ihren Wasserkanister an einem Gehstock eingehakt unter das Rohr in einer kleinen Quellgrotte. Diese Datschensiedlung bekommt ihr Wasser ausschließlich von dieser Quelle, sagt sie. Kein Luxusressort, aber ein idyllischer Plan B für Bad Salzungen.

An der lauschigen Siedlung Grundhof komme ich wenig später mit einem wortkargen Pferdeknecht ins Gespräch. Nein, das trifft es nicht ganz. Ich stelle ihm ein paar Fragen zu diesem und jenem, und er antwortet einsilbig mit dem einen oder anderen Wort. Schnell ist mir klar: Dieser Mensch möchte weder, dass ich ihn etwas frage, noch dass ich ihm ausführlich zuhöre. Na denn, weiter geht's und einen schönen Tag noch.

Kanister am Gehstock

Einen tiefen Einblick in die masochistische Grundstimmung der Betreiber des öffentlichen Nahverkehrs bekomme ich, als mich ein Linienbus überholt, der vollflächig mit Werbung für ein Autohaus samt den dazugehörigen Automobilen beklebt ist. Kann man sich als Busunternehmen weniger lieben? Weniger an seine Sache glauben?

Guter Dinge erreiche ich den Luther-Stammort Möhra. Der Reformator hat ihn nur als Fötus kennengelernt. Als seine Mutter mit ihm hochschwanger war, zogen seine Eltern von hier weg und brachten dadurch diesen Ort um die Ehre, Luthers Geburtsort zu sein. Und jetzt gibt es hier auch noch ein buddhistisches Zentrum. Das war vermutlich so nicht vorgesehen. Aber immerhin findet sich hier ein gediegener Hofladen.

Jetzt möchte ich aber doch mal wissen, was es mit dem buddhistischen Zentrum auf sich hat und folge dem kleinen Richtungsschild im Ortskern. Scheint etwas außerhalb des Ortes zu liegen. Nach einem Kilometer finde ich *nichts*. Nach dem zweiten Kilometer finde ich *nichts*. Und als mir ein Spaziergänger verrät, dass ich *bis zu denen* noch drei weitere Kilometer laufen muss, mag ich dann doch nicht mehr. Mir fällt ein, dass im Buddhismus das *Nichts* finden offenbar schon die halbe Miete ist, und ich kehre bereitwillig um. Nicht zuletzt, weil ich vermute, dass der Landrat Krebs möglicherweise nicht ganz so tiefenentspannt reagiert, wenn ich mich zu unserem vereinbarten Termin in Marksuhl ein oder zwei Stunden verspäte.

Buddha in Thüringen

Eine neugierige Herde von Jungrindern beobachtet gespannt, was kurz hinter Möhra die Mitarbeiter der Stadtwirtschaft Eisenach an dieser Pflaume anstellen, dem letzten Straßenbaum weit und breit, der einem ungehinderten Verlassen der Straße bei Tacho hundertzehn noch im Wege steht. Die orangen Männer befestigen ein Zugseil am Baum und sperren neben anderen Vorbereitungen die Chaussee ab. Dann aber, als die Motorsäge anspringt, wenden die Nachwuchskühe schlagartig um hundertachtzig Grad und sprengen in einem kollektiven gestreckten Galopp über die Weide, in einer eiligen Anmut, wie man sie nur aus Safarifilmen von flüchtenden Antilopen kennt. Irgendwie muss ihnen klar sein, dass sie über keinen wirklich brauchbaren Schließmuskel verfügen. Alle spreizen sie ihren Schwanz mit der Grazie eines Schwanenhalses von sich, um ihn bei diesem Gehoppel vor dem Überschwappen ihres körpereigenen Biofermenters zu bewahren. Ein Bild zum Merken.

Der Fischteich vor Marksuhl dient zurzeit dem Sportangeln. Mich aber beruhigen funktionierende Fischteiche immer ein bisschen. Sie können bei Bedarf den regionalen Speiseplan bereichern.

Auf dem Hof des Rathauses zu Marksuhl entsteigt, zunächst etwas hölzern, der Landrat des Wartburgkreises seiner Limousine, gefolgt von seinem Chauffeur, der seinem Chef mit einer Art Umzugskarton auf dem Arm folgt. Freut mich, Sie kennenzulernen, aber was trägt denn Ihr Fahrer da für eine Schachtel? Das sind die Croissants. Ach ja?!? Wo aber sind denn die achtzig Teilnehmer des *Hörenden Fußmarsches*? Wie bitte, achtzig Teilnehmer? Schön wär's. Ja, aber Sie haben doch geschrieben, dass beim Fußmarsch achtzig Personen mitlaufen! Und hier drin sind achtzig frische Croissants.

Was nun? Heute sind wir zu dritt. Eben gerade ist der Göringer Bürgermeister Fritz Rittweger mit seiner Frau Sabine – beide im Hauptberuf bildende Künstler – für eine halbe Tagesetappe dazugestoßen. Ohne den Landrat in der sensiblen ersten Phase des Kennenlernens allzu sehr brüskieren zu wollen, behaupte ich, nie geschrieben zu haben, dass *hier* achtzig Leute unterwegs sind.

Zunächst freue ich mich angesichts der viel zu vielen Croissants über jeden, der heute nicht mitläuft, aber nach dem achten oder zehnten Hörnchen überlege ich schon, wie man die leckeren Dinger auch noch anders verwenden kann. Erst wird eine hübsche Teilmenge auf die Mitarbeiter des Rathauses verteilt – mit Grüßen vom Landrat –, dann essen wir im Laufe des Nachmittags noch was irgend geht und am Abend, bei der Grillfete am Dorfgemeinschaftshaus in Göringen müssen es sich die Thüringer Roster gefallen lassen, in Croissants, anstatt in aufgeschnittenen Brötchen serviert zu werden. Wir haben mit vereinten Kräften auch diese Herausforderung gemeinsam bewältigt. Ganz ohne die Hilfe der *Décroissance*-Bewegung in Anspruch zu nehmen …[48]

Später dann, in meinem Schlafsack, fällt mir ein, dass der Landrat – oder sein Referent – meine letzte Rundmail vermutlich etwas flüchtig gelesen hat. Dort hatte ich geschrieben, dass bisher *insgesamt* etwa achtzig Leute beim *Hörenden Fußmarsch* beteiligt waren. Verstehe. Insgesamt aber eine sehr generöse Geste des Landrats.

Nach dieser etwas irritierenden Gebäckübergabe sind wir vier in die Bibliothek des Marksuhler Rathauses eingeladen. Die Biblio-

---

48   www.postwachstumsoekonomie.org, www.ladecroissance.net

thekarin serviert Kaffee und kalte Getränke. Der Marksuhler Bürgermeister, der vor Wochen am Telefon sehr interessiert wirkte, hat heute leider einen Auswärtstermin.

Der Landrat, der kein Geheimnis daraus macht, dass er an Multipler Sklerose leidet, kann persönlich zu den Fortgeschrittenen und Erfahrenen gerechnet werden, wenn sich die Frage nach den nicht mehr selbstverständlichen Selbstverständlichkeiten stellt.

Zu den Stärken der Region zählt er die Autozulieferindustrie, den Mittelstand, den Kalibergbau, aber auch den Kurbetrieb in den drei Kliniken Bad Salzungen, Bad Liebenstein und Stadtlengsfeld. Nicht zuletzt das Handwerk und die Landwirtschaft. Immerhin hat der Wartburgkreis den größten Anteil an Nebenerwerbslandwirten in Thüringen. Viele haben ihren Hof nach der Wende wieder übernommen und betreiben ihn auf kleinerer Flamme neben dem Job oder als Rentner. Skeptisch ist der Landrat jedoch, wenn es um die Fähigkeit seines Kreises geht, sich selbst zu ernähren. Dafür fehlen hier vor Ort, bedauert er, die nötigen Weiterverarbeitungskapazitäten, wie Molkerei, Schlachthof und ähnliche Strukturen. Eine konjunkturelle Flaute, zum Beispiel in der Autoindustrie, kann hier die Landwirtschaft nicht abfangen, zumindest nicht ohne gravierende Einschränkungen im Lebensstandard.

Stolz berichtet er von der guten ärztlichen Versorgung im Kreis, die darauf beruht, dass ein Großteil der fachärztlichen Betreuung durch medizinische Zentren abgedeckt wird, die an die großen Kliniken angegliedert sind. Könnte man sagen, Polikliniken? Ja, könnte man sagen.

Auch er sieht das tägliche oder wochenweise Fernpendeln ins Rhein-Main-Gebiet oder nach Süddeutschland an einer kritischen Wirtschaftlichkeitsgrenze. Ganz abgesehen von der Entwurzelung. Wenn der Spritpreis weiter steigt, lohnt es sich für viele nicht mehr, diesen Fahraufwand zu betreiben, um ihren Lebensunterhalt in der Ferne zu verdienen. Da ist er wieder: der steigende *Raumwiderstand*.

Pflug im Ackerfeld

Inzwischen ist er und sind wir gemeinsam, im Gespräch ganz hübsch aufgetaut und besonders freut er sich zum Abschied über das *M* im *Marsch mit Ohren.*

Auf einem Feldweg zwischen Marksuhl und Oberellen stoppt ein Vierradantrieb neben uns. Jetzt muss ich aber mal fragen, grinst uns der Fahrer mit Blick auf den Ohrenwagen breit an, was ihr für welche seid? Ich hab euch doch vorhin schon auf der Straße gesehen. Als er die Frage des Fußmarsches erfährt, fächert er uns das komplette Sortiment seiner Überlebenskompetenz auf: Ursprünglich gelernter Rinderzüchter, dann auf Schafe umgesattelt und nach der Wende, als Schafzucht und Wolle nicht mehr so gefragt waren, noch Maurer gelernt. Hausschlachten kann er sowieso. Vor zwei Jahren hat er ein neues Herz eingebaut bekommen. Jetzt baut er das allermeiste, was er braucht, selbst an, im Garten, für die Schafe und das Kleinvieh. Nur die Lagerkapazitäten für die Ernte und für das Geschlachtete seien heute nicht mehr so da. Die meisten Häuser sind zu warm. Seine Futterrüben für die Karnickel liegen im Erdkeller und die vom letzten Jahr sind immer noch frisch. Verhungern, sagt er, muss er nicht. Als Schäfer kennt er die Brunnen in der Gegend und er trinkt das Quellwasser guten Gewissens, obwohl es als belastet gilt. Die Großbetriebe mit ihrer Chemiespritzerei müsse man auch verstehen. Die Leute wollen ihre Lebensmittel billig kaufen und die Kolchosen müssen dann eben billig produzieren. Unterbrochen wird unser Gespräch von einem Wiesel, das nach Art des Otto Waalkes über die Wiese hüpft, um dann in den Ritzen eines Berges aus mannshohen Stroh-Rundballen zu verschwinden, unter denen es sich vermutlich für diese Saison eingemietet hat.

Schloss Oberellen

Hier im Schloss Oberellen hat mein Vater seine frühe Kindheit zugebracht. Sein Vater wiederum betrieb hier in den Zwanzigern eine Bauernschule, die kein Kultusministerium und keine Zuschüsse aus Brüssel kannte und brauchte. Der Besitzer des leer stehenden Schlosses ließ die jungen Leute dort gewähren und die Bauern zahlten ihre Lehrgänge mit Getreide, Kartoffeln, Brennholz und Schweinehälften. So, jetzt habe ich also auch diesen Ort, den ich nicht ererbt von meinen Vätern, erwandert.

An der nächsten Tankstelle füllt eine motorisierte Kiepe ihren Bauch mit Diesel. Ein kleiner Lkw, der wie eine nach außen gestülpte Gemischtwarenhandlung wirkt. Er hat alles mögliche Zubehör für Haus- und Hofwirtschaft an Bord und

Landwarenhandel auf Rädern

über Bord und fährt, aus Trier kommend, das ganze Bundesgebiet ab. Ein Mischling aus Haushaltswarenladen und Kiepengänger.

Friedrich Rittweger, der Bürgermeister von Göringen, beschreibt mir, wie er mit Pragmatismus als Ortsteilbürgermeister auslotet und austestet, was sich im Rahmen der Verwaltungsstrukturen und knapper Kassen in seinem Ort für das Gemeinwesen machen lässt. Zum Beispiel haben sie mit einem hohen Einsatz an Eigenarbeit gemeinsam ein leer stehendes Haus zum Dorfgemeinschaftszentrum umgebaut. Bei diesem fast fertiggestellten Haus im Dorfkern grillen wir dann auch abends mit vielen Göringern die Roster als Füllung für die erwähnten Croissants. Und trotz des schon reichlich geflossenen Bieres kommt es wider Erwarten noch zu einer ziemlich vernünftigen Gesprächsrunde im Freien auf dem Hof. Das Atelier der beiden Rittwegers in Göringen, westlich von Eisenach, ist allemal einen Besuch wert. Normalerweise kaufe ich kaum Kunst. Hier schon.

Claire Grube – 17. Mai

Nach dem Frühstück (Croissants!) erwarten uns auf dem Dorfplatz der frisch gekürte neue Bürgermeister von Eisenach und einer seiner Mitarbeiter, mit dem ich auch beruflich zu tun habe. Sie begleiten uns auf der kurzen und steigungsarmen Etappe in Richtung Eisenach. Schon in Wartha führt uns Fritz Rittweger zu der kleinen Fachwerkkirche und klingelt eine freundliche Dame aus dem Nachbarhaus. Ausführlich erläutert sie uns anhand einer Ausstellung in der Kirche, wie sich hier, wenige Hundert Meter vom ehemaligen Grenzübergang Herleshausen, das Leben vor der Wende so anfühlte und wie die Grenze dann von den Ereignissen überrollt wurde. Einer der Teilnehmer der gestrigen Gesprächsrunde, ein Ingenieur, hat offenbar nach der Grenzöffnung aus den stählernen Sperranlagen, die die Werra in Ost und West unterteilten, eine Brücke über den Fluss gebaut. Tusch!

Bürgermeister Ludwig, unlängst vom Rheinufer hier angelandet, steigt in Eisenach in eine prekäre Finanzlage ein. Er kennt die Sorgen und Fallen der kommunalen Verschuldung aus dem Effeff. Klar machen Kommunen Schulden, um mit Aufträgen die Konjunktur in Schwung zu halten. Manchmal vielleicht auch, um der Amtszeit einer Stadtregierung ein paar ansehnliche Denkmäler zu setzen. Dabei unterscheidet er einerseits Schulden im Vermögenshaushalt für Baumaßnahmen und größere Investitionen, die bei stabilen Einnahmen der Kommune über einen Nutzungszeitraum zurückgezahlt werden können. Für problematisch hält er andererseits Schulden im Verwaltungshaushalt, die zum Bestreiten der laufenden Ausgaben verwendet werden. Als ob man im Privathaushalt den Urlaub oder die Lebensmittel auf Pump bezahlt. Das könne auf Dauer nicht gut gehen. Was aber, wenn die Kommune ihre Schulden nicht zurückzahlen kann? Griechenland, sagt er, ist uns nur einen Schritt voraus. Thüringen hat im Gegensatz zu anderen Bundesländern im Haushaltsrecht immerhin eine Bremse eingebaut, die den Kommunen nicht gestattet, schöne neue Dinge zu beauftragen, bevor nicht die kommunalen Pflichtaufgaben bezahlt sind. Im Gegensatz zu anderen Bundesländern. Mainz, sagt er, und Ludwigshafen haben beide über eine Milliarde Schulden. Mir wird klar, auf wie dünnem Eis wir leben.

Wir werden unterbrochen. Mit großem Hallo hält ein vollbesetzter Kleinbus neben uns an, mit einem Großteil der Teilnehmer des gestrigen Abends, einschließlich des hiesigen Brückenbauers. Sie geben uns von ihrer guten Laune ab.

Bei Pflichtaufgaben fällt dem Eisenacher Bürgermeister zunächst der Sozialetat ein, der bei einem Verwaltungshaushalt von einundneunzig Millionen mit neunundvierzig Millionen deutlich mehr als die Hälfte der städtischen Ausgaben ausmacht. Grundsicherung, Sozialhilfe, Heimunterbringung. Wenn eine Familie mit vier Kindern zerbricht und die Kinder im Heim untergebracht werden müssen, stehen für eine Kommune jeden Monat (!) fünfunddreißigtausend Euro auf der Rechnung. Als junger Verwaltungsangestellter hat er dann frisch-fröhlich angeboten: Mensch, gebt mir die Kinder, ich kündige meinen mäßig bezahlten Job und mach's euch für die Hälfte. Da griff ihm ein alter Hase von der Sozialverwaltung väterlich an den Arm: Überlegen Sie sich das gut. Diese Kinder haben das volle Programm abbekommen. Häusliche Gewalt, sexueller Missbrauch und so weiter. Wenn die in ein neues Heim kommen, ist in einer Viertelstunde die komplette Zimmereinrichtung demoliert. Da blieb er dann lieber bei seinem Verwaltungsjob.

Hier in Eisenach, aber auch in anderen Städten, sucht man noch nach einer fairen Lastenverteilung zwischen Umland und kreisfreien Städten. Häufig beschult die Stadt die Kinder aus dem Landkreis. Senioren ziehen im Alter gern vom Land in die Stadt. Das Theater und das Hallenbad werden in der Regel jedoch von der Stadt finanziert und nicht vom Kreis, obwohl auch das Umland diese Angebote gern nutzt. Ein Stadt-Umland-Ausgleich ist gefragt.

Am Tor des Rennsteigs in Neuenhof warten mehrere Milchkannen auf einer hölzernen Laderampe vergeblich auf das Milchauto. Sie sind gegen Diebstahl an der Rampe festgeschraubt und das Milchauto, für die kleinräumige Versorgung, kommt schon seit den Siebzigerjahren nicht mehr vorbei. Ein Landwirt bringt seinen Traktor neben uns zum Stehen. Mit seinem Bruder bewirtschaftet er den elterlichen Hof noch im Nebenerwerb. Die Rohmilch, so wie sie aus dem Euter kommt, lacht er, verträgt heute längst keiner mehr. Davon bekommt der moderne Mensch doch Durchfall.

Wie aus einem Western entsprungen, fragen uns zwei Bayreuther Hobbycowboys vom hohen Ross herab nach dem Weg. Wir schicken sie durch das Tor zum Rennsteig.

Am Ortsrand von Hörsel betrachtet ein handwerklich versierter Opa unseren Ohrenwagen. Das wäre mal was für seine Enkel. Er baut ihnen und den Kindern aus dem Ort auch immer verschiedene

Fahrzeuge selbst und kutschiert sie damit durch den Ort. Das Wassersparen, sagt er im Schatten der gespenstisch großen Kläranlage, bringt kaum eine Ersparnis. Wenn weniger Wasser verbraucht und Abwasser behandelt wird, steigt der Preis für beide an. Immerhin müssen ja die Kosten der Wasseraufbereitungsanlage gezahlt werden, egal auf wie viele oder wie wenige Kubikmeter sie umgelegt würden. Und tatsächlich scheint der Kapitaldienst, also Zins und Tilgung, mit weitem Abstand der größte Kostenfaktor bei der Wasseraufbereitung zu sein. Die Rente, meint er, wie kann die noch bezahlt werden, wenn die Menschen im Schnitt immer älter werden. Die jungen Leute wollten heute kaum noch ein Handwerk lernen, sondern alle am Rechner arbeiten, mit weißem Kragen. Wo sollen die Fachkräfte der Zukunft herkommen? Die jungen Leute hatten wohl den Eindruck, dass nach der Wende mit Westgeld und Cola jetzt das allgemeine Schlaraffenparadies ausgebrochen war. Und der Zusammenhalt im Kollegenkreis lässt nach. Man steht nicht mehr so füreinander ein wie früher …

Gut, die Feststellung, dass früher alles besser war, ist eine der Konstanten der Menschheitsgeschichte und hat vielleicht einen Grund in der Beobachtung, dass man selbst als Jugendlicher auch ein bisschen fitter war als im Alter. Dieser findige Großvater aber schneidet schon von sich aus allerlei Fragen an, die der Fußmarsch im Gepäck hat. Da brauchen wir nicht nachzuhelfen.

Jetzt kommen wir an diesem gigantischen Klärwerk vorbei, das offenbar viel zu groß dimensioniert und alles andere als ausgelastet ist. Einer der letzten Mitarbeiter mäht den Rasen zwischen den riesigen Gärsilos. Die Trinkwasserqualität, sagt wieder Fritz Rittweger, der Göringer Bürgermeister, sei schwankend. Je nachdem, ob oberflächennahes Wasser mit verwendet werde, würde gelegentlich stark gechlort. Manchmal mehr als nötig und schmackhaft. Aber immerhin hat er mit einer Beschwerde erreicht, dass der Chlorgeschmack wesentlich zurückgegangen ist. Und schon lassen wir ihn wieder hinter uns, diesen Tempelbezirk der Wasseraufbereitung.

In dem nahe gelegenen stillgelegten Kupferbergwerk war die Kupferförderung auch mal selbstverständlich. Jetzt nicht mehr. Heute wird die Wiese um den Grubeneingang für die Pfingstausflügler gestutzt. Ein Landschaftsgärtner misshandelt seine jammernde Motorsense so gnadenlos, dass man am liebsten den Thüringer Motorschutzbund einschalten möchte.

Im Ratssaal der Stadt Eisenach kommt es am Abend noch zu einer angeregten Gesprächsrunde, bei der auch der Bürgermeister und sein Mitarbeiter wieder mit dabei sind. Ein engagierter Teilnehmer macht sich für das bedingungslose Grundeinkommen stark. Alle Bürger sollen ohne Bedingung ein freies festes Pro-Kopf-Einkommen erhalten, unabhängig davon, ob sie bedürftig sind oder nicht. Tatsächlich scheint dieses Modell von den verschiedensten politischen Lagern ventiliert zu werden. Die Kosten sind offenbar mit dem Aufwand des bestehenden Sozialsystems einschließlich des dazu nötigen erheblichen Verwaltungsapparates vergleichbar. Klingt einerseits verlockend. Andererseits schmeckt das ein bisschen nach Vollverbeamtung der Bevölkerung auf niedrigem Niveau. Und damit gibt es nicht nur gute Erfahrung. Braucht eine Gesellschaft eine Mindestangst des Individuums vor dem Verhungern, um vital zu sein und es mittelfristig zu bleiben? Und falls ja, wie viel? Oder ist es genau die existenzbedrohende Angst, die die Unersättlichkeit mit all ihren Folgen für unsere Ressourcen nährt?

Die Werner-Seelenbinder-Turnhalle

An diesem Abend kommt meine Ursula zu Besuch, um ein paar Tage mitzulaufen. Wir beiden Sportphobiker dürfen in einer historisch wertvollen Turnhalle übernachten, die dem Gedenken Werner Seelenbinders gewidmet ist. Hier wäre Platz für viele. Man konnte im Vorfeld nicht ahnen, dass der Fußmarsch sich bei dieser Etappe auf zwei Übernachtungsgäste beschränkt. Über den weiteren Verlauf des Abends und des folgenden Pausentages fehlen mir detaillierte schriftliche Aufzeichnungen.

Mikrokommunismus – 19. Mai

Immerhin ist heute Pfingstsonntag und nach dem Gottesdienst, in dem wir Herrn Keitsch, mit dem ich ansonsten beruflich zu tun habe, als begnadeten Organisten kennenlernen, brechen wir auf. Da es für die Sonntagslaune meiner Ursula von entscheidender Bedeutung ist, ob sie an diesem Tag einen Gottesdienst besuchen kann oder nicht, verlassen wir heute bei gutem Wetter und bester Laune gemeinsam die Geburtsstadt meines Vaters. Vorbei an der *Sonne*, in der, wenn man der Steintafel neben dem Eingang glauben kann, die Sozialdemokratische Partei Deutschlands in ihren Kindertagen einen Parteitag abhielt.

Schon am Ortsrand von Stockhausen vertraut sich uns ein Nebenerwerbslandwirt so fröhlich wie ausführlich an: Er hat zwanzig Jahre die Familie ernährt. Inzwischen trägt er in der Nacht Zeitungen aus und betreibt nebenher eine kleine Landwirtschaft. Jetzt erwirtschaftet seine Frau in ihrem Job den größeren Anteil am Lebensunterhalt. Das höre ich mit Interesse, da auch wir mehr Geld haben als wir unbedingt zum Leben brauchen. Und wer dann meint, er müsse ohne jede Unterbrechung das Joch eines gutbürgerlichen Arbeitsalltags schultern, bloß um als vollwertiger Mensch angesehen zu werden, der hat die Freiheit möglicherweise nicht verdient. Oder er strebt sie nicht an.

Begeistert berichtet der Landwirt, wie er Wild-, Sattel-, Woll- und Hängebauchschweine raffiniert miteinander ein- und auskreuzt, um das gewünschte Zuchtergebnis zu erzielen. Vom Rassenstandpunkt aus gesehen, muss man diese promisken Zustände in seinem Stall wohl als Zucht und Unordnung bezeichnen. Seine Eisenacher Mundart, die stark ins Hessische rüberspielt, wärmt mir das Herz. Den Weidezaun für die Pferde setzt er nur ein-, zweimal in der Woche unter Strom. Sein lebhafter Hengst unternimmt jedoch manchmal gern einen längeren Spaziergang durch die Wälder und wird dann schon mal vom Förster zurückgebracht. Egal, ob der Zaun unter Strom steht oder nicht, der Hengst nimmt Anlauf und setzt dann nicht etwa über den Zaun weg, sondern geht kurz davor in vollem Tempo auf die Knie und rutscht glatt unter dem Draht hindurch. Hat sich dieses Kunststück rein zufällig in Sichtweite der ehemaligen deutsch-deutschen Grenze entwickelt?

Die Abkürzung, die uns der Landwirt empfiehlt, ist für seinen Traktor vermutlich ein Kinderspiel, wir aber verlieren uns mit dem Schiebewagen hoffnungslos im klebrigsten Lehm und Schlamm. Alles an den Rädern setzt sich zu, wir kommen kaum noch vorwärts und ein Ausweichen auf die sumpfigen Wiesen lässt keine Verbesserung erwarten. Andererseits zeigt sich hier mal wieder, *wie* faustdick es meine Ursula hinter den Ohren hat.

Erst nachdem sie mich wie einen Zugesel vorspannt, schaffen wir es wieder aus diesem Sumpf und finden auch eine Pfütze, um den dicksten Dreck erst mal zu beseitigen.

Auf dem Friedhof von Wenigenlupnitz steht ein Passepartout-Grabstein auf einem anonymen Gräberfeld. Der kommt derart abgeklärt

Faustdick hinter den Ohren

244

und stoisch daher und in der Gewissheit einer finalen Gerechtigkeit, dass ich ihn – wie manche anderen beschrifteten Steine auf dem bisherigen Weg auch – unbedingt abschraffieren muss. Dafür habe ich zum Glück die feinen Grafikpapiere und gute starke Farbstifte im Gepäck, die wir für die Gesprächsabende an der *Fertschwäre* verwenden.

Hier also fasst man das mit dem Sterben so zusammen:

Einer stirbt hinweg
Aus vollem Glück
Ein anderer
Hat gute Tage nie gesehen
Gleichermaßen
Liegen beide im Staub

Oder im Schlamm, möchte man angesichts unseres noch erdverbundenen Schiebewagens hinzufügen.

Die Klappmühle erwischt uns gegen Nachmittag völlig unvorbereitet. Wir fahren auf den Hof, nur um zu fragen, was hier eigentlich mühlenmäßig noch so geht und geraten an den erst zurückhaltend freundlichen, dann aber mehr und mehr auftauenden Clemens Henning. Aufmerksam hört er unsere Fragen und gibt uns einen umfassenden Einblick in das Mühlenhaus sowie in ihre langhaarige Rinderhaltung. Beim Betreten der Mühle passieren wir ein längeres Spalier von Gefriertruhen, in denen ihre früheren Rinder jetzt eine *coole* Wohnung gefunden haben. Der Stromverbrauch dieser Truhen interessiert ihn weniger, da sie die Mühle in Eigenarbeit wieder auf Stromerzeugung umgebaut haben und es daher beim Eigenverbrauch auf ein Kilowattstündchen mehr oder weniger nun wirklich nicht ankommt. Zu seinem Glück waren im Grundbuch die Wasserrechte noch eingetragen. Ein Jahr lang hat er gebuddelt und gewuchtet, bis er den Mühlgraben wieder frei und die Generatoren startklar hatte.

Der Generator in der Klappmühle

Dann aber kamen zunächst nur schlappe vier Kilowatt Leistung anstatt der prognostizierten achtundzwanzig aus dem Kabel. Inzwischen läuft die Anlage ordentlich und sie verkaufen Strom ins Netz. Hier scheint die Höhe seiner späteren Rente an die jährliche Niederschlagsmenge gekoppelt zu sein. Eine Energieautarkie, also Unabhängigkeit vom Netz, streben sie nicht an. Wenn der Strom im öffentlichen Netz ausfällt, dann wird's auch bei Hennings dunkel und die Rinder erwachen nach ein paar Tagen in ihren Truhen zu wimmelndem Leben. Stromausfall aber, sagte er, gebe es hier äußerst selten. Das beschäftige ihn nicht so sehr.

Dabei hatten sie die Mühle damals gar nicht gekauft, um dort Strom zu erzeugen. Sie wollten einfach mit ihren Kindern in der Abgeschiedenheit eines ländlichen Idylls leben. Das klappte zunächst auch ziemlich gut, bis die neue Autobahn sich fürsorglich von drei Himmelsrichtungen um die Klappmühle legte, mit allen Vor- und Nachteilen einer verkehrsgünstigen Wohnlage.

Jetzt aber lädt uns seine Frau Renate schüchtern zu Kaffee und Kuchen auf der Freiluftcouch im Hof ein und wir vier unterhalten uns so lange und angeregt, dass sie gegen fünf Uhr noch ein Mittagessen nachreicht, bei dem wir auf den sagenhaften Geschmack ihrer langhaarigen Rinder kommen. Huh, das sind mal pfingstliche Highlights auf so einer Tour.

Unser vorläufiges Etappenziel heute ist die *Kooperative Haina*, eine der traditionellen Kommunen, die in Thüringen nach der Wende entstanden sind. Aus der Ferne habe ich mir das immer vorgestellt wie einen Bonsai-Kommunismus, ohne ZK der KPdSU, ohne Parteiabzeichen, aber schon mit Freundschaftsabenden. Reiko Wöllert erklärt uns das ausführlich bei dem Abendessen im Speiseraum der Kommune, zu dem er feinen Käse und Vollkornbrot auf den Holztisch stellt. Sie versuchen, so viel wie möglich selbst zu machen, halten Ziegen, Kühe, verarbeiten Milch und backen das Brot in einem selbst gebauten Holzofen. Das Veterinäramt kommt nur noch selten auf den Hof, nachdem es zu Beginn diese Art von Landwirtschaft und Käsezubereitung sehr kritisch beäugt hat. Inzwischen sind ein paar umwerfend gute Käsesorten das Ergebnis dieser jahrelangen Aufbauarbeit. Ein- bis zweimal die Woche wird der Ofen angeheizt und sie backen, wenn das Ding schon mal warm ist, auch gleich Brot für eine befreundete Kommune mit, die wir morgen noch kennenlernen werden. Auf meine Frage, was denn ihre weltanschauliche, ideelle oder menschliche Klammer ist, die ihre Gemeinschaft schon so lange zusammenhält, zögert Reiko gedankenverloren mit einer schnellen Antwort. Beim Stichwort *antikapitalistisch* sagt er nicht Nein, aber hier habe auch nicht für jeden der ideologische Überbau den gleichen Stellenwert. Letztlich sind sie nach der Wende entstanden aus einer Initiative von Freunden und Gleichgesinnten, die in den Neunzigern in Erfurt einen nichtkommerziellen freien Hörfunkkanal etablieren wollten. Als sich dafür nicht die gewünschten Perspektiven auftaten, suchten sie nach einer Möglichkeit für gemeinsames Leben. Damals inspiriert und unterstützt von der Schweizer *Longomai*-Gemeinschaft. Sie begannen in der Stadt und später, als erste Kinder in ihre Mitte purzelten, zogen sie aufs Land. Dieses Mühlengehöft war Liebe auf den ersten Besuch und die Alleinlage außerhalb des Ortes entsprach ihrer weisen Voraussicht, dass ihr Leben sich vielleicht nicht so dorfkompatibel entwickeln würde.

Sie streben ökonomisch und kulturell keine totale Autarkie an, sondern leben in Verzahnung und Verflechtung mit dem Rest der

Bei der Kooperative Haina

Welt. Reiko zum Beispiel sagt, dass es ihm wichtiger ist, neben der Landwirtschaft noch Zeit und Fingerspitzengefühl für seine Familie und den Kontrabass übrig zu haben, als mit mittelalterlichem Kraftaufwand eine lupenreine Selbstversorgung hinzubekommen. Wenn ich recht verstehe, haben sie sich nicht vorgenommen, den Kapitalismus abzuschaffen, sondern ihn zu zähmen, ihn für den Menschen zu domestizieren. Da befinden sie sich in guter Gesellschaft mit dem neuen Papst und mit Funny von Dannen, der in einem Lied beteuert: *Ich will den Kapitalismus lieben, doch ich schaff' es einfach nicht.*

Götz Werner mit seinem Vorschlag, das Steuersystem komplett auf die Mehrwertsteuer zu reduzieren und das bedingungslose Grundeinkommen tauchen hier wieder auf. Diese Kommunarden hier leben in kompletter Gütergemeinschaft. Eine Radikalität, von der die fromme Lebensgemeinschaft, die wir heute am späten Abend noch kennenlernen werden, respektvollen Abstand hält.

Sie halten hier in Haina gemeinsame Seminare zur *Wertkritik* ab, um die Konstruktion ökonomisch und philosophisch zu hinterfragen, die sich in einem ziemlich stabilen und anpassungsfähigen System namens Kapitalismus entwickelt hat. Ohne dass ich das alles bis ins Detail verstanden hätte, ahnt man, dass unsere derzeit praktizierte Gesellschaftsordnung einerseits zwar enorm vital, erfolgreich und *resilient* ist. Andererseits bleibt die Frage offen, ob diese Gesellschaftsform mittelfristig trägt und ob sie die einzig mögliche Form des Zusammenlebens sein muss. Nähere Auskunft dazu erteilt die Kooperative vermutlich auf Anfrage.[49]

Unsere Idee, heute bei einbrechender Dunkelheit noch nach Neufrankenroda aufzubrechen, erweist sich als ziemlich schlecht. Wir geraten auf dem freien Feld einer Anhöhe in ein Unwetter mit einem Blitz-Donner-Abstand, bei dem man nicht bis drei zählen können muss. Ziemlich verschreckt und total durchnässt erreichen wir am späten Abend die Kommunität Siloah und sinken dankbar in frisch gemachte, völlig trockene Betten.

Mäuseroulette – 20. Mai.

Beim Frühstück stoßen für die heutige Etappe Ludger und Bernward aus Erfurt zu uns.

Die fromme Kommunität Siloah bekommt keine finanziellen Zuschüsse, weder vom Staat noch von der Kirche. Sie steht ökonomisch auf drei Füßen: Landwirtschaft, Gästebetrieb und Spenden. Jörn, ein charismatischer Landwirt mit so bodenständigem wie anarchistischem Einschlag, zeigt uns sein Reich: große Obstplantagen, unter denen winzige Zeburinder das Gras kurz halten. Sie sind klein genug, um unter den Obstbäumen durchzulaufen, reichen aber nicht an die Früchte heran. Die Aufgabe dieser deutschlandweit größten Zebu-Herde ist es,

Die Kommunität Siloah

49   www.kooperative-haina.de

die Landschaft zu pflegen und nebenbei an Fleisch zuzusetzen. Die junge weibliche Nachzucht wird verkauft, die anderen Tiere werden geschlachtet, zum Teil auch für den Eigenbedarf.

Auf den teils eigenen, teils gepachteten Flächen baut die Kommunität vorwiegend Mostobst und Getreide an. Nur ein kleiner Teil wird für den Eigenverzehr gelagert. Das meiste geht in den Handel. Ein etwas bitterer Ton kommt in Jörns Schilderung, wenn er berichtet, wie Ländereien, die sie gepachtet haben, von der BVVG[50] an anonyme Investoren aus dem Westen verkauft werden, die keinerlei Bezug zu diesem Land haben, sondern nur ihr Geld vor eventuellen Finanzkrisen in Grundbesitz umwandeln wollen. Hier wünscht man, dass der Gesetzgeber sich zugunsten regionaler Bewirtschaftung noch mal nachdenklich am Hinterkopf kratzt. Damit die regionalen Landwirte, wenn sie das Land, das sie pachten, nicht selbst kaufen können, zumindest mit einer Art Pachtkauf auf ihrer Scholle bleiben können.

Auf diesem lehmigen Boden gelingen ihnen neben diesen *Bonsai-Rindern* vorwiegend Pflaumen, Sauerkirschen und Futtergetreide. Bei den Pflaumen aber lohnt die Ernte kaum. Wegen der Obstimporte aus Südosteuropa lassen sie sich nicht mehr wirtschaftlich verkaufen. Auch der Verkauf an Selbstpflücker, die dann versichert und von einem Kassierer beaufsichtigt werden müssten, macht offenbar ökonomisch kaum Sinn. Das lässt mir keine Ruhe und ich sehe Berge von Trockenpflaumen vor meinem inneren Auge. In Holzdorf bei Weimar habe ich unlängst eine neu gebaute Obstdarre gesehen, die mit Holz befeuert wird. Aber auch die läuft nur, weil die Arbeiter über den zweiten Arbeitsmarkt finanziert werden. Wer will schon von dem kargen Ertrag einer Obstdarre leben?

Die Gemeinschaft hier in Neufrankenroda wird vorwiegend durch ihre Arbeit und ihren gemeinsamen Glauben zusammengehalten. Von der Idee einer Gütergemeinschaft sind sie nach an-

---

50 Bundesvermögensverwaltungsgesellschaft.

fänglichen Versuchen wieder abgekommen. Zu unterschiedlich, zu individualistisch seien sie. Vier Ehepaare bilden den festen Kern der Kommunität, sieben Einzelpersonen befinden sich in einer Art Noviziat zum Kennenlernen und jedes Jahr kommt eine Verstärkung von zehn bis zwölf freiwilligen Helfern mit dazu. Einige externe Mitarbeiter sind fest angestellt.[51]

Im Gästebetrieb empfangen sie bei sehr moderaten Preisen Schulklassen und andere Jugendgruppen, gelegentlich auch Jugendcamps mit über zehntausend Teilnehmern. Ein großer, gut besuchter Hit ist das Blütenfest Ende April, zu dem auch bei schlechtem Wetter Tausende kommen. Sie bieten Programmbausteine für Kinder und Jugendliche zwischen sechs und vierzehn Jahren an, wie zum Beispiel: *Ein Tag im Mittelalter* oder *Ein Tag in der DDR*, was man sicher noch ergänzen könnte durch *Ein Tag im Dritten Reich* oder *Ein Tag in der Renaissance*. Die Attraktion dieser frommen Spielhölle aber ist das *Mäuseroulette*, bei dem die Kinder eine Münze auf das Dach eines von mehreren kleinen Spielzeughäusern legen dürfen. Gewonnen hat derjenige, in dessen Haus eine Maus läuft, die zwischen den Häusern freigelassen wird. Angeblich stinkt Geld ja nicht. Hier aber wäre es sicher einen Versuch wert, seine Münze mit etwas Speck einzureiben.

Auch wenn es bis Waltershausen heute nicht weit ist, sollten wir nun langsam aufbrechen. Für die Strecke nach Teutleben wählen wir einen kleinen Feldweg, was sich als verhängnisvoll im wahren Sinne erweisen soll. In einer etwas unübersichtlichen Kurve kommen plötzlich zwei stolze Rappen mit einer leichten Kutsche plus aufsitzender Familie auf uns zu. Mehr noch, wir kommen auf sie zu und versuchen auszuweichen. Da sich die beiden Pferde etwas schwertun, einen blauen Wagen mit riesigen Ohren hinsichtlich der Gefährlichkeit einzuschätzen, bäumen sie sich sicherheitshalber auf die Hinterläufe, um ruckartig die Deichsel herumzureißen und versuchsweise

---

51 www.siloah-hof.de

im rechten Winkel in das angrenzende Feld auszubrechen. Dieser Versuch misslingt gründlich. Nach kurzem Kampf und Gehedder miteinander und mit dem Geschirr liegen sie verknotet und wie erschossen im Graben. Die Familie ist gerade noch rechtzeitig vom Wagen gesprungen. Schreck auf beiden Seiten. Hätten wir – wie die Mutter der Familie andeutet – mit einem Ohrenwagen nicht über einen Feldweg fahren dürfen? Hätten die Pferde besser mal die Zeitung der letzten Tage gelesen, um über den Ohrenwagen informiert zu sein? Schuld ist hier schwer zuzuweisen und der Vater der Familie macht sich, unter Beteuerungen, dass wir uns korrekt verhalten haben, in aller Ruhe daran, die

Havarie mit dem Pferdegespann

Tiere und das Geschirr zu entwirren. Beide Pferde sind unverletzt, nur vom Geschirr ist ein Riemen gerissen. Alle Beteiligten sind etwas aufgewühlt als sie weiterziehen. Mir zumindest klopft das Herz.

Weiter unten im Tal wirft der Anblick eines Windparks, einer Hochspannungsleitung und eines globalen Frikadellenbraters neue Fragen auf: Wie schön, dass man aus Wind Energie machen kann. Wie hässlich, wenn alle hundert Meter so ein Propeller steht. Wie praktisch, dass aus Kernkraftwerken kein schwarzer Rauch aufsteigt. Wie ärgerlich, wenn ein Malheur in einem AKW an unserem Erbgut 'rumdoktert. Wie peinlich, dass wir von der weltweiten Vereinheitlichung der Bulette so begeistert sind. Wie unschön, wenn Strom über weite Strecken transportiert werden muss. Wobei wir uns an die Hochspannungsmasten ja schon einigermaßen gewöhnt haben.

Wie unerwartet, wenn das praktische Freibier Erdöl mal knapper und teurer wird. Wie unpraktisch, wenn die negativen Begleiterscheinungen unserer Zivilisation eliminiert würden und wir – als Preis dafür – dann nur noch ein Zehntel der heute verbrauchten Energiemenge zur Verfügung hätten. Mein verehrter Saral Sarkar meint

Hochspannende Fragen zu Energie und Ernährung

dazu: *You can't eat the cake and have it too.* Man kann den Kuchen entweder essen oder besitzen. Beides zusammen geht nicht.

Jetzt aber kommen wir bei der alten Puppenfabrik in Waltershausen an. Eine Passantin fragt uns, wo wir hinwollen und entpuppt sich auch schon als Elke, unsere Gastgeberin bei der Kommune Waltershausen, genannt *KoWa*[52]. In den eigentlich unbewohnbaren und unbeheizbaren Hallen einer Fabrik haben sich seit zehn Jahren fünfzehn Kommunarden eingenistet. Und sie sind offen für weitere Mitbewohner. Die wichtigste Qualifikation für das Mitleben sei die Fähigkeit, sich mitzuteilen, sich nicht zu verschließen, sagt man hier.

Öl-Baum

---

52 www.kommune-kowa.de

Das Objekt könnte locker fünfzig bis sechzig Leute beherbergen. Auch hier hält man sich bedeckt, wenn es darum geht, eine weltanschauliche Klammer zu benennen, die diese Gruppe umfasst. Mir sind da zum Beispiel eine Protestantin und ein Buddhist begegnet. Und offenbar bekommen sie die Gütergemeinschaft, die hier solidarische Ökonomie heißt, mühelos hin. Jeder gibt, was er hat und nimmt, was er braucht. Ausgaben über hundertfünfzig Euro werden in der Gruppe gemeinsam besprochen. Manche arbeiten außer Haus, andere sind hier mit einem kleinen Gewerbe selbstständig: Ein Softwareentwickler, eine Bibliothekarin, ein analoger (!) Spieleentwickler, ein Holzschnitzer, ein Café, ein Lampendesigner. Alles auf sehr bescheidener Flamme. Aber mir scheint, die Leute hier sind die Subjekte ihres Lebens und nicht ausschließlich darum besorgt, wie sie sich möglichst passgenau in die Anforderungen einer Industriegesellschaft einfügen können. Um ihr Luftschloss zu beheizen, müssen sie allerdings jedes Jahr um die hundert Raummeter Brennholz machen. Ein Pärchen betreibt eine schwungvolle Jungpflanzenanzucht *Queerbeet*. Sie arbeiten ausschließlich mit zugelassenem Saatgut. Ich lerne: Die Zulassung eines Saatgutes kann bis zu hunderttausend Euro kosten. Das können sich nur die Großen leisten. Immerhin meint unser Gesprächspartner, dass etwa drei Viertel der weltweiten Saatgutproduktion in den Händen der zehn großen Saatgutkonzerne liegen. Der Verkauf von nicht zugelassenem Saatgut ist wohl schon seit Längerem verboten. Jetzt, empört sich unser Gesprächspartner in so buddhistischer wie willensstarker Gelassenheit, soll auch das Verschenken von nicht zugelassenem Saatgut verboten werden. Hier ruft er energisch dazu auf, dieser Verordnung nach Art der Italiener zu begegnen und freimütig auch nicht genehmigtes Saatgut zu verschenken, allein schon um alte Sorten und die Artenvielfalt zu erhalten.[53] *Ecco, habene wire hiere eine*

---

53   www.saveourseeds.com

Verordnunge? Va bene. Machte nixe kümmerne wire uns nichte darume. Ignoriere wir dase einfache. Avanti. Die Festigkeit, mit der die großen Saatguthersteller hier ihre Spielregeln durchdrücken, erinnert doch sehr daran, wie sich die Briten in Indien das Monopol zur Salzgewinnung und zum Weben unter den Nagel gerissen haben. Aber dafür wusste Gandhi ja bekanntlich eine Lösung. Die Versuchung zu globaler Dominanz scheint kaum ausrottbar zu sein. Sie züchtet sich jedoch das keimfähige Saatgut des Widerstandes selbst heran.

Alles in allem: eine auffällig hohe Kommunendichte hier in Westthüringen.

Fußkuss – 21. Mai

Bei meiner morgendlichen Dusche in der Puppenfabrik entdecke ich eine kleine Spur von Gutbürgerlichkeit in diesem ansonsten etwas provisorisch bewohnten Industriebau: Es wird gebeten, die Fliesen und Wände der Duschkabine nach Gebrauch mit einer Gummilippe trocken zu wischen. Ich kenne aus solchen Kreisen nur den Hinweis, dass hier bitte auch der Mann – geschlechtergerecht – im Sitzen pinkeln möge. Olala, Kalkflecken und Wischen mit der Gummilippe! Bricht sich hier plötzlich deutsche Reinlichkeit Bahn? Vermutlich ist das bei gemeinsamer Badbenutzung einfach hilfreich für das allgemeine Wohlbefinden der Kommunarden.

Noch ein kurzer morgendlicher Rundgang durch das Brennholzlager, den Garten und das Gewächshaus. Hier gedeiht ja alles prächtig. Auch dieses Gewächshaus wird mit Gas beheizt. Vermutlich bekäme man die Jungpflanzen auch ohne Heizung hin, aber wenn man seine Pflanzen drei Wochen nach der heizenden Konkurrenz auf den Markt bringt, dann ist die Nachfrage bereits gesättigt. Sehe ich das richtig? Immerhin ein Drittel des eigenen

Gemüseverbrauchs bauen die Kommunarden selbst an. Damit sind sie den gärtnernden Rentnern in der Spartenkolonie schon hart auf den Fersen.

Der heutige Tag wurde generalstabsmäßig von Dana Hellmann vom Umwelt- und Beratungszentrum der Stadtwerke Gotha vorbereitet. Mit exakter Abmarschzeit, Etappenbeschreibung, Haltepunkten und Laufzeiten bis zum Zielpunkt am Gothaer Hauptmarkt. Ich lasse gern auch mal andere für mich organisieren, aber hier bremse ich im Vorfeld den Festlegungseifer ein wenig aus. Der *Hörende Fußmarsch* absolviert keine straffe Agenda, sondern er will offen sein für das, was uns am Weg begegnet. Auch auf die Gefahr hin, dass man mal etwas länger braucht als vorgesehen. Wer zu uns stoßen will, sollte am Abend vorher noch mal kurz anrufen.

Es geht schon damit los, dass ich den Weg zum angeordneten Startpunkt unterschätze und etwas zu spät auf Peter Junghänel, einen freundlichen Herrn mit freundlichem Hund treffe, der mich heute begleitet. Hier am Gleisdreieck begegnen wir der Thüringerwaldbahn, die nach der Art einer Straßenbahn von Gotha bis nach Tabarz rollt. Immer wieder mal von der Schließung bedroht, hält sie ihren kleinen Sonderstatus als Überlandstraßenbahn bis heute aufrecht. Wenn eine ICE-Trasse die Totaloperation einer Landschaft ist, dann ist dieses Bähnchen lediglich ein minimal invasiver Eingriff in die Natur.

Die erste Herausforderung erwartet Peter und mich bereits in Schnepfenthal-Rödichen, wo in Erinnerung an den großen Volksertüchtiger GutsMuths[54] ein paar hilfreiche Hindernisse aufgebaut sind. Die Übungen gipfeln darin, dass man auf einem waagerecht aufgelegten über etwa acht Meter Länge frei schwingenden Tannenstamm einbeinig stehend, den großen Zeh des anderen Fußes zum Mund führen soll. Zumindest sollte der deutsche Jungmann

---

54   Johann Christoph Friedrich GutsMuths, Pädagoge, Zeitgenosse Goethes, Mitbegründer des Turnens. Geistiger Vater von *Turnvater Jahn*.

das können. Bei allem Gewackel bekomme ich das beim dritten Mal einigermaßen hin. Ob Vater GutsMuths mit meinem Fußkuss zufrieden wäre und welche Haltungsnoten hier anzusetzen sind, lassen wir mal offen.

Hölzerner Fußkuss

Nach einem hellen Weg über sonnige Höhen landen wir schließlich an der Pferderennbahn am Boxberg. Hier hätten auch Anna Karenina und ihr Geliebter ihre Freude gehabt. Alles sieht so anrührend und gepflegt vorgestrig aus. Die seitlich verglaste filigrane Tribüne, das Lokal, die Wettannahmebuchten für die Buchmacher. Man sieht förmlich die feinen Damen mit hoch aufgetakelten Hüten und verwegene Reiter aus besseren Familien, die ihren Rossen alles abverlangen, was drin ist. Verletzte, Sanitäter, wegen Beinbruch erschossene Pferde und Schlamm auf Reithosen aus teurem Tuch. Feurige Blicke der Zuschauerinnen auf ihre Favoriten.

Aus meinem Tagtraum erwachend, bin ich umringt von neuen Teilnehmern des Fußmarsches. Winfried, diesmal ohne Esel, aber mit Freundin

Die Pferderennbahn am Boxberg

Maria-Anna, die schon erwähnte Dana Hellmann, Roland Adlich, der Leiter des Gothaer Stadtplanungsamtes, und Angelika Rösch vom Amt für Bauverwaltung und Kreisentwicklung.

Die Gastronomie legt für uns eine Art Frühstart hin, obwohl wir noch vor der Öffnungszeit ihre Terrasse besetzen. Wie Anfang April Landrat Zanker berichtet auch Angelika Rösch begeistert und begeisternd von der *Stiftung Landleben* in Kirchheiligen, wo ältere Hofbesitzer ihr zu großes Gehöft mit jungen Familien gegen einen kleinen Seniorenbungalow im Ortskern eintauschen können. Nicht zuletzt verbindet die örtliche Agrargenossenschaft mit dieser Initiative auch die Hoffnung auf Mitarbeiternachwuchs im ländlichen Raum. Auch wenn sich bei späteren Recherchen herausstellt, dass die Nachfrage nach diesem Modell in Kirchheiligen bislang noch zu wünschen übrig lässt, gefällt mir dieser Ansatz. Nicht jedes Vorhaben muss gleich beim ersten Anlauf gelingen.

Roland Adlich sieht die demografische Lage in aussterbenden Dörfern nüchtern. Ab einer bestimmten Einwohnerzahl lasse sich die Infrastruktur eines Dorfes einfach nicht mehr mit vertretbarem Aufwand aufrechterhalten. Er rechnet damit, dass künftig auch Dörfer *geschlossen,* also aufgegeben werden und die letzten Bewohner ein Wohnangebot im Nachbardorf bekommen. Das mag vernünftig klingen, wird aber in der Praxis nicht immer ohne Verwerfungen abgehen. Nicht alle Nachbardörfer sind einander in inniger Freundschaft verbunden. Aber gut, die

Gartenstadt

258

Wüstungen auf alten Karten berichten uns, dass das Aufgeben eines Ortes – aus welchen Gründen auch immer – keine Erfindung unserer Zeit ist.

Am Ortseingang von Gotha lässt die Gartenstadtsiedlung *Am schmalen Rain* etwas ahnen von den städtebaulichen Visionen der Zwanzigerjahre. Die soziale und ästhetische Ambition dieser Siedlung ist ohne Mühe zu erkennen. Und auch für die zu den Wohnungen gehörenden Gärten werden die Bewohner den Architekten in Notzeiten dankbar gewesen sein.

Vor dieser beeindruckenden Siedlung bekommt man Fahrradschläuche aus dem Automaten wie andernorts Zigaretten, Kondome oder Kaugummis. Warum der einzige mir bekannte Fahrradschlauchautomat Thüringens gerade in dieser Nebenstraße steht, bleibt ungeklärt. Möge einem – wenn's denn eine Reifenpanne an einem Sonntag sein muss – dieses Unglück irgendwo hier in der Nähe passieren.

Der für heute anberaumte Pressetermin am Gothaer Markt wird zwar pünktlich erreicht, erschöpft sich aber in einem netten Plausch im Eiscafé am Rathaus. Fröhlich gackernd fällt eine Touristengruppe über den Ohrenwagen her, was zum schlagartigen Verlust sämtlicher Flyer zum Fußmarsch führt. Na gut, dafür sind sie ja auch da. Hier am Markt schaue ich dann doch mal kurz bei Gerrit Jeron rein, der hier mit dem *Temple of Cult* den angesagten Modeladen betreibt.

Wenige Häuser weiter, gleich gegenüber der Wasserkunst, ist Nick

Der Kulttempel

Denner der erste *Friseur* am Platz, mit gediegenem Flair und einer Ladeneinrichtung, die an einen Barbier alter Schule erinnert. Nick und Gerrit kenne ich von der alljährlichen Männerwanderung, bei der wir Ende Januar – möglichst unter Vermeidung von Straßen und Fahrwegen – über Stock und Stein durch Thüringer Gelände tippeln. Die Tour mit dieser Rotte ist dann für mich die Gelegenheit, drei Viertel meiner Jahresdosis an hartem Alkohol einzunehmen.

Der Gesprächsabend im Gemeindezentrum Siebleben beeindruckt mich. Hier halten sich Frömmigkeit und gesellschaftspolitisches Interesse die Waage, ohne dass das eine oder das andere als lästiges Anhängsel betrachtet wird. Birgit und Wolfgang von Rohden, meine Gastgeber für heute, wollen mir vor Einbruch der Dunkelheit schnell noch ihren etwas abgelegenen Garten zeigen. Und tatsächlich, hier lernen ihre fünf Kinder und deren Freunde das praktische Leben und den Wert des Einfachen. Am meisten beeindruckt mich die Schmiede, die sich ihr halbwüchsiger Sohn hier eingerichtet hat. Dafür, dass beide Eltern Musiker sind, haben sie einen erstaunlich soliden Hang zum Handwerk und zum Bodenständigen. Auch sie mit ihren fünf Kindern besitzen kein Automobil. Ich schlafe heute Nacht in einem geschmackvoll ausgebauten und eingerichteten Kämmerchen, das sie für Pilger offen halten.

Rares Obst – 22. Mai

Wer war heute früh noch mal beim Start alles dabei? Auf alle Fälle wieder Winfried ohne Esel. Wir brechen im Regen auf.

Im nächsten Ort trinken wir einen Kaffee zum Aufwärmen bei einer so stillen wie heroischen Bäckersfrau. Jeden Morgen macht sie den Laden schon eine Stunde früher auf, weil eine Brigade rumänischer Fronarbeiter, die hier in der Nähe ihr Quartier hat, vor dem Einsatz als Putztruppe gern noch ein Tässchen Kaffee trinkt. Das sind doch Menschen wie wir, sagt sie nebenbei. Und diese Erkenntnis klingt in dem Moment so banal wie bahnbrechend. Der Seniorchef der Bäckerei meint augenzwinkernd in Bezug auf die Härten seines Berufes, in seinem Arbeitsvertrag stehe: *Alle anfallenden Arbeiten sind zu erledigen*.

Fußwaschung

In der Cobstädter Kirche wäscht Brunhilde, die Pastorin, uns erschöpften und etwas durchgefrorenen Wanderern die Füße. Das ist mal ein Zeichen und eine Wohltat. Hier sind wir gegen Mittag zu einem Gemüseeintopf eingeladen, beim LebensGut Cobstädt, dessen Mitglieder teilweise zusammen wohnen oder aber zusammen arbeiten. In Verbindung mit der *Genbank Gatersleben*[55] kümmern sie sich um die Erhaltung seltener Obstsorten. Über tausend rare und alte Sorten werden hier für künftige Generationen erhalten. Darunter finden sich so klangvolle Namen wie *Ruhm von Thüringen* für einen Apfel, *Hochgenuss von Erfurt* für eine Sauerkirschsorte und eine Birne, die als *Nordhäuser Winterforelle* firmiert. Diese Beschäfti-

---

55 www.ipk-gatersleben.de

gung scheint auf den ersten Blick etwas exotisch, wo sich doch die Obstregale der Supermärkte mit sieben, acht ertragreichen Sorten ausreichend befüllen lassen. Aber ich habe den Verdacht, dass es einen Sinn macht, diese Vielfalt zu erhalten. Gemeinsam mit den Bürgern der Umgebung sollen diese Sorten an den umliegenden Feldwegen zu einem Obstraritätenweg gepflanzt werden. Wer weiß, ob nicht Kinder und Enkel diesen Leuten hier einmal dankbar sein werden für den Zustand, in dem sie diesen Flecken Erde weitergereicht bekommen haben. Die Broschüre des Projektes behauptet zumindest, man habe *dieses Land nicht von den Eltern geerbt, sondern von den Kindern nur geliehen*. Und: *Eine bessere Welt ist pflanzbar*. Das erinnert wieder stark an den Schlachtruf der Guerilla-Gärtner, die in England in öffentlichen Grünanlagen Gemüsesamen ausstreuen: *Give peas a chance!* Gebt Erbsen eine Chance!

Hier kommt auch die Ende der Zwanzigerjahre in Erfurt gegründete WÄRA-Tauschgesellschaft ins Gespräch, die versuchte, bei abschmierender Volkswirtschaft wenigstens für regionale Wirtschaftsvorgänge ein Tauschmedium zu schaffen. Nach nur zwei Jahren wurde dieses Notgeld – offenbar wegen der Verletzung des staatlichen Geldmonopols – mittels einer Notgeldverordnung vom Reichsfinanzministerium verboten.

Weiter geht's von Cobstädt mit einer ziemlich großen Gruppe, zu der auch Alexander und Marco, zwei reisende Zimmerer gehören, die sich uns mal eben für heute anschließen. An einer Weggabelung wird zum zweiten Mal auf dem Fußmarsch der Text über den *Liederhörer* verlesen. Franz Hohler hat mir netterweise erlaubt, ihn hier zu zitieren:

Der Liederhörer

Eines Tages hatte alle Festivals, Sängertreffen und Workshops ihre kreativitätsfördernde Wirkung getan, und es gab so viele Liedermacher, dass niemand mehr übrig blieb, um die Lieder zu hören. Jeder besaß eine Gitarre, jeder beherrschte die einfachsten Griffe, jeder verfügte über einige Reimwörter, aus

*denen er ein paar Strophen basteln konnte, und wenn er selbst keine zustande
brachte, sang er die seines Nachbarn oder die seiner Vorbilder.*

*Das war die Zeit, als der lange Ulli Linnenbrink aus Kreuzberg plötz-
lich bekannt wurde, weil er eine ganz außergewöhnliche Fähigkeit hatte:
Er konnte Lieder hören. Er hatte eine Art, dazusitzen und dem, der Lieder
sang, mit übereinandergeschlagenen Beinen, mit leicht gefalteten Händen und
verständnisvollem Gesichtsausdruck zuzuhören, die jeden Liedersänger zu
Höchstleistungen antrieb. Hatte er sein Talent anfänglich nur in kleinem
Kreise, vor Freunden und Kollegen und ab und zu in einer Kreuzberger Kneipe zur Geltung gebracht, wurde bald ein namhafter Liedersänger auf den
begabten jungen Mann aufmerksam, und nun ließ sich sein Aufstieg nicht
mehr verhindern. Bald trat er in großen Theatern auf, er setzte sich auf die
Bühne, und der ganze Saal war voller Liedermacher, von denen ihm jeder ein
Lied vorsingen durfte, zu dem Ulli dann nickte und manchmal auch applau-
dierte, was für den Betreffenden ein großer Erfolg war. In welcher Stadt auch
immer die Plakate „Ulli Linnenbrink hört Lieder!" hingen, die Liedermacher
rissen sich die Karten aus den Händen. Linnenbrinks erste Platte, auf der
er nur leise atmete und gelegentlich etwas Beifall klatschte oder „Das war
aber sehr schön" sagte, wurde ein Erfolg, der jede Liedermacher-Platte in den
Schatten stellte.*

*Natürlich fand er viele Nachahmer, die auch zu ihm in Kurse kamen, aber
seltsamerweise minderte das den Ruhm und den Erfolg Linnenbrinks keineswegs. Darauf angesprochen, pflegte Ulli nur mit dem Kopf zu nicken und zu
sagen: „Tja, es ist schon so, Liedermachen ist keine Kunst, aber Liederhören
kann nicht jeder."[56]*

Am Abend sind wir zu Gast bei Holger Lemme vom *Kirchlichen
Dienst in der Arbeitswelt* im Zinzendorfhaus Neudietendorf und fallen
nach der abendlichen Gesprächsrunde im Kaminzimmer in ziemlich bequeme Betten.

---

56 Aus Franz Hohler: Die Karawane am Boden des Milchkrugs, Luchterhand,
München 2003.

Stachelbeermost – 23. Mai

Heute, auf dem Weg nach Arnstadt, begleitet mich mal wieder Matthias Hartmann. Auch er diesmal ohne Esel. Den ersten Klingelknopf drücken wir keine zweihundert Meter nach unserem Aufbruch. Heinz,[57] den ich letztes Jahr auf der Intensivstation einer Klinik kennenlernte, freut sich wie ein Kind über den Besuch. Ich mich auch.

Ein Gärtner am Rand des Ortes erzählt uns die Geschichte seiner Resilienz: Im Dritten Reich geboren. Eh er sich's versah, war er Vollwaise und wurde dann von den *Braunschwestern* erzogen. Den Schwestern, die seinerzeit der Volksgesundheit und Rassenhygiene einen durchwachsenen Dienst leisteten. Man merkt ihm den Stolz darüber an, wie er sein Leben dann später gemeistert hat. Ein stark ausgeprägter Ordnungssinn gab ihm Halt. Das zumindest entnehme ich der Pflanzendressur im Vorgarten seines Hauses, der hinsichtlich der Ordnung keinerlei Wünsche offen lässt.

Aromatherapie

Neudietendorf wünscht uns schließlich mit einem Hinweis auf seinen legendären *Aromatique* Gute Fahrt. Braucht man hier zur Erlangung der vollen Fahrtauglichkeit ein Gläschen von diesem alkoholischen Kräutersirup? Oder wünscht man uns trotz des Likörs eine (hoffentlich) gute Fahrt? Ich habe eine Schwäche für Zucker und auch mal für einen

---

57 Name leicht geändert.

Kräuterschnaps. Aber in diesem Mischungsverhältnis trinke ich das eher aus Höflichkeit.

Ein fahrender Hufschmied bringt unsere Zeitplanung etwas durcheinander. Er pickert, schleift und schmiedet derart routiniert an den Eisen und an den Hufen der Pferde, dass wir lange fasziniert zusehen. Ein Nagelstudio der alten Schule. Bei der Berührung mit dem glühenden Stahl verdampft ein Teil des Hufs zu beißendem, widerlich stinkendem Qualm. Der Hengst nimmt es gelassen. Er ist nicht das erste Mal beim Schuster. Die Feldschmiede des Hufschmieds aber wird nicht von Pferden gezogen, sondern in ein hochbeiniges SUV-Gefährt verstaut.

Alles ist Wurst – fast

Zu Füßen der *Drei Gleichen*[58] streben wir als nächste Etappe das Thüringer Bratwurstmuseum an, das auf dieser Tour schon aus formalen Gründen nicht fehlen darf. Hier wird auf dem Thema Bratwurst und Thüringer Roster allerdings derart systematisch herumgehackt, dass schon fast eine Currywurst draus wird. Ich gestehe mir ein, dass ich Tier, wenn überhaupt, dann lieber als Rostbrätel oder erst recht als durch und durch gebeizten Mutzbraten esse.

Weiter auf einem Landwirtschaftsweg Richtung Arnstadt treffen wir eine sehr angenehme Radlerin meines Alters, die sich voller Interesse und Sympathie zu den Fragen des Fußmarsches äußert. Sie

---

58   Das sind drei nahe beieinander liegende – zumindest ähnliche – Burgen, die der Automobilist auf der A 4 als eines der Thüringer Wahrzeichen kennt.

kommt gerade mit dem Rad vom Einkaufen aus der Stadt. Ein sanfter, etwas melancholischer Zug bestimmt ihre Körpersprache und Mimik. Ihr Mann habe eine bahnbrechende Erfindung gemacht, die nur niemand verstehe, geschweige denn in eine Nutzung oder Produktion überführen möchte. Und beide seien sie Anhänger von *Bo Yn Ra*, eine Weltsicht, die auf den Künstler Josef Anton Schneiderfranken zurückgeht. Kurz schildert sie die Maximen dieser Schule. … Ich dachte immer, ich kenne mich in Sachen verschiedene Weltanschauungen ein bisschen aus. Davon aber habe ich noch nie gehört. Ihr Mann wird mir später dann das Ergebnis seiner Forschung schicken, die noch nicht einmal der chinesische Botschafter in Berlin haben wollte. Ich bin zu unbedarft, um den Wert dieser Arbeit einschätzen zu können.

Einer der Fixpunkte, die ich auf dem Fußmarsch besuchen wollte, ist die *1. Thüringer Apfelweinkelterei und Mosterei Schellhorn* in Arnstadt. Leider haben sie heute geschlossen. Trotzdem telefonieren wir kurz

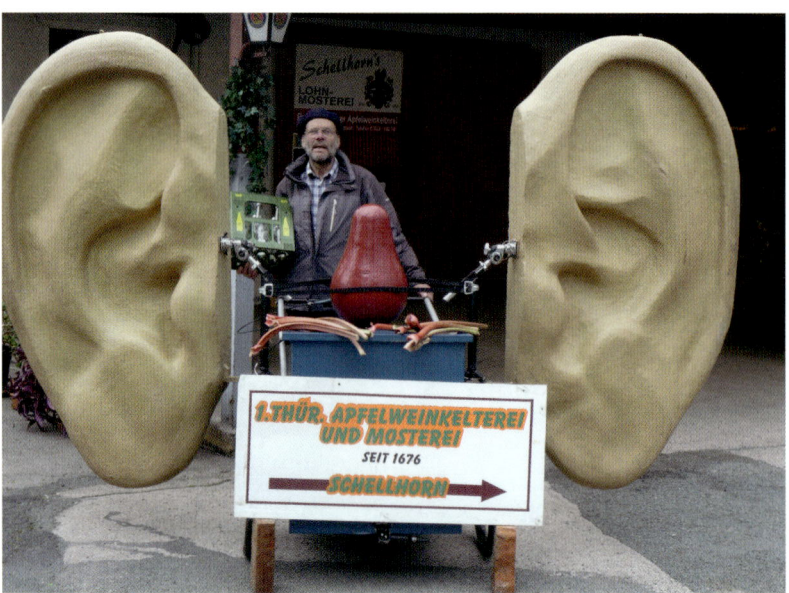

Die Mosterei Schellhorn in Arnstadt

mit dem Chef, der auswärts unterwegs ist, machen ihm Komplimente und halten eine kleine Gedenkandacht auf seinem Betriebsgelände. Hier nämlich bekommt man einen feinen Stachelbeermost. Wo sonst in Thüringen? Und Apfelwein ist mir als gebürtigem Sachsenhäuser auch nicht zuwider. Ein Jahr später werde ich mit der Behauptung konfrontiert, dass in der Arnstädter Bäckerei Nagel das beste Brot Thüringens gebacken wird. Und tatsächlich, für jemanden, dessen Frau seit zwanzig Jahren ein bislang unangefochten gutes Sauerteigbrot backt, hat dieses dunkle Arnstädter Roggenbrot das Potenzial zu einer kleinen Ehekrise. Leider weiß ich jetzt in Arnstadt noch nicht davon. Ich hätte es vermutlich gekostet und wer weiß … Zu spät, jetzt schmeckt es zu Hause wieder am besten.

Noch bevor wir die Stadtmitte erreichen, stellt sich uns ein Auto in den Weg. Heraus springt ein etwas hyperaktiver Volkswirt, der sich freut, uns endlich zu treffen und uns umgehend auf der Bordsteinkante einen Vortrag hält über die Vorteile des Schrumpfgeldes und allerlei Fehlentwicklungen in unserem Wirtschaftssystem. Hätte doch eine meiner Töchter Volkswirtschaft studiert, damit wir wenigstens einen in der Familie haben, der davon was versteht. Ich staune, was man alles wissen und wozu man alles eine Meinung haben kann.

Im Stadtzentrum umringt uns eine kickende Rasselbande pubertierender Jungs und fragt nach dem Sinn unserer großen Ohren. Nachdem ich es kurz, und hoffentlich altersgemäß, erklärt habe, verkündet einer der Knaben völlig unerschütterlich, dass er ab sofort mitlaufen werde. Mit etwas Mühe gelingt es mir, ihm das auszureden und ich denke mir, wie leicht es der Rattenfänger von Hameln doch hatte, die ganze Stadtjugend zu seinen Fans zu machen. Es scheint in diesem Alter eine Art Grundbereitschaft zu entschiedenem Aufbruch zu geben, sei es mit Hurra in den Ersten Weltkrieg oder mit *Hare Hare* in indische Ashrams. In meiner frühen Jugend ist der Aufbruch in das Land Gandhis und Krishnas an meiner Reisekasse gescheitert.

Heute Abend lädt die *IG Stadtökologie* den Fußmarsch und die Arnstädter Bürger ins Hotel *Zur Sonne* zum freien Meinungsaustausch. Neben dem schon erwähnten engagierten Volkswirt berichtet André Schäfer von einem interessanten Ladenkonzept. Mehrere Bürgerinnen und Bürger wünschten sich einen Bioladen in Arnstadt. Jeder von ihnen zahlt als Mitglied eines Vereins oder einer Genossenschaft einen festen Monatsbetrag ein und bekommt dafür die Waren des Ladens um zwanzig Prozent billiger. Man muss kein Mitglied sein, um hier zu kaufen, aber man bekommt dann auch keinen Rabatt. Dieses Modell hat den Vorteil, dass der Betreiber des Ladens mit den Mitgliedsbeiträgen eine stabile Einnahmequelle für die Fixkosten hat. Und für die Kunden lohnt es sich, so viel wie möglich hier und nicht woanders einzukaufen, um in den Genuss der Vergünstigung zu kommen. Binnen Kurzem waren zweihundert Mitglieder zusammen und inzwischen gibt es einen weiteren Laden in Weimar, dem sich innerhalb eines Jahres sechshundert Mitglieder angeschlossen haben. Beliefert wird der Laden unter anderem von der Großgärtnerei der *Lebenshilfe* in Gera-Aga, bei der Behinderte einen wesentlichen Beitrag zum Gemüseanbau leisten. Dieses Personal wäre bei den *braunen Schwestern* von heute Morgen vermutlich nicht als lebenswert durchgegangen.

Im Laufe des Abends stellt sich heraus, dass mein Liegeplatz für heute Nacht im verlassenen Kinderzimmer von André Schäfers Familie sein wird. Wie überhaupt der Auszug erwachsener Kinder aus dem Elternhaus ein enormes Potenzial für Gastfreundschaft ist – scheint mir.

Große Töne – 23. Mai

Am Stadtbrunnen von Arnstadt vor der *Sonne* holt mich Bernd Hornaff ab, mein heutiger Führer. Vermutlich hätte ich diesen zweimonatigen Marsch auch mit dem weißen Stock machen können. Immer wieder und in allen Regionen Thüringens finden sich Leute, die mir sagen, wo's lang geht. Bernd führt mich entlang der Gera in den Plauener Grund. Nur Zugereiste kann wundern, dass durch Erfurt die Gera fließt und durch Gera die Elster. Man muss nicht alles erklären können.

Schon in Dosdorf bleiben wir am Zaun bei einer wohl nach dem Krieg hierher eingeheirateten Schwäbin stehen, die uns das funktionierende Dorfleben rund um das gemeinsam wieder instand gesetzte Backhaus schildert. Ihr fröhlicher Sprachfluss mäandert zwischen dem bayerischen Schwaben und dem Thüringer Wald. Schön zu hören, wie Erdbeeren mit Pfeffer. Die Lebendigkeit des Dorflebens beruht hier weniger auf Strukturförderung aus Brüssel als vielmehr auf dem Zusammenstehen, zusammen Arbeiten und zusammen Feiern. Eine Frau, die dazukommt, lobt besonders das Brot mit Natursauerteig, das alle paar Wochen aus dem Backhaus kommt. Das Backhaus scheint wirklich der Ankerpunkt des Zusammenlebens hier zu sein.

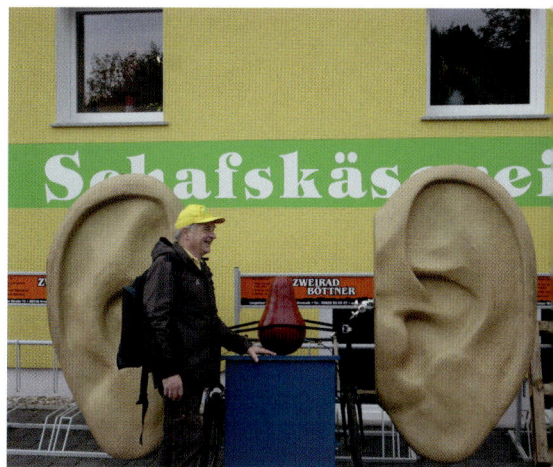

Schafskäserei Ziegenried

Siegmar Arnoldt, ein lockiger Hüne, zieht hier in Dosdorf die große *Schafskäserei Ziegenried* auf. Mit Gastronomie, Verkaufstheke und Streichelgehege. Gerade fährt er zu einem Treffen mit dem Betreiber eines Ladens, der Wildwurst verkauft. Jetzt wollen sie ihre Produkte gegenseitig ins Sortiment aufnehmen. Man denkt in Region.

Um die Ecke wurde bis vor einigen Jahren das Schierholz-Porzellan hergestellt, weil es hier vor Ort Kaolinvorkommen gab. Das Gewerk zog zu den Ressourcen, als der Transport von Rohstoffen noch kein Kinderspiel war.

In der Ortsmitte von Angelroda treffen wir einen stillen und einen lauten Helden. Der stille ist Mitarbeiter des Bauhofs der Gemeinde, macht alle anfallenden Arbeiten und heizt im Winter die große Festhalle für Feierlichkeiten mit Holz. Sein Vater war Lkw-Fahrer für Molkereiprodukte und brachte, wenn er spät abends von seinen Touren zurückkam, immer eine Kiste mit Joghurt, Butter, Quark und anderen Leckereien mit nach Hause. Ganz nebenbei erzählt unser Gesprächspartner, dass er jetzt noch seinen Bruder fertig machen müsse. Fertig machen? Ja, der ist behindert und bei satten 175 Kilo Lebendgewicht ein Pflegefall, unter dem Rollstühle einknicken. Er kommt nicht mehr aus dem Haus und müsste seinen Bauch zum Essen eigentlich auf den Tisch legen, wenn er sich nicht fast ausschließlich von Softdrinks mit möglichst viel Zucker ernähren würde. Und sein Bruder macht seine Vollpflege mal eben nebenbei so mit, ohne groß drüber nachzudenken, ob das christlich, heldenhaft oder solidarisch ist.

Der laute Held kommt mit Aplomb in schwerem Benz vor unsere Gruppe gefahren, bremst seine Rosse und entsteigt der Kutsche mit dem Schwung des Dorffürsten. Ohne große Umstände beschlagnahmt der Bürgermeister die rhetorische Lufthoheit unseres Gespräches und erläutert umstandslos, was er schon alles Gutes für den Ort bewerkstelligt hat und was die anderen, besonders die roten Pfeifen vom Landratsamt, für Luschen sind. Allen voran das *Schneewittchen vom Berge*. Eine kleine Auswahl seiner Erfolgsbilanz: Hier eine Straße im Handstreich asphaltieren lassen, für ein Viertel des Preises einer Ausschreibung, dort einen Zuschuss eingeheimst, da einen Festsaal saniert und auf den neuesten Stand gebracht und kürzlich erst einen greisen Uhrmacher dazu gebracht, die Kirchturmuhr gratis zu restaurieren. Den völlig verpennten Lehrern aus der Stadt, hat er neulich mal wieder gezeigt, wie man Kindern das Landleben erklärt. Der Kolchosenchef wird verdonnert, acht Kühe auf Hochglanz zu polieren und dann bekommen die Stadtkinder vorgeführt, woher die Milch wirklich kommt, wenn schon nicht aus dem Tetrapack. Da bebt der Stammtisch. Viel kernige Bauernschläue, viele gute Ideen, viel hemdsärmlige Umsetzung. Dieser Ort kann für sich selber sorgen. Nicht unsympathisch, der Mann. Ein bisschen aber sind all diese guten Werke überpudert von der Vulkanasche seiner lautstarken Begeisterung über sich selbst. Die Tonaufzeichnungen dieses Monologes gehören zu den wertvollsten Fundstücken des Fußmarsches. Sie würden ausreichen, um einen Kabarettabend zu füllen. Zumindest als Vorprogramm.

Beide Helden bleiben mir – jeder auf seine Art – in Erinnerung.

Bernd erklärt mir später, dass der Bürgermeister mit dem *Schneewittchen vom Berge* die junge attraktive Landrätin des Ilmkreises meint, die zwar seinen ästhetischen Vorstellungen entspricht, aber aufgrund der Nähe zur *Linken* nicht seinen politischen. Wegen der Sage über die *Zwerge von den Kammerlöchern*, die hier bei Angelroda einst ansässig waren, bis sie vertrieben wurden, liegt Schneewittchen als Vergleichsgröße nahe.

Ein *Läuschchen,* erklärt mir Bernd, bedeutet in Thüringen zweierlei: zum einen ein kleines Feuer im Ofen oder im Freien und zum anderen eine kleine Geschichte oder Anekdote – wie zum Beispiel die von den Kammerlöchern –, die man gern mal hört oder zu Gehör bringt. Na, warum nicht eine kleine Geschichte, der man beim Knistern eines Feuerchens gerne lauscht.

Später in Martinroda zeigt mir Bernd dann seinen Kräutergarten, der nach Anregungen der Hildegard von Bingen angelegt ist. Auf dieser kleinen Fläche scheint gegen alles ein Kraut zu wachsen. Er führt mir auch seine beeindruckende Sammlung von Klangschalen vor, die er zu therapeutischen Zwecken einsetzt. Auch hier wieder große Töne. Sie brauchen eine Ewigkeit, um auszuklingen.

In Martinroda schließt sich uns Eckhard Roth an. Ein Unfall bei der Armee hat ihm das komplette Gesicht versengt. Ein eigenes Gesicht mit Mimik, Blick und allen Ausdrucksmöglichkeiten scheint ja wohl die einfachste Selbstverständlichkeit der Welt zu sein. Was aber, wenn die nicht selbstverständlich ist? Zum Partylöwen wird man kaum werden, weil einem die subtilen Kommunikationskanäle des Gesichtsausdrucks fehlen. Derart der Möglichkeiten des äußeren Scheins enteignet, hat das Herz Zeit, zu wachsen und schön zu werden. Eckard kommt damit gut zurecht, obgleich er vermutlich seit Jahrzehnten die Erfahrung macht, dass erschrickt, wer ihm zum ersten Mal begegnet.

Zum Übernachten liefern die beiden mich noch in Ilmenau bei Helmut Krause ab, einem der Leuchttürme des Thüringer Waldes und, wie ich hinter vorgehaltener Hand erfahre, neuerdings auch Ehrenbürger von Ilmenau. Mein Fenster gibt den Blick frei über die gesamte Stadt und auf einen gegenüber liegenden frisch bepflanzten Berghang. Dazu werde ich morgen mehr erfahren.

Lindenberg – 25. Mai

Der Orkan Kyrill rasierte den Lindenberg nahezu wie ein Barbier alter Schule. Dem Sturm hat es gefallen, aus diesem behaarten Hügel einen bestoppelten Hang mit Dreitagebart zu machen. Daraufhin wurde und wird der Berg von den Ilmenauern in einer beispiellosen – oder zumindest Beispiel gebenden – Aktion in Eigenleistung wieder aufgeforstet. Unter dem Motto *Ilmenau pflanzt den neuen Wald* begann im März 2007 die Wiederaufforstung. Der Lindenberg wird mithilfe der Ilmenauer Bürger unter fachlicher Anleitung mit Rotbuche, Bergahorn, Douglasie und Weißtanne neu bepflanzt. Als

Begleitbaumarten werden Winterlinden, europäische und japanische Lärchen gepflanzt sowie die Naturverjüngung aus Fichte, Birke und Eberesche genutzt.

Das stärkt meine Zuversicht, dass der Mensch im Notfall zu enormer Leistung und Eigeninitiative fähig ist.

Unterhalb dieses Berges besuchen wir Eckhard mit seiner Kerstin. Sein gesamtes Brennholz holt er mit einem aus zwei Fahrrädern selbst zusammengeschweißten Langholztransporter zu Fuß aus dem Wald.

Brennholztransporter

Helmut Krause, demütiger Hüne Ilmenaus und Anästhesist, zeigt mir an der hiesigen Klinik die Palliativstation, die er initiiert hat. Für die, die hier liegen, ist fast nichts mehr selbstverständlich, was in den Jahrzehnten zuvor selbstverständlich war. Hier bröckelt die intellektuelle Kruste des Menschen und die Konvention. Übrig bleibt das Gemüt, die Seele, der Kern des Menschen, der die vorerst Weiterlebenden verlässt. Beim Sommerfest des ebenfalls von ihm initiierten Hospizvereins liefert Helmut mich gegen Nachmittag auch noch ab. Hier ergibt sich bei einsetzendem Regen ganz ungeplant eine Gesprächsrunde im Partyzelt.

Später schaffen wir es noch zu einer Abendmesse, zu der Helmut mich begleitet. Dann wird er auch schon per Handy zu einer Sterbenden gerufen. Ehrenbürger eben. Einer, der Freude daraus zieht, sich für andere zu verzehren. Dabei ist er alles andere als verbiestert. *Leben, das leben will, inmitten von Leben, das leben will*, würde Albert Schweizer hier vielleicht notieren.

Gib-und-Nimm-Haus – 26. Mai

Für heute ist Regen angesagt. Regen, Regen, Regen. Das hält Helmut, der gern länger mitgelaufen wäre, aber heute noch Termine hat, nicht davon ab, uns bis zum Ortsrand zu begleiten. Auch Brunhilde, Michael und Maximilian, die am Bahnhof für die heutige Etappe zu uns stoßen, müssen gewusst haben, was für ein Wetter heute auf dem Plan ist. Und sie kommen trotzdem mit. Brunhilde, die Pastorin, lief bei Mühlhausen und nördlich von Weimar schon mal mit und hat uns in der Cobstädter Kirche die Füße gewaschen. Auffällig, dass es immer regnet, wenn sie dabei ist. Michael ist der, dem ich den Satz mit den nicht mehr selbstverständlichen Selbstverständlichkeiten verdanke und Maximilian ist sein helles Söhnchen.

Irgendwo auf der Strecke packen sie im Schutz einer Futterraufe ein Geburtstagsfrühstück aus. Für wen war das noch mal? Doch nicht nachträglich für mich? Das gibt diesem nassen Tag mit Schokolade und Obst einen festlichen Glanz. Ansonsten werden wir so stetig wie nachhaltig nass. Was soll ich dazu weiter sagen? Regen. Regen. Regen. Da hilft die Vermarktungsprosa von atmungsaktiven, aber total wasserdichten Membranen nur wenig. Ist der Umhang wirklich wasserdicht, badet man im eigenen Kondensat, ist er atmungsaktiv, kommt gern auch ein bisschen Wasser mit rein. Wirklich bringen tut's da nur ein Umhang aus englischem Öltuch. Dachte ich immer. Dicht gewebter Baumwollstoff, dessen Faden beim Spinnen mit Öl bedampft wird. Aber dieses selbst genähte beige Stück ziehe ich nur abseits der Zivilisation an. Meine Freunde behaupten, ich sähe damit aus wie eine Wanderdüne. Heute Abend werde ich mir nicht mehr so sicher sein, ob das Ding wirklich so dicht ist, wie ich bisher behauptet habe.

Ein Besuch in der so kleinen wie legendären Privatbrauerei Singen wäre bei gutem Wetter Ehrensache gewesen. Dieses Getränk ist Kult unter Freunden leicht alkoholischer Getränke. Bei derartigem Regen aber ist uns der Umweg zu weit, der Preis zu hoch.

Durchnässt und durchfroren finden wir wider Erwarten in Grä-finau-Angstedt in einem Hinterhof etwas verborgen das Gasthaus *Zum goldenen Engel*. Ah, trockene Wärme, Kakao, Süppchen, Kaf-fee. Um die Wärme perfekt zu machen, bedient uns der ägyptische Chef persönlich. Er und seine Frau machen was aus ihrem etwas abgelegenen Standort. Eine ziemlich ambitionierte Küche lockt Stammgäste auch von weiter her. Eben feiert hier gerade eine Seni-orenrunde ihre goldene Konfirmation. Da ist man nicht mehr wirk-lich jung. *Aber nur die Hälfte von uns ist gekommen*, verrät uns der fidele Obersenior. Ach so, bemühe ich mich um eine pietätvolle Miene, da sind die anderen also schon verstorben oder wie? *Nein, nein, die leben alle noch. Sie hatten nur halt keine Lust zu kommen.* Eine zähe Generati-on ist das, die in den kargen Jahren Geborenen und unter Hunger Aufgewachsenen.

Im Ilmtal schrammen wir eine Stunde später schon wieder den Wirkungskreis des begnadeten Pädagogen Fröbel. Eine Nachfrage in der Fröbel-Gedenkstätte trägt uns zwar wenig Information ein, aber beschert uns dafür eine Einladung zum Käffchen bei dem sie-benbürgischen Pastorenehepaar, das jetzt hier wohnt. Wer kann da bei diesem Wetter Nein sagen?

Ich spare mir und dem Leser hier eine detaillierte Schilderung, wie wir, frisch aufgewärmt, wieder in das richtige Leben aufbrechen und mit hängendem und durchnässtem Cape Stunden später un-seren Zielort Stadtilm erreichen. Ich werde schon gern auch mal ein bisschen bemitleidet, aber alles mit Maß bitte. Regen. Regen. Kalter Regen. Unsere Hoffnung, im dortigen *Gib-und-Nimm-Haus* ein warmes Plätzchen zu finden, wird herb enttäuscht. Die Frau unseres Gastgebers ist gesundheitlich nicht ganz auf der Höhe und so verspeisen wir die uns angebotenen Schmalzbemmen mit sauren Gurken in der Werkshalle seiner Baufirma bei Temperaturen, die wahrscheinlich auszuhalten sind, wenn man warme trockene Klei-dung anhat. Keiner ist wirklich traurig, dass die vom Hausherrn einberufene Gesprächsrunde mangels Beteiligung ausfällt. Aber wir bekommen noch eine Führung durch das *Gib-und-Nimm-Haus*. Er stellt ein paar Räume in seinem Betriebsgebäude zur Verfügung, in die man Dinge bringen kann, die man nicht mehr braucht und von wo man Dinge abholen kann, die man gebrauchen kann. Das Ganze läuft völlig ohne Geld und inzwischen offenbar auch völlig selbstorganisierend. Alle Besucher sortieren ihre Mitbringsel an einer passenden Stelle in die Regale ein. Arme Volkswirtschaft! Was soll werden, wenn wir nicht artig wegwerfen und Neues kaufen? Wenn wir alte Dinge weiter oder wieder verwenden?

Beindruckende Initiative, dieses *Gib-und-Nimm-Haus*. Ja, schlafen können wir gern hier im Betriebsgebäude oder auf einer mit mindestens zehn Sofas bestandenen riesigen überdachten Terrasse. Die Aussicht von hier aus ins Ilmtal ist bezaubernd, die Terrasse jedoch auch nicht beheizt. Georg aber, der zu Beginn des Marsches schon mal dabei war und heute wieder dazu stößt, erkennt jetzt unsere kalt-feuchte Misere und findet, dass die Lösung unseres Problems heute mal in einem Hotelzimmer besteht, zu dem er uns einlädt. Halleluja! Erleichterung auf allen Seiten. Unser Gastgeber chauffiert uns zum Hotel, in dem wir als Erstes die Heizkörper auf Touren bringen, um uns dann in einer nahe gelegenen kuscheligen Pizzeria für diesen Tag zu entschädigen. Heute bin ich mal sehr müde. Noch ehe wir beim Espresso sitzen, verabschiede ich mich von den jungen Leuten, die alle etwas älter sind als ich, und verkrieche mich aufs Zimmer. Die etwas kraftlosen Notizen, die ich mir dann noch auf Band spreche, lassen vermuten, dass mir hier auf der Zielgeraden des Fußmarsches der Sprit etwas knapp wurde. Aber ein trockenes Bett macht vieles wett.

Senfmühle – 27. Mai

Am nächsten Morgen sind alle Knochen wieder am richtigen Ort und wir haben einen Tag vor uns, der zwar als regnerisch angekündigt ist, aber fast völlig trocken bleibt. Zum Frühstück findet Sibylle Reichel mal wieder zu uns, die den Fußmarsch künstlerisch begleitet. Zu viert ziehen wir los, nachdem uns unser Gastgeber wieder zu seinem Firmengelände abgeholt hat, an dem der Ohrenwagen parkt.

Das erste Fundstück heute ist dann auch schon die große Kunst- und Senfmühle Kleinhettstedt. Seit acht Generationen in Familienhand, war diese stattliche Mühlenanlage ursprünglich Gips-, Säge-, Senf- und Krautmühle (?) sowie Spinnerei. Mit achtzehn Mahlstöcken schon keine Klitsche mehr, sondern seinerzeit ein respektables mittelständisches Unternehmen, das bis vor Kurzem noch fünfundsechzig Tonnen Getreide pro Tag zu Mehl verarbeitete. Im Gegensatz zu den kleineren Dorfmühlen, die als Rückschüttmühlen mit mehr körperlichem Einsatz betrieben wurden, nannten sich diese mit Plansichter und anderen technischen Raffinessen weitgehend automatisierten Mühlen dann *Kunstmühle*. Schön, wie umstandslos der Müller sich entlohnte, indem er nicht etwa eine Rechnung über Taler, Gulden oder Reichsmark schrieb, sondern einfach festlegte, welchen Anteil des gemahlenen Mehls er für seine Dienste einbehielt. Dieses Schild hier ist emailliert oder zumindest geprägt. Das heißt, hier änderten sich die Kondi-

Mehl gegen Getreide

tionen nicht alle Nase lang oder gar innerhalb von Millisekunden wie an der Getreidebörse in Chicago.

Stabile Rahmenbedingungen also. Es ging hier offenbar nicht um Gewinnmaximierung, sondern um ein auskömmliches Leben. Inzwischen betreibt der letzte Müller der Dynastie mit Erreichen des Rentenalters nur noch die Senfmühle weiter. Das aber macht er kenntnisreich und mit Leidenschaft. Den Lehrgang in Senfherstellung, den der fidele Müller uns kurzerhand erteilt, hole man sich dort bitte bei einem Besuch selbst ab. Hier nur die wichtigsten Eckpunkte: Industrieller Senf und handwerklich gemahlener Senf heißen zwar gleich, sind aber zwei völlig verschiedene Produkte. Hier wird das volle Senfkorn bei langsamen Geschwindigkeiten und somit geringer Hitzeentwicklung aromaschonend gequetscht, zwölf Stunden mit Wasser, Salz und Zucker eingeweicht und schließlich nach Zugabe von Essig wiederum langsam zwischen Steinen vermahlen. Durch die geringe Verarbeitungstemperatur bleiben die ätherischen Öle und Geschmacksstoffe erhalten. Nicht so bei industriellem Senf, der bei hohen Mahlgeschwindigkeiten Schärfe und Geschmack verliert und dann nachgewürzt und mit Chilli nachgeschärft werden muss. Guten Senf erkennt man daran, dass seine eigene Schärfe nach etwa fünfzehn Sekunden im Mund nachlässt, dass er seine Eigenschaften aber auch nach zwei Jahren noch behält. Industriesenf zeichnet sich dadurch aus, dass seine Schärfe im Mund überhaupt nicht nachlässt, er aber schon nach vier Wochen in der angebrochenen Dose Geschmack und Schärfe verliert. Hätten Sie's gewusst? Die Senfsaat bezieht unser Müller hier ausschließlich aus ökologischem Anbau in Thüringen. Aus Kanada zum Beispiel könnte er die dunkle Senfsaat für einen Drittel des Preises bekommen, trotz des Transportes über Tausende von Kilometern. Er aber will regionalen Thüringer Rohstoff verarbeiten. Das gibt im Fach Betriebswirtschaft eine Fünf minus. Für Resilienz aber gibt's eine glatte Eins.

Danach lädt er uns noch ein, seine Senforgel durchzuprobieren, nicht ohne uns noch anzuweisen, in welcher Reihenfolge man das am besten machen sollte. Wir sind vollends zu seinen Produkten bekehrt. Das führt zum Erwerb des einen oder anderen Senftöpfchens und wir verlassen seinen scharfen Laden nach der Verkostung glücklich und irgendwie besenftigt.

Kurz darauf wird unser kulinarisches Idyll etwas unterbrochen. Hier im Ilmtal laufen wir wieder eine Etappe des Todesmarsches von 1945, bei dem KZ-Häftlinge in den letzten Kriegstagen noch durchs Land getrieben wurden. Mit fällt auf, dass mir – seit meiner Geburt umpolstert von Wohlstand, Frieden und Freizügigkeit – die Weltgeschichte bislang erlaubt hat, über fünfzig Jahre lang im Sandkasten zu spielen. Zu richtigen ethischen Baggerarbeiten wurde ich bislang noch nicht herangezogen.

Auf einem Feldweg in windiger Höhe hält ein hochbeiniger Geländewagen neben uns an. Der Herr über tausendeinhundert Hektar Ackerland lässt das Fenster herunter und erkundigt sich nach dem Sinn unseres karnevalistischen Aufmarsches. Er ist einer von drei Teilhabern einer GbR, also einer der wenigen privaten Großbauern hier in der Gegend. Achtundzwanzig Angestellte, siebenhundert Stück Milchvieh und achthundert Stück Nachzucht. Bis auf das Kraftfutter bauen sie hier neben Brotgetreide das komplette Futter selbst an und müssen nicht zukaufen. Um dem Preisdiktat der großen Molkereien zu entgehen, liefern sie ihre Milch zur Herzgut-Molkerei bei Rudolstadt, bei der wir ja auch schon mal mit dem Landrat einen Becher Milch gezapft haben. Er möchte, dass seine Produkte in der Region weiterverarbeitet und möglichst dort auch konsumiert werden. Auf die Frage, ob man bei ihm auch Milch lose in der Kanne bekäme, runzelt er nachdenklich die Stirn. Um direkt an Endkunden zu verkaufen, müsste er die Milch abkochen und derart viel in die vorschriftsmäßige Ausrüstung, wie zum Beispiel einen Milchautomaten, investieren, dass dieses Geld über die paar Liter Milch im Direktverkauf nicht wieder 'reinkäme. Selbst aber trinkt er – unter Protest seiner Schwiegereltern – nur die rohe Milch frisch aus dem Euter. Das schmeckt ganz anders als die abgekochte Milch, sagt er. Und schließlich weiß er selbst am besten, welche Qualitätsmaßstäbe und Hygienevorschriften auf dem Hof gefordert und eingehalten werden.

Auch ihm ist die Saatgutbeize mit Neonicotinoiden bekannt, die noch nach Jahren und bei kleinsten Mengen den Orientierungssinn von Bienen zerstören können. Manches, meint er, sollte einfach verboten werden. Und ich nehme diesem nachdenklichen Mann ab, dass er das ernst meint.

Als dann die Rede auf das sogenannte *Totspritzen* kommt, bekennt er freimütig, dass das auf seinen Feldern schon gelegentlich zum Einsatz kommt. Hier läuft allerdings Georg zur Hochform auf und erhitzt sich mehr, als ich es sonst von ihm gewohnt bin. Immerhin war er in seiner beruflich aktiven Zeit Abteilungsleiter für *Umweltverträgliche Technik und Produkte* im Umweltbundesamt. Er paddelt also nicht völlig ahnungslos auf der Wurstsuppe. Glyphosat sei im Spritzmittel, mit dem man das Zellwachstum der Pflanzen stoppen könne. Praktisch, weil man damit unterschiedliche Reifungsgrade eines Weizenfeldes synchronisieren kann. Dann sind alle Ähren gleichzeitig reif, wenn der Mähdrescher kommt. Ansonsten sind manche Ähren noch unreif, während andere schon anfangen, am Halm zu vergammeln. Und bei Kartoffeln verhindert man damit das unschöne Auskeimen im Lagerhaus oder im Supermarktregal. Auch das klingt ziemlich praktisch. Was aber stellt das Zeug mit uns an, wenn wir es dann essen? Leisten wir hier einander als letztes Glied der Nahrungskette, in einem flächendeckenden Großexperiment, kollektive Sterbehilfe? Hier wiegelt Georg ein kleines bisschen ab: Nein, das Zeug sei kein pures Gift und es habe eine geringe *Persistenz*, also eine kurze Wirksamkeitsdauer. Aber man wisse eben nicht genau, welche Auswirkungen diese Substanz auf den Menschen habe. Unser Landwirt, der diese Substanz nur gelegentlich und gezielt einsetzt, meint, Glyphosat sei ein Produkt des US-Chemieriesen *Monsanto*, und das vergleichbare deutsche Produkt koste mal gerade ein Drittel. Ein Trost? Er habe im Fernsehen erfahren, dass die Reste gentechnisch veränderter Baumwollpflanzen an Tiere verfüttert werden und fragt sich, ob das so produzierte Fleisch für uns die geeignete Nahrung sein kann. Das fragt sich dieser Großbauer.

Georg berichtet von Demonstrationen gegen das Geschäftsgebaren von *Monsanto* in mehreren Städten weltweit am vergangenen Wochenende. Voller Begeisterung erzählt er von Jörg Bergstedt, der sich der Aufklärung über das Wirken der Firma *Monsanto* widmet, indem er sie mit Schmähungen juristisch herausfordert. Er gewinnt dann einen Prozess nach dem anderen gegen den multinationalen Konzern, mit der Folge, dass er Monsanto inzwischen allerlei nachsagen darf, was sie nicht gern hören. Im Jahr 2005 zum Beispiel wurde ihm gerichtlich erlaubt zu sagen, dass Monsanto eine *kriminelle Vereinigung* ist. Nein, das hört man nicht gern, das verursacht in Werbe-Abteilungen schon mal etwas Sodbrennen. Besonders gefällt Georg an diesem Bergstedt, dass er, bei allem Ernst des Themas und obwohl er für seine Aktionen schon ein halbes Jahr hinter Gittern saß, nicht verbohrt ist und sich eine Leichtigkeit und einen lockernden Humor bewahrt hat.

Zur Abwechslung und zu unserer Erbauung nach diesen düsteren Themen erzählt Sibylle vom Backhausverein Oberhasel. In diesem Dorf greift offenbar der öffentliche *Backwahn* um sich. Um das kollektive Backhaus benutzen zu können, muss man sich rechtzeitig in eine Liste eintragen und dann geht's los. Brunhilde hingegen ist ganz angerührt von der Frauenbäckerei von Ingeburg Okker in Kranichfeld, in die wir aus ganz eigennützigen Motiven gerade einfallen.

Die Liebe und der Bäcker sind dahin, sagt die Chefin, aber die Bäckerei ist mir geblieben. Man ahnt Schmerz und Tapferkeit hinter diesem Satz. Mit großem Enthusiasmus zeigt sie uns ihre Firma, den alten deutschen Backofen und das von ihr persönlich selbst hergestellte Eis. Sie achtet im ganzen Betrieb auf erstklassige und möglichst regionale Zutaten. Das Mehl ist aus der unmittelbaren

Umgebung. Bezüglich der Bananen fürs Fruchteis gestaltet sich die Suche nach Thüringer Lieferanten noch etwas schwierig. Hier bewältigt jemand ein enormes Pensum und nebenbei auch noch sein Leben. Wir wollten hier nur einen Kaffee trinken und bekommen unverhofft einen Intensivkurs im Wiederaufstehen. Resilienz eben.

Irgendwo auf der Strecke führt der Radweg nach den nennenswerten Regengüssen der letzten Tage mitten durch einen kleinen Stausee, der sich auf einer Wiese gebildet hat. Das ungeübte Auge vermutet fälschlicherweise eine Wassertiefe von fünf Zentimetern auf dem überschwemmten Radweg. Sicherheitshalber schieben wir den Ohrenwagen auf einem etwas beschwerlichen Umweg über die ungemähten Wiesen um diesen neuen See. Ist schließlich kein Amphibienfahrzeug. Der Umweg hat sich gelohnt. William und Sandra, die am Abend zu uns stoßen, haben diese Pfütze später dann mit den Rädern versuchsweise sportlich genommen und hätten sich vorher besser Badesachen angezogen.

In der Stedtenmühle flickt ein Berufsfischer gerade seine Netze für die nächste Ausfahrt auf der Talsperre Hohenfelden. Hier im Ilmtal hingegen züchtet er seine Aale. Als ich eines seiner geräucherten Haustiere als Mitbringsel für unser nächstes Quartier erwerben will, fällt mir beim Preis fast die Geldbörse aus der Hand. Später erfahre ich, dass Aal auch anderswo teuer ist. Ich kaufe selten so lange Fische.

So ein rauchiges totes Tier auf *Schloss Tonndorf* als Gastgeschenk in einer Kommune von mehrheitlich vegetarischen Menschen loszuwerden, erweist sich als schwierig. Schließlich gelingt es mir doch. Neben mehreren, beim Anblick der Fischleiche etwas pikiert und vorwurfsvoll geschürzten Mündern, entdecke ich schließlich ein verschwörerisch blinzelndes Augenpaar und lasse den Fisch später unauffälligst in die dazugehörigen Hände gleiten, ohne dass jemand was gemerkt hat. Wie bei *Ringlein, Ringlein, du musst wandern.*

Hier in diesem Felsennest, das von der Bausubstanz und dem Ambiente her etwas an Ronja Räubertochter erinnert, hat auch

Michael Grolm seine Hausung, der streitbare Imker und Kämpfer für eine bäuerliche Landwirtschaft. Er ist ebenfalls ein Feldbefreier wie der oben erwähnte Jörg Bergstedt. Heute aber taucht er in dieser etwas locker strukturierten Gemeinschaft nicht auf. Vermutlich ist er gerade ausgeflogen oder sitzt irgendeine Strafe ab für eine seiner Aktionen gegen Gentechnik in der Landwirtschaft.

Unsere Gastgeberin hier oben ist Lea Hinze, die sich in der Mailadresse passenderweise den Namen *Klabauterina* verpasst hat. Man ahnt ein glühendes Engagement bei gleichzeitig unbändigem Freiheitsdrang. Vor ein paar Tagen hat sie ei-

Schloss Tonndorf

nen Mitkommunarden hier auf dem Schloss geheiratet, was ich für diese Umgebung etwas überraschend, aber auch auf anheimelnde Art gutbürgerlich finde.

Das Schloss wurde in gemeinsamer genossenschaftlicher Anstrengung für 300.000 Euro (oder Mark?) erworben, was objektiv kein Geld für so ein Objekt ist, subjektiv im Kreise unkonventioneller Menschen aber schon ein Batzen. Jeder der dreißig Genossen musste einen entsprechenden Anteil einlegen. Jetzt aber läuft die steile Etappe der Sanierung, einschließlich der damit verbundenen Kosten. Das ist eine harte Nuss, wenn man vermeiden möchte, wieder in die Tretmühlen bürgerlichen Gelderwerbs und entsprechender Kredite einzusteigen. Aber mit Genügsamkeit kann manches ausgleichen, wer die Freiheit auf diesem Berg zu schätzen weiß. Zum Thema Genügsamkeit würde ich auch das vollbiologische Trockenklo zählen, dem die undichten Fenster und der steife Westwind hier auf dem Berg gute Dienste leisten. Das Interesse, einerseits hier oben, abseits der bösen Welt, der Muße zu pflegen und andererseits die Bereitschaft, hier zum allgemeinen Nutzen dauerhaft die Ärmel aufzukrempeln, scheint unter der Belegschaft nicht ganz homogen verteilt zu sein. Na gut, diese Festung ist eine Art soziologischer Nische und das scheint mir gut so. Die Menschen kommen eben nicht alle aus der gleichen Gussform.

Inzwischen bringt uns zum Abendessen eine andere Kommunardin einen Krug frisch von Hand gemolkener, euterwarmer Milch. Wahrscheinlich alles nicht legal, aber umwerfend lecker! Man möchte sein Leben lang Kälbchen sein und bleiben.

Gerade noch rechtzeitig zum Konzert, das Lea für uns heute Abend im großen Saal organisiert hat, kommen auch William und Sandra, wie angedeutet, mit klatschnassen Hosen aufs Schloss. William und Sandra hätten eigentlich hier ein eigenes Kapitel verdient. Ein amerikanisches Pärchen griechisch-orthodoxen Bekenntnisses, das vierzehn Jahre lang mit Rad, Zelt und Gitarre alle Länder Europas bereist hat, um zu singen und in ganz Europa Lieder einzusammeln. Die haben was zu erzählen! Da sie jedoch nicht zu den Stärken Thüringens im engeren Sinne zählen, muss ihr Leben an anderer Stelle mal gewürdigt werden.[59] Außerdem taucht Frank Schellhorn wieder auf, unser aus Südthüringen bekannter Pomologe.

Das Konzert, das uns jetzt ein junges Pärchen mit Klavier, Gitarre, Waldhorn sowie Alt- und Tenorstimme im Festsaal abliefert, ist überwältigend. Damit hat keiner von uns gerechnet. Es kribbelt am ganzen Körper. Die beiden haben sich beim Musikstudium kennengelernt und sind dann gemeinsam durch die Welt getourt. Weil man ein Klavier schlecht in den Rucksack bekommt, haben sie sich unterwegs auf Gitarre und Gesang verlegt. Seit Kurzem leben sie – neuerdings mit Baby – als Kommunarden auf Probe

---

[59] http://pilgerbericht.blogspot.com

hier im Schloss Tonndorf. Jetzt servieren sie uns ein Stündchen lang Jazzgesang und Songs der Achtziger vom Feinsten. Mit Stimmen, die ein größeres Publikum verdient haben. Schon mal akustische, unverstärkte Gitarre und Waldhorn zusammen gehört? Dass man aus so einem Rohr so feines Blech ziehen kann! Leider ist der Akku meines Aufnahmegerätes fast völlig platt. Mein Tank hingegen, der gestern Abend nach dem Regentag so ziemlich leer war, ist wieder zu drei Vierteln voll.

Gemüse – 28. Mai

Noch vor dem Frühstück muss ich mir diese Festung alternativen Lebens von oben ansehen. Über Stiegen, die ganz bestimmt noch nicht für den öffentlichen Publikumsverkehr freigegeben sind, erreiche ich die Turmspitze und werde für den halsbrecherischen Aufstieg mit einer sehr freundlichen Aussicht belohnt.

Zum heutigen letzten Wandertag wurde unter der Parole *Marsch auf Erfurt* eingeladen. Dafür, dass wir weder ein Fußballverein noch eine Gewerkschaft sind, sondern ein Ansammlung nachdenklicher Zuhörer, kommt doch ein ganz nettes Grüppchen zusammen. William und Sandra, die Europaradler, Frank, der Apfelkenner und Ofensetzer, Sibylle, die Architektin, die zur Kunst neigt, Georg, der Wissenschaftler des Umweltbundesamtes und Ludger, der Erfurter Stadtrat und Sozialpädagoge. Später am Treffpunkt Klettbach, den man von Erfurt aus gut mit dem Bus erreichen kann, kommen noch Eckard, der Psycho-Professor, Brunhilde, die Pastorin und Sabine Brandt, eine Journalistin aus Weimar, dazu. Bei bestem Wetter kommen wir heute gut voran. Die Stimmung ist hoch. Erfurt liegt uns zu Füßen.

Schon am Stadtrand von Erfurt drängt Ludger immer wieder, dass wir unbedingt die Straßenbahnhaltestelle Erfurt Melchendorf besuchen müssen. Ach ja?!? Muss das sein? Obwohl dieser Ort nicht direkt auf unserem Weg liegt, beharrt er notorisch auf dem kleinen Umweg. Als wir dort ankommen, verstehe ich, was er meint. In einer kleine Bude aus Stangen und Planen steht auf Tischen und Regalen ein buntes Sortiment aus frischem Obst und

Gemüse, selbst Angebautem, Eingekochtem, Marmeladen, sauer Eingelegtem und allem, was der Garten so hergibt. Dahinter steht drall und zufrieden die Gärtnerin, die das alles zusammen mit ihrem Mann auf ihren Beeten und Feldern im Stadtgebiet anbaut.

Ja, das gefällt mir. Hier liegt alles, was der Boden hergibt. Und die Gärtnerin hat ihren Stand in guter Lage stehen.

Gartendorf Melchendorf

Vielleicht nicht exakt das, was sich die Europäische Union unter Lebensmittelgroßhandel oder normgerechter Pflanzenproduktion so vorstellt. Aber regional, lecker und – das Wort ist jetzt geläufig – *resilient.* Hier wird vermutlich auch noch gegärtnert und eingekocht, wenn der Euro, das Sozialversicherungssystem oder die Erdölförderung mal schwächeln. Einfach weil die Erfurter was essen wollen und müssen. Später erfahre ich, dass diese *Gartendörfer* rund um die Stadt und der daraus resultierende reichhaltige Wochenmarkt unterm Domberg, auch aus Gründen der politischen Isolation, schon seit tausend Jahren typisch und wichtig für die Versorgung von Erfurt waren. Wie auch die uns bereits bekannten verschwundenen Fischteiche von Weißensee.

Kurzerhand erklären wir diesen Gemüsestand zum Zielpunkt des *Hörenden Fußmarsches.* Wir haben gefunden, was der *Hörende Fußmarsch* sucht. Zumindest ein schönes Beispiel dafür. Die Gärtnerin weiß nicht so recht, wie ihr da geschieht, aber sie ist freundlich bei der Sache.

Irgendjemand drückt mir ein Faltblatt zu einer Tagung über *Urban Gardening* in die Hand, also Gärtnern in der Stadt. In diese Broschüre lässt sich wunderbar ein Bund Petersilie einwickeln.

Jetzt noch schnell einen Besuch in der Radscheune Melchendorf, in der man das Geld, das man eigentlich für einen gebrauchten Kleinwagen ausgeben wollte, auch für ein neues hochwertiges Fahrrad loswerden kann. Wer aber mal auf einem richtig guten Fahrrad saß, möchte sich nicht mehr mit einem Ding quälen, das zwar aussieht wie ein Fahrrad, aber beim Discounter neben der Kasse nur so viel kostet wie ein Satz anständiger Scheibenbremsen und für dessen Gewicht man einen Flaschenzug braucht, um es aus dem Keller hochzuwuchten. Später besuchen wir dann noch das zweite Standbein der Radscheune, das ganz vornehm unter *Bike-Lounge* firmiert. Hier gibt es das Sortiment für den – zumindest vor dem Fahrradkauf – ganz prallen Geldbeutel. Elektrofahrräder, Lasten-räder, High-Tech-Falträder. Alles was fährt, solange das Öl für die Kettenschmierung noch bezahlbar ist.

Für den ökologisch ganz ambitionierten Kunden von Pedelecs oder E-Bikes haben die Brüder von der Radscheune eine *Erste Erfurter Energiegenossenschaft*[60] mit gegründet und bieten Hausmacher-Solarstrom für die Fortbewegung an. Immerhin reicht ihr Genossenschaftsanteil rechnerisch für den Stromverbrauch von etwa 20 Elektrofahrrädern. Meinen vorsichtigen Einwand, dass Radfahren ohne Zusatzmotor und Akku doch auch nicht schlecht sei, wenn man noch halbwegs rüstig ist, schmettert der Inhaber der Bike-Lounge mit einer Greenpeace Studie ab. Demnach verbraucht ein Fleisch essender Radfahrer wegen des hohen Energieaufwandes bei der Fleischproduktion pro Kilometer mehr Energie als ein Elektrofahrrad. Ein vegetarischer Radler verbraucht etwas weniger

---

60   www.e3g.mixxt.de

Energie pro Kilometer als ein E-Bike. Aber nur ein bisschen weniger, wie er betont. Etwas beschämt, weil noch immer strampelnd und möglicherweise noch den Rest irgendeiner Bratwurst verdauend, verlassen wir diesen Wallfahrtsort korrekter Fortbewegung.

Jetzt aber steht unser Sinn erst mal nach einem Kaffee, um die Ankunft des Marsches in Erfurt nach zwei Monaten zu befeiern. Allen ist etwas festlich zumute, als wir uns, umringt von Plattenbauten alter Schule, auf der Terrasse eines ziemlich neuzeitlichen Cafés breit machen. William und Sandra lassen es sich nicht nehmen, uns und den Umsitzenden ein kleines Konzert zu geben, bei dem ein letztes Mal Franz Hohlers Frage auftaucht – und offenbleibt –, was denn eigentlich die größere Kunst ist: Lieder machen oder Zuhören.

Auch Zuhören will gekonnt sein

Unser Quartier für die kommenden Nächte ist das *Radhotel* gleich hinter dem Augustinerkloster. Dorthin haben uns die Hoteliers Dieter und Sigrid eingeladen. Sie sind aktive Praktiker und Verfechter der *Gemeinwohlökonomie*[61], bei der nicht nur der ökonomische Umsatz und Gewinn einer Firma gewichtet wird, sondern auch der Nutzen, den ein Unternehmen für die Gesellschaft bringt. Kooperation vor Konkurrenz. Und diesmal sind wir als Gratisgäste im wohlwollenden Fadenkreuz dieser Idee gelandet, lassen uns auf gute Betten in anheimelnder Atmosphäre fallen und schlafen einem ziemlich leckeren und reichhaltigen Frühstück entgegen.

---

61 www.gemeinwohl-oekonomie.org

Der Trick, die Welt zu verschönern, indem man anderen mal was Gutes tut, ist so einfach und so uralt, aber er wird immer mal wieder unter der Angst verschüttet, selbst zu verhungern oder zu kurz zu kommen, wenn man nicht alles bei sich behält. Freiheit ist vermutlich auch Freiheit von dieser Angst.

Erfurt – 29. bis 31. Mai

Die drei letzten Tage des Mai sind für Kontakte und Besuche in Erfurt vorgesehen. Die Besprechungsrunde mit den Stadträten im Rathaus fällt wegen einer Terminkollision aus. Dafür lädt uns Ludger Kanngießer, der unter seinen Stadtratskollegen vermutlich als *Mister Resilienz* geführt wird, zum Kaffeetrinken zu sich nach Hause ein. Hier singt er uns noch einmal zur Laute die *Sieben Gaben* von Gerhard Schöne vor, bei denen das Stehaufmännchen so eine sympathische Rolle spielt. Schade, dass diesem Buch keine CD beiliegt. Dieses Lied wäre mindestens drauf.

Im Vorfeld unseres Eintreffens in Erfurt haben wir den Thüringer Parteien ein paar Fragen gestellt:

Sehr geehrte Damen und Herren

[…]

Wenn es Ihnen möglich ist, antworten Sie uns bitte auf folgende Fragen, die im Laufe des Fußmarsches an den ca. 50 Stationen aufgetaucht sind und besprochen wurden:

I. Bitte schätzen Sie die folgenden möglichen Krisenursachen nach ihrer Wahrscheinlichkeit ein. Sie können gern auch andere Risiken oder Faktoren hinzufügen, die Sie für relevant halten. (1. = sehr wahrscheinlich, 2. = wahrscheinlich, 3. = wenig wahrscheinlich, 4. = sehr unwahrscheinlich)

a) Stromausfall in einem Landkreis Thüringens bzw. in einem Siedlungsgebiet über 10.000 Einwohner für mehr als vier Tage.

b) Nahrungsmittelknappheit in Thüringen.

c) Weltweite Verknappung der Erdölförderung mit entsprechend drastischer Preissteigerung.

d) (Vorübergehender) Zusammenbruch des weltweiten Finanzsystems.

e) Kollaps bzw. Einknicken der Sozialsysteme in Deutschland.

f) Zusammenbruch des Euro.

g) Rückgang des Fernpendelns aufgrund drastisch steigender Energiepreise.

h) Dramatischer Rückgang des Exportes deutscher Produkte.

i) Probleme bei der Versorgung mit sauberem Trinkwasser.

II. Bitte schätzen Sie die oben genannten (und gern auch weitere) Faktoren nach ihrer Dramatik bzw. nach der Schwere ihrer Auswirkung auf unsere Zivilisation ein. (1. = sehr dramatisch, 2.= dramatisch, 3. = wenig dramatisch, 4. = harmlos)

[…]

IV. In welchen gesellschaftlichen Bereichen halten Sie Thüringen für existenziell verletzbar?

V. In welchen gesellschaftlichen Bereichen halten Sie Thüringen für robust und für fähig, sich im Bedarfsfall selbst zu versorgen?

VI. Halten Sie diese Fragen für bedenkenswert oder für eher nicht relevant?

Nach einigem Überlegen habe ich mich entschlossen, die Antworten der Parteien, die unterschiedlich substanziell waren, hier nicht aufzuführen.[62] Der Fußmarsch steht außerhalb der Parteipolitik. Die Grünen zumindest antworteten zwei Mal, eine der beiden Antworten kam von unserem glasäugigen Landtagsabgeordneten, der

---

62 Wer möchte, findet sie unter: www.hoerender-fussmarsch.de.

dem aufmerksamen Leser noch aus Südthüringen bekannt ist. Bei der Linken war der Sonneberger Abgeordnete zu einem Gespräch bereit, bei dem vorwiegend die parteieigenen Anliegen zur Sprache kamen. Die Antwort des Generalsekretärs der CDU war ausführlich und die des Landesgeschäftsführers der SPD eher knapp: *Die übermittelten Fragen seien nicht geeignet für eine Beantwortung nach dem Muster „Wahrscheinlich – wenig wahrscheinlich – unwahrscheinlich". Die Welt sei zum Glück komplexer. Man gehe grundsätzlich davon aus, dass unsere Zukunft gestaltbar sei und kein Schicksal, das über uns kommt.*

Interessanter war schon die Einladung in die Staatskanzlei. Auf dem Weg dorthin treffe ich zufällig Johannes, den ich gern anrufe, wenn an meinem Computer Selbstverständlichkeiten einmal nicht selbstverständlich sind. Auf meine Einladung entschließt er sich spontan, mit zu Christoph Eggers zu kommen, der in der Kanzlei das Referat *Soziales, Familie und Gesundheit, Landwirtschaft, Forsten, Umwelt und Naturschutz* leitet. Diese Stichworte passen doch nicht schlecht zum Fußmarsch. Nach einem interessanten und auf bei-

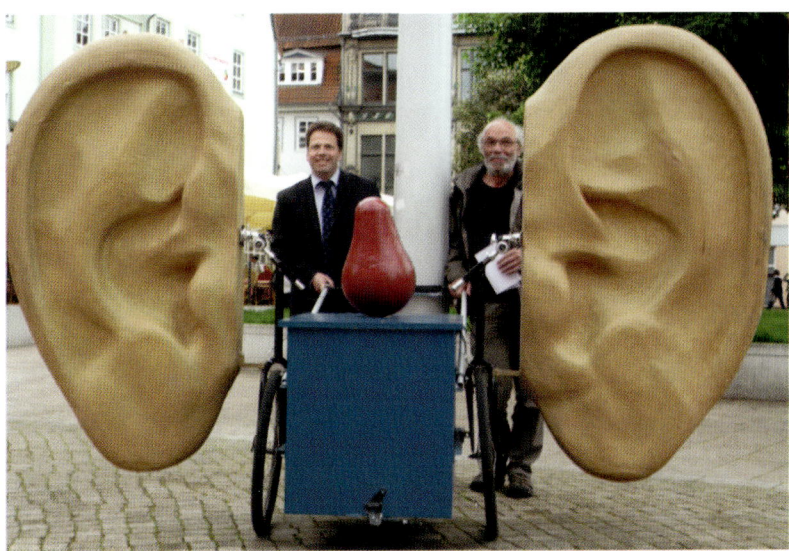

Vor der Staatskanzlei in Erfurt

den Seiten nachdenklichen Palaver entschließt Eggers sich, zur Abschlussveranstaltung am letzten Tag mit ins *Collegium Maius* zu kommen und überlegt, ob wir so eine Runde mit Fahrradhelm, Kuchenbrett und Resilienzbirne nicht auch mal mit der Ministerpräsidentin und etwas weiter blickenden Mitarbeitern der Landesregierung machen sollten. Nichts dagegen. Man muss ja nicht gleich die große Panik ausrufen, wenn man solche Fragen mal nüchtern in den Blick nimmt.

Die große warme Dusche gab's am letzten Maitag zur Abschlussveranstaltung des Fußmarsches in dem hübschen Renaissancebau des *Collegium Maius*. Hier waren wir Gast der evangelischen Kirche. Zu meinem und der Gäste Vergnügen hatten wir für die Pausen ein Jazz-Duo mit Gitarre und Kontrabass eingeladen. Aus allen Teilen Thüringens kamen Leute, die in den letzten zwei Monaten Kontakt zum *Hörenden Fußmarsch* hatten. Die *Thing Gemeinschaft* aus Südthüringen blieb allerdings auf der Autobahn im Stau stecken. Wer wollte, brachte was aus seiner Region zu essen oder zu trinken mit. Mehrere Frottagen vom Kuchenbrett aus den verschiedensten Ecken Thüringens kamen zum Vorschein und Sibylle Reichel präsentierte ihr pointiertes abstraktes Bild, das sie in dreiwöchiger Arbeit zum *Hörenden Fußmarsch* erstellt hat. Sehe in diesen Wolken jeder was er will.

An diesem Tag wurde ausdrücklich keine Resilienz-Partei gegründet und ich habe keinerlei derartigen Pläne. Über all dem Berichten, Austauschen und Feiern aber schwebte das Bild mit der so wohlwollend wie zufrieden blickenden Gemüsegärtnerin von der Straßenbahnhaltestelle Melchendorf.

Soweit meine Notizen zum *Hörenden Fußmarsch*. Wer würde denn gleich behaupten, so genau und nur so sei Thüringen und nicht auch anders? So aber ist Thüringen mir begegnet im Frühjahr 2013, so habe ich es wahrgenommen. Ich hoffe, dass aus diesem Säckchen eingesammelter bunter Steine, das ich hier ausgeschüttet und etwas glatt gestrichen habe, eine Art Mosaik unserer Heimat entstanden ist.

Jeder, der will, kann selbst darüber nachdenken, wo er sich sein Leben, seinen Wohnort und sein Land etwas robuster wünscht, und was er dafür tun möchte.

Heute aber ist schönes Wetter. Und es gibt Grund zur Zuversicht.

Sibylle Reichel „Der Punkt und das Gewebe – Zum Hörenden Fußmarsch 2013“,
2013, Zeichnung (Tusche auf Bütten)

Nachlauf

Wenn ich – so auf die Schnelle zwischen Tür und Angel – nach dem Ergebnis, nach dem Fazit oder der Erkenntnis des Fußmarsches gefragt werde, bleibe ich ein bisschen einsilbig. Besonders, wenn die Frage etwas flackert, in der Erwartung schneller sensationeller Erkenntnisse. Womöglich in der Hoffnung auf einen Quantensprung im Bewusstsein der Thüringer Menschheit. Das ganz große Fazit, die bahnbrechende Erkenntnis habe ich weder gesucht, noch hat sie mich auf diesem Marsch gefunden. *Thüringen in kleinen Schritten*, das ist eher eine Überschrift nach meinem Geschmack. Wer dem Buch Anregungen zum Thema Resilienz entnommen hat – schön. Wer eher einen Reisebericht gelesen haben will – auch gut. Und zu der Art des Reisens bleibt als Fazit eher eine Frage. Eine Woche nach dem Fußmarsch habe ich wieder eine Baustelle bei Saalfeld. Fahre mit dem Miet-Lkw mal eben drei Tagesetappen in einer Stunde. Und schon ist Thüringen wieder klein. So klein, wie wir es alle kennen. Verzichten wir eigentlich freiwillig auf diese Größe, die aus Langsamkeit entsteht?

Gibt es ein Fazit zu den inhaltlichen Fragen? Mit dem Thüringer Wirtschaftsminister[63] verbindet mich eine Art einseitiger Wette. Er lädt mich immer mal wieder zu einem Beirat ein, in dem über grüne Technologien und Energiefragen in Thüringen gesprochen wird. Er versucht, den Tanker der Thüringer und der deutschen Wirtschaft mit Vollgas und grün angestrichen um die Haarnadelkurve der Energiewende zu steuern. *Möge die Übung gelingen*, sagt

---

63   Die Zeiten gehen dahin: Inzwischen muss ich sagen „ehemaligem Wirtschaftsminister". An dieser Stelle darf ich nicht vergessen, darauf hinzuweisen, dass sein Haus, das Thüringer Ministerium für Wirtschaft, Arbeit und Technologie, mich ausdrücklich darum bittet, nicht den Eindruck zu erwecken, dass es den *Hörenden Fußmarsch* unterstützen oder mittragen würde. Kein Problem, mach ich doch gern.

man gern im Chinesischen Staatszirkus vor den halsbrecherischen Nummern.

Allein, mir fehlt der Glaube, dass man die Folgen der wachstums-fixierten Wirtschaftsidee mit einem wachstumsfixierten *Green New Deal* in den Griff bekommt, also mit grüner Technologiebeschleunigung. Mich interessiert eher die Frage, ob an diesem Tanker rechts und links ausreichend Rettungsboote hängen und wie sie beschaffen sind. Ob wir einen halbwegs brauchbaren Plan B in der Tasche haben, wenn die Triebwerke des allgemein anerkannten und propagierten *Plan A* einmal stottern. Wenn den Piloten der atemberaubenden Flugschau *Globalisierung, Industrialisierung und Finanzwirtschaft* eines Tages die Füllstandsanzeige ihres Tanks blinkt.

Die *Voluntary-Action-Group*[64] in Griechenland ist ein plastisches Beispiel: Dort klemmte es zwar vor Kurzem bei der Geldwirtschaft, aber das Internet funktionierte. Also zogen junge Leute aus der Stadt zu den Großeltern aufs Dorf, um Gemüse anzubauen. Und irgendwann tauchten im Internet Hinweise auf, an welchem Tag, um welche Zeit und an welcher Straßenecke in Athen es Kartoffeln direkt ab dem Lkw zu kaufen gibt.

Wer weiß, vielleicht untersuche ich demnächst unseren Landkreis, unser Dorf und unseren Garten mal etwas genauer in Bezug auf Robustheit. Lasse mir hier in der Gegend mal eine Hose schneidern und mache mich auf die Suche nach Milch direkt vom Euter. Unser Teewasser holen wir schon von einer Quelle im Wald. Drei junge Nussbäume wachsen bereits hinter dem Haus. Und Marco ruft ohnehin alle paar Wochen an, um zu fragen, ob wir wieder eine geräucherte Forelle nehmen.

Ursprünglich wollte ich diese Tour im Frühling 2012 – also ein Jahr früher – machen. Drei Wochen bevor es losgehen soll, erwartet mich dann jedoch ein erster Intensivkurs in Sachen Stehaufmännchen.

---

64   Freiwillige-Aktions-Gruppe.

Alles ist weitgehend vorbereitet, die Etappen und Termine sind geplant. Nur in den Nächten kann das Schlafzimmerfenster nicht weit genug offen stehen. So sehr fehlt mir beim Schlafen manchmal der Sauerstoff. Und der Herzrhythmus lässt zu wünschen übrig.

Die Mitteilung des Arztes, meine Herzklappe sei hochgradig undicht und müsse operiert werden, beantworte ich mit einem Terminvorschlag im Juli, also in der Zeit nach dem Fußmarsch. Der Doc schlägt mit ziemlich besorgter Miene einen Termin *in der kommenden Woche* vor. Das ist doch nicht euer Ernst, oder?! Ist es nicht? Das kann doch nicht wahr sein. Nein. Nein. Nein!

Der weiße Mann gewinnt und eine Woche später liege ich unter den Händen eines offenbar sehr talentierten Chirurgen mehrere Stunden auf seinem Arbeitstisch. Zuvor musste ich noch unterschreiben, dass ich mit meinem eigenen Ableben einverstanden bin. Die kriegen jedoch alles ganz hübsch hin. Mein erster Blick beim völlig benebelten Erwachen auf der Intensivstation fällt auf einen mir unbekannten Heinz, meinen Bettnachbarn, der ungefähr so bematscht aus der Wäsche guckt und lallt wie ich. Das im Augenwinkel muss wohl meine Ursula sein – schön. Ach, lasst mich schlafen.

Diese existenzielle Grenzerfahrung, die ich mit meinem Zimmergenossen Heinz teile, lässt mich später mehr als milde auf seine Berichte hören. Wie sorgfältig er in seinem Ort als Volkspolizist die Gardinen durchschaut und besonders die Frommen aufmerksam im Interesse der staatlichen Sicherheit observiert hat. Ich höre das mit freundlichem Interesse. Der Mensch ist eben Mensch. Und irgendwie sind wir am Rand des Lebens Kumpels geworden. Ein Frommer und ein Observateur. Später habe ich dann sorgfältig darauf geachtet, dass sein Wohnort auf meiner Marschroute liegt.

Mein zweiter vermeintlich klarer Gedanke auf der Intensivstation zielt darauf ab, den Fußmarsch um ein, zwei Wochen zu verschieben. Noch ist unklar, ob ich ein *Metronom* eingebaut bekomme. Und noch ist mir gar nicht klar, wie man eigentlich läuft, selbst Pipi macht und all das. Ist irgendwie doch etwas mehr als einen Furunkel ausdrücken, so eine Herz-OP. Und alle, die ein bisschen was von Medizin verstehen, verkneifen sich ein scheeles Grinsen, wenn ich davon rede, dass man den Start des Marsches wohl um zwei Wochen vertagen müsse. Zum Schluss bin ich dann der Letzte, der auf den Gedanken kommt, dass es wohl ganz praktisch wäre, den Marsch genau um ein Jahr zu verschieben. Immerhin kann man dann ja das Startdatum *1. April* beibehalten.

Soweit meine persönliche Weiterbildung zu der Frage, wie wenig selbstverständlich Selbstverständlichkeiten plötzlich sein können.

Allen, die mit einem Quartier, mit der Vorbereitung einer Gesprächsrunde, mit ihrer Gastfreundschaft, durch ihr Mitlaufen oder auf andere Art zu diesem Unternehmen beigetragen haben, bin ich dankbar. Allen voran Hans-Joachim Döring, der schon ganz am Anfang an den *Hörenden Fußmarsch geglaubt* hat. Stefan Elsässer danke ich dafür, dass er in einem Gremium, das über den Zuschuss zur Herstellung der großen Ohren zu befinden hatte, offenbar ein hilfreiches Wort bezüglich meiner geistigen Zurechnungsfähigkeit eingelegt hat. Den Satz mit den *Selbstverständlichkeiten, die einmal nicht selbstverständlich sind,* verdanke ich Michael aus unserem Nachbardorf. Er ließ ihn auf einem Vorbereitungstreffen des *Hörenden Fußmarsches* beiläufig fallen und ich habe ihn begeistert aufgehoben. Irgendwie wurde es in diesem Moment etwas heller im Konferenzraum der Deutschen Bahn in Erfurt. Jawoll, dachte ich mir. Das isses. Genau darum geht's mir beim *Hörenden Fußmarsch*. Titus Welker und Vladimir Kovezin danke ich für die Hilfe bei der Herstellung des Ohrenwagens und der Ohren selbst. Und Uwe Brucksch sowie Maximilian Grübsch für die Erstellung der *Heimatseite*. Kerstin Welsch danke ich für ihre künstlerische Beratung zur *Fertschwäre* und Joseph Beuys für den Begriff *Soziale Plastik*. Denen, die diesen Bericht unter ihrem jeweils eigenen Blickwinkel gegengelesen und Korrekturvorschläge gemacht haben, allen voran Jörg Kohler, Alexander Popitz, Stefan Pinter, Tobias Bange, Barbara Grützmann, Roland

Stracke, Brunhilde Stötzner, Günther Philler, Landolf Scherzer und Erdmute Hufenreuter bin ich als Möchtegern-Legastheniker in Dankbarkeit verbunden. Vor allem meiner Familie, die ihren nicht-sesshaften Mann und Vater hat losziehen lassen, bin ich von repariertem Herzen dankbar. Um nicht zu sagen: sehr dankbar!

Und noch eins: Dieses Buch wurde hier in Thüringen gedruckt. Das musste im Sinne der Regionalität irgendwie sein. Aus der Region – für die Region.

Buchstützen

Besonders danke ich auch dem **Lothar-Kreyssig-Ökumenezentrum** in Magdeburg und der **Heinrich-Böll-Stiftung Thüringen** für ihre finanzielle Förderung des Buches, sowie allen **Buchstützen**, die mit einer vertrauensvollen Vorbestellung oder gar mit einem privaten Zuschuss den Weg für dieses Buch geebnet haben. So Matthias Biskupek, Andreas Blümel, Arne-Veronika Boock, Ludger Deckers, Jochen Dudeck, Stefan Elsässer, Christof Ersfeld, Georg Goosmann, Ullrich Hahn, Bärbel Hanschmann, Matthias Hartmann, Karl-Martin Hoelzer, Stefan Jakobs, Georg Kähler, Thomas Koch, Helmut Krause, Henning Leidenfrost, Susanne Mai (ödp), Eva-Maria Meier-Antz, Hans-Joachim & Anna-Monika Mentzel, Carsten Meyer, Schwester Irene Mildenberger, Elisabeth & Hartmut Neubert, Denis Peisker, Wolfgang Schütze, Brunhilde Stötzner, Gerhart & Monica Streicher, Heiner Tettenborn, Doris Voll, Marc Volz, Kerstin Welsch, Jürgen & Dagmar Wolf und anderen.

Bildnachweis

Alle Fotos vom Autor, außer:

Titelfoto: Michael Reichel, www.arifoto.de

S. 23, 32, 38: Georg Goosmann

S. 41: © Christie's Images Ltd – ARTOTHEK,
    Œuvre © VG Bild-Kunst Bonn

S. 147, 148: Loréne Gensel

S. 153, 157: Rainer Albrecht

S. 261: Tom Leukefeld

S. 294–295: Sibylle Reichel (Zeichnung)